Prática EMPRESARIAL

EDITORA JusPODIVM
www.editorajuspodivm.com.br

2024

COORDENADORES
Darlan Barroso
Marco Antonio Araujo Junior

Prática EMPRESARIAL

AUTOR
• Sergio Gabriel

- Aspectos teóricos sobre as principais peças
- Modelos de peças e análise de casos concretos
- Quadros-resumos

6ª edição
Revista, atualizada e ampliada

EDITORA *Jus*PODIVM
www.editorajuspodivm.com.br

Rua Canuto Saraiva, 131 – Mooca – CEP: 03113-010 – São Paulo – São Paulo
Tel: (11) 3582.5757
• Contato: https://www.editorajuspodivm.com.br/central-de-relacionamento

Copyright: Edições *Jus*PODIVM

Capa: Ana Caquetti

Diagramação: Maitê Coelho e Cendi Coelho *(cendicoelho@gmail.com)*

• A Editora *JusPODIVM* passou a publicar esta obra a partir da 6.ª edição.

P912 Prática Empresarial / coordenada por Darlan Barroso e Marco Antonio Araújo Junior – 6.ed., rev., atual. e ampl. - São Paulo: Editora JusPodivm, 2024.

464 p.

Vários autores
Inclui Bibliografia
ISBN: 978-85-442-5320-5

1. Direito Empresarial. 2. Prática Forense. I. Barroso, Darlan. II. Araújo Junior, Marco Antonio. III. Título.

CDD 342.2

Bibliotecária responsável:
Ana Carolina Ribeiro Mois – CRB7 – RJ 007348/0

SOBRE AUTORES

SERGIO GABRIEL

Mentor, Consultor Jurídico Empresarial e Advogado. Graduado em Administração e Direito. Pós-Graduado em Administração. Mestre em Direito. Professor universitário em cursos de graduação e pós-graduação. Professor de cursos preparatórios para OAB e concurso público. Parecerista de Revistas de Doutrina e Jurisprudência. Autor de livros e artigos jurídicos.

APRESENTAÇÃO

Apresentamos a coleção *Prática Forense* agora pela Editora Juspodivm.

As novas edições estão atualizadas, com novos modelos e um projeto gráfico renovado, proporcionando uma leitura mais agradável com a inclusão de quadros-resumos e destaques, facilitando a fixação e o aprendizado dos temas mais recorrentes em concursos, exame de ordem, ou mesmo para uso acadêmico e profissional.

Com a aplicação do conhecimento e da didática de professores experientes e especializados na preparação de candidatos para concursos públicos e Exame de Ordem, os textos refletem uma abordagem objetiva e atualizada, essencial para auxiliar o candidato nos estudos dos principais temas da ciência jurídica.

Esta coleção propicia ao candidato o aprendizado e uma revisão completa, pois terá à sua inteira disposição material totalmente atualizado, de acordo com as diretrizes da jurisprudência e da doutrina dominantes sobre cada tema.

Esperamos que a coleção *Prática Forense* continue cada vez mais a fazer parte do sucesso profissional de seus leitores, celebrando suas conquistas e construindo carreiras.

Darlan Barroso

Marco Antonio Araujo Junior

Coordenadores

SUMÁRIO

PARTE
I

NOÇÕES DE PROCESSO APLICÁVEIS AO DIREITO EMPRESARIAL

1

ASPECTOS GERAIS DO PROCESSO

O processo é o instrumento utilizado para aplicação do direito. Compreender o processo e dominar suas técnicas é imperioso para a efetivação da justiça, e, de certa forma, o Exame de Ordem é o primeiro crivo a fim de que o examinando demonstre esse conhecimento técnico tão necessário para que não se obstaculize a justiça.

Assim sendo, você deve enxergar o processo como uma ferramenta, um meio para que se pratique o direito em sua dimensão prático-profissional, que é justamente a exigência imposta pela Ordem dos Advogados do Brasil em seu exame de admissão.

Para compreender a prática jurídica empresarial, é necessário ter o entendimento de que não existe um processo judicial próprio, portanto, todas as regras processuais aqui estudadas são as mesmas que valem para o processo civil em geral.

A diferença básica está nos casos em que se empregam procedimentos especiais, mas já em processo civil também se observa essa diferença, já que cada procedimento especial é único e, em razão disso, devemos observar as regras próprias de cada procedimento.

Todo processo judicial deve observar, em seu trâmite regular, os procedimentos previstos em lei. Os procedimentos (comum ou especial) formam uma sequência de atos organizados para o desenvolvimento do andamento processual até a solução final da lide.

Para simplificar a compreensão, basta imaginarmos um processo físico, que é composto por uma capa e uma sequência de folhas numeradas que nos mostram o andamento da ação desde o início até o seu final. Cada uma das folhas sequencialmente distribuídas no interior do processo forma o procedimento adotado para o caso específico.

No Código de Processo Civil, o legislador determinou dois procedimentos possíveis: o comum, previsto no art. 318, e o especial, que, por sua vez, se subdivide em vários procedimentos, previstos a partir do art. 539.

Além dos procedimentos especiais previstos no Código de Processo Civil, temos também aqueles regulados pela legislação extravagante aplicada ao direito empresarial.

Como já vimos ao discutir as espécies de processos existentes, conhecimento e execução, além das ações que tramitam no processo de conhecimento pelos procedimentos comum e especial, temos as ações próprias que tramitam no processo de execução.

Vamos então, a partir de agora, nos capítulos subsequentes, analisar detalhadamente o procedimento comum. Trabalharemos com a estrutura de peças mestras (petição inicial, defesa, petição simples e recursos), que são utilizadas subsidiariamente por vários outros procedimentos especiais.

Cabe salientar, no tocante aos recursos, que não existem recursos específicos aplicáveis ao processo empresarial, utilizando-se, portanto, os recursos inerentes ao processo civil.

1.1. PROCEDIMENTO COMUM

Como o próprio nome indica, o procedimento comum é o cabível em qualquer ação em que não se tenha um procedimento próprio, ou seja, um procedimento especial.

Dica importante para o Exame de Ordem: sempre que analisarmos uma ação, primeiro necessitamos observar se não existe um procedimento especial cabível. Não existindo, a ação deve tramitar pelo procedimento comum. Daí porque é importante nos familiarizarmos com o objeto de cada um dos procedimentos especiais.

Para que seja possível visualizar um processo do início ao fim, vejamos um fluxograma das principais etapas processuais nos casos de procedimento comum:

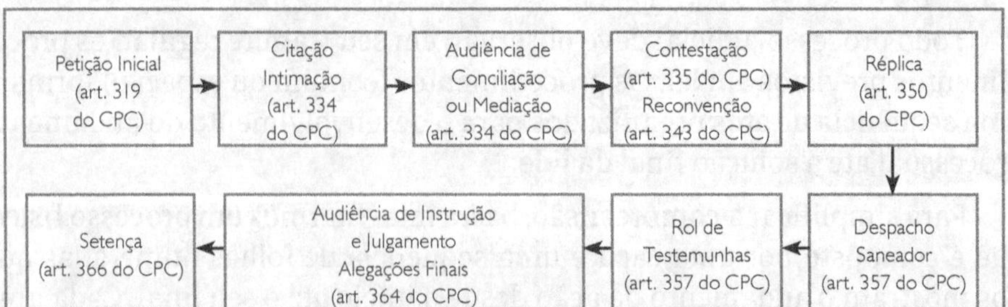

É importante esclarecer que a audiência de conciliação ou mediação no procedimento comum só ocorre a requerimento das partes e de acordo com o art. 319 do Código de Processo Civil, de forma que você deve requerer a realização ou a dispensa de audiência, prática que adotaremos em todos os nossos modelos de peça.

No caso das ações que tramitam pelo procedimento especial e no processo de execução, como são vários os procedimentos, estes serão estudados oportunamente de acordo com a natureza de cada uma das medidas judiciais.

Observemos agora as peças que servem de base para a estrutura principal dos processos judiciais.

1.2. PETIÇÃO INICIAL

Durante o Exame de Ordem, inicialmente é preciso saber se a peça exigida é uma petição inicial. Vejamos a seguir uma técnica que facilita a identificação da peça quando se tratar de uma ação:

Interpretando o problema: quando se tem uma ação?

1. Quem é meu cliente?	A ação pode ser proposta por qualquer uma das partes ou por terceiro envolvido com o direito.
2. Existe processo? Se sim, qual o último ato processual praticado?	Em regra, para que se tenha uma ação, é necessário que ainda não exista um processo judicial em andamento. Caso não fosse uma ação, o último ato processual praticado seria fundamental para identificarmos a peça. De qualquer forma, não havendo processo judicial em andamento, a probabilidade maior é a de que seja uma ação.
3. O que ele deseja?	Meu cliente tem um direito resistido pela parte contrária ou um direito ainda não declarado ou constituído e pretende fazer prevalecer esse direito. Ora, havendo um direito resistido, não declarado ou constituído, e não se tendo um processo judicial em andamento, certamente será uma ação, portanto a medida judicial é uma petição inicial.

Quando falamos em ação, estamos falando no direito subjetivo de agir, então o meio de se materializar o direito de ação é a petição inicial, a peça processual que inaugura o processo judicial.

Os requisitos para a elaboração da petição inicial estão previstos no art. 319 do Código de Processo Civil, e esses requisitos aplicam-se às petições iniciais que tramitam tanto pelo procedimento comum como pelo procedimento especial, no que couberem. Além disso, devemos observar também a técnica cabível, já que o domínio da técnica é um dos itens cobrados na correção das petições iniciais no Exame de Ordem. Quando falamos em domínio da técnica, estamos nos referindo ao conhecimento prático que o advogado observa no desempenho de suas atividades, afinal de contas, você estará fazendo um exame para admissão na advocacia.

Embora nosso objetivo inicial seja trabalhar a petição inicial pelo procedimento comum, é importante ressaltar que os dispositivos citados (arts. 319 e 320 do CPC) devem ser observados em qualquer petição inicial, e aí se incluem as de procedimentos especiais, com as adaptações específicas de cada procedimento.

Além dessa estrutura lógica, é preciso pensar na estrutura de organização ou estética da peça, ou seja, é necessário decidir se serão utilizados subtítulos para cada uma dessas partes ou se a petição terá o texto corrido, sem subdivisões, por exemplo.

Do ponto de vista da previsão legal, essas subdivisões não são exigidas, mas imprimem certa organização à peça, cuja leitura se torna mais agradável para o leitor. Sendo assim, logo após o preâmbulo é possível a utilização de um subtítulo como "FATOS" ou "DOS FATOS", na sequência teríamos "DO DIREITO" ou "FUNDAMENTOS JURÍDICOS", e assim sucessivamente. De qualquer forma, lembramos que esse elemento, embora recomendável, é opcional.

Quando ressaltamos que é recomendável, é no sentido de dar uma organização e clareza para a sua peça, de forma que gere uma empatia em quem está lendo, o que é muito positivo do ponto de vista da avaliação.

Agora vamos aprender a técnica de elaboração da petição inicial com base na observação de cada um dos elementos estruturais que vimos.

1.2.1. Endereçamento

Ao observarmos uma petição, seja ela inicial ou intermediária (de um processo já existente), verificamos que são endereçadas a um determinado juiz.

Se estivermos falando em uma petição intermediária, esse juiz é quem preside o processo, então trata-se de um dado objetivo. Porém, ao falarmos de uma petição inicial, nós é que daremos causa ao surgimento do processo, logo cabe-nos verificar as regras processuais de competência aplicáveis ao direito material em questão para podermos, então, elaborar o endereçamento da peça.

Para melhor compreendermos a questão da competência, temos que lembrar que a Justiça brasileira se subdivide em Justiça Federal e Justiça Estadual, o que significa que nossa petição inicial será necessariamente endereçada para uma dessas duas Justiças.

- Tratando-se de Justiça Federal, em regra é assim que se efetua o endereçamento:

EXCELENTÍSSIMO SENHOR DOUTOR JUIZ FEDERAL DA ____ VARA CÍVEL DA SEÇÃO JUDICIÁRIA DE ________________/____

Ou

AO JUIZ FEDERAL DA ____ VARA CÍVEL DA SEÇÃO JUDICIÁRIA DE ________________ /____

- Caso a competência seja da Justiça Estadual, em regra é assim que efetuamos o endereçamento:

EXCELENTÍSSIMO SENHOR DOUTOR JUIZ DE DIREITO DA ____ VARA ________ DO FORO DA COMARCA DE ________________/____

Ou

AO JUIZ DE DIREITO DA ____ VARA ________ DO FORO DA COMARCA DE ________________/____

Observemos dois fatores essenciais para completarmos as hipóteses de endereçamento. De um lado, precisamos conhecer as regras da competência; de outro, analisar a espécie de vara competente para apreciar cada matéria.

As causas de competência da justiça federal, em matéria de direito empresarial, são enumeradas no art. 109 da Constituição Federal:

> "**Art. 109.** Aos juízes federais compete processar e julgar:
>
> I – as causas em que a União, entidade autárquica ou empresa pública federal forem interessadas na condição de autoras, rés, assistentes ou oponentes, exceto as de falência, as de acidentes de trabalho e as sujeitas à Justiça Eleitoral e à Justiça do Trabalho; (...)
>
> VIII – os mandados de segurança e os *habeas data* contra ato de autoridade federal, excetuados os casos de competência dos tribunais federais; (...)".

Em matéria de direito empresarial, teremos as seguintes hipóteses:

- mandados de segurança em que a União e suas autarquias forem o local de trabalho da autoridade coatora;
- ações em que a União, autarquias ou empresas públicas forem parte;

- ação anulatórias e/ou adjudicatórias de marcas e patentes em que figurará como parte ou interveniente obrigatório, o INPI.

Isso facilita, já que todos os demais casos serão de competência da Justiça Estadual. Ocorre que a competência da Justiça Estadual deve observar as regras previstas nos arts. 42 a 53 do Código de Processo Civil, além da necessidade de observância da legislação especial para todos os demais casos de procedimento especial.

Observando a legislação pertinente, o CPC e a legislação especial, temos o seguinte quadro de competências na Justiça Estadual em matéria empresarial:

Situação	Competência
Falência	Local do principal estabelecimento empresarial
Pedido de recuperação judicial	Local do principal estabelecimento empresarial
Pedido de homologação de recuperação extrajudicial	Local do principal estabelecimento empresarial
Ações locatícias	Local do imóvel ou cláusula de foro de eleição
Ação contra administrador de sociedade	Domicílio do administrador
Ação de dissolução parcial de sociedade	Local de sua sede
Ação de exigir contas	Domicílio do exigido
Ação de execução de título extrajudicial	Domicílio do executado ou local da obrigação
Ação monitória	Domicílio do réu ou local da obrigação

O segundo fator a ser observado é o da existência ou não de Vara Especializada (exemplos: Vara Empresarial, Vara de Falência e Recuperação Judicial, Vara Falimentar etc.). Para essa situação, em se tratando do Exame de Ordem a regra é muito básica: se o problema fizer menção à existência de vara especializada, ela deve ser observada; se não mencionar, a competência será obrigatoriamente da Vara Cível.

DICA OAB

- Quando o problema mencionar "vara única", não deixe espaço na frente de "vara" (errado: Excelentíssimo Senhor Doutor Juiz de Direito da _____ Vara Única; correto: Excelentíssimo Senhor Doutor Juiz de Direito da Vara Única).
- Quando o problema mencionar "vara especializada", enderece a peça a vara especializada (exemplo: Excelentíssimo Senhor Doutor Juiz de Direito da _____ Vara Empresarial da Comarca).

- Quando o problema não mencionar "vara", enderece a peça a vara cível (exemplo: Excelentíssimo Senhor Doutor Juiz de Direito da _____ Vara Cível da Comarca).

1.2.2. **Preâmbulo**

No preâmbulo da petição temos alguns elementos essenciais previstos no CPC, mas basicamente o objetivo aqui é a identificação das partes litigantes e a indicação da ação que está sendo proposta.

Em relação à qualificação das partes, estabelece o art. 319, II, do CPC, que elas serão identificadas pelo nome, prenome, estado civil, profissão, CPF (se pessoa física) ou CNPJ (se pessoa jurídica), endereço eletrônico (*e-mail*), domicílio do autor e do réu. Pelo domínio da técnica, também é comum acrescentar a nacionalidade e o número da carteira de identidade.

O outro elemento a ser acrescentado, também utilizado pelo domínio da técnica, é a ação a ser proposta com seu respectivo fundamento legal de cabimento.

Veja um exemplo de preâmbulo adequado ao Exame de Ordem:

_____________________, (razão social), empresa estabelecida no município de _______________/____, inscrita no CNPJ sob n. _________, localizada na Rua _____________________ n. _____, bairro ______________, *e-mail* _______________, neste ato representada por seu administrador, _______________, (nome e prenome), (nacionalidade), (estado civil), (profissão), portador da cédula de identidade n. ________, inscrito no CPF sob n. ________, residente e domiciliado na Rua ________________ n. ____, bairro ____________, município _________________/__, *e-mail* _________________________, e pelo procurador devidamente constituído através do Instrumento de Mandato anexo (doc. ____), vem à presença de Vossa Excelência propor a presente AÇÃO DE COBRANÇA com fundamento no art. 318 do CPC, em face de _____________ (nome e prenome), (nacionalidade), (estado civil), (profissão), portador da cédula de identidade n. ________, inscrito no CPF sob n. ________, residente e domiciliado na Rua ________________ n.____, bairro _______________, município _________________/____, *e-mail* ________________, pelos motivos de fato e de direito a seguir expostos:

Nesse exemplo, a parte é uma pessoa jurídica. Para sua correta qualificação, entre outros elementos, exige-se a indicação do respectivo representante legal com sua qualificação.

Por outro lado, como estamos tratando de um procedimento comum, fundamentamos a ação no art. 318 do CPC, que inaugura esse tipo de procedimento. A importância de mencionar o fundamento de cabimento da ação está justamente no fato de esse ser um dos elementos de correção normalmente exigidos no Exame de Ordem.

DICA OAB

- Quando o problema tiver como parte uma pessoa jurídica, sempre coloque "representada por seu administrador" e qualifique o administrador.
- No fundamento da hipótese de cabimento da peça, não mencione o fundamento de direito material, pois obrigatoriamente ele terá que ser explorado na fundamentação da peça, então coloque apenas o fundamento de cabimento processual da peça.
- Fique muito atento aos dados fornecidos no problema e utilize todos na qualificação das partes. Não deduza nenhuma informação.

Também temos de considerar aqui o nome utilizado para a ação: quando se trata de procedimento especial, o nome é indicado pelo próprio procedimento; já quando se trata de procedimento comum, podemos nomear a ação pela finalidade (ação declaratória, ação constitutiva ou ação condenatória) ou pelo *nomen iuris*, que seria o nome legal (quando previsto pelo legislador) ou técnico (o usual pelo domínio da técnica).

1.2.3. Narrativa dos fatos

A narrativa dos fatos, prevista no art. 319, III, do CPC, possui um papel muito importante na petição inicial, já que é com base nos fatos que se aplica o direito em discussão. Então, é necessário que haja perfeita correspondência entre "fatos", "fundamentos jurídicos" e "pedido(s)", que precisam mostrar uma inter-relação lógica. É da narrativa dos fatos que se extrai a compreensão sobre o problema que se apresenta perante o juízo para justificar a solução judicial.

A técnica a ser utilizada aqui é a da organização e tratamento das informações para que delas se extraia a lógica anteriormente mencionada.

Por último, temos a subdivisão como elemento não menos importante e que consiste em transformar em parágrafos os fatos extraídos do problema. Existe uma técnica para essa construção: cada parágrafo deve conter um único assunto e não pode ser pequeno demais (exemplo: 1 linha) ou longo demais (exemplo: meia página).

Não é demais dizer que na narrativa dos fatos, assim como em todos os demais elementos da peça, a observação da correta utilização da língua portuguesa, com a observância de todas as suas regras, é importante demais para a avaliação do instrumento.

1.2.4. Fundamentos jurídicos

Em relação aos fundamentos jurídicos, previstos no art. 319, III, do CPC, lembramos que eles compreendem a utilização de todas as fontes de direito possíveis, quais sejam, lei, princípios, jurisprudência, doutrina, costumes e analogia. Porém, quando tratamos de Exame de Ordem, a exigência se consubstancia em regra na legislação e na jurisprudência solidificada dos tribunais superiores, principalmente em súmulas.

Um ponto importante a observar em relação aos editais do Exame de Ordem é que existe a previsão de que a mera citação de dispositivo não configura fundamentação (exemplo: "conforme previsto no art. 966 do Código Civil"). No mesmo sentido, a transcrição de dispositivo legal não configura fundamentação (exemplo: "o art. 966 do Código Civil assim prevê: 'Considera-se empresário quem exerce profissionalmente atividade econômica organizada para a produção ou a circulação de bens ou de serviços'").

Logo, a fundamentação pressupõe a aplicação do direito ao caso concreto, ou seja, é necessário que se faça uma relação entre o fato e o fundamento jurídico correspondente, conforme demonstramos a seguir:

> Como se observa dos fatos narrados, o requerente pratica habitualmente atividade de comércio com finalidade econômico-lucrativa, preenchendo, assim, os requisitos do art. 966 do Código Civil, ora transcrito:
>
> > "Considera-se empresário quem exerce profissionalmente atividade econômica organizada para a produção ou a circulação de bens ou de serviços".
>
> Logo, uma vez preenchidos os requisitos previstos pelo legislador, imperioso é o enquadramento do requerente como empresário, para todos os efeitos legais.

Temos de observar, ainda, que a legislação, como fonte do direito, deve ser utilizada obedecendo ao critério hierárquico, de forma que primeiro devemos nos fundamentar na Constituição Federal para depois recorrermos a fundamentos infraconstitucionais. Além disso, devemos respeitar o princípio da especialidade das normas, de forma que, havendo uma lei especial e uma lei geral sobre um mesmo assunto, deve prevalecer a norma especial.

Também devemos considerar que, se tivermos um pedido de tutela provisória na ação, os fundamentos dessa tutela devem ser tratados inicialmente, de preferência, antes dos fatos, já que seria o primeiro item a ser apreciado pelo juiz, ainda na fase do despacho inicial.

1.2.5. Pedidos

Em relação ao pedido, o legislador determina, no art. 319, IV, do CPC, que deve compreender, além do que se pretende, as respectivas especificações. Então, um fator importante a considerar é que não importa o fato de você já ter se manifestado sobre o que pretende durante a fase de fundamentação jurídica: é necessário que aqui, na fase de pedido, ele seja detalhado para que o juízo possa, à luz de tudo o mais que consta da petição inicial, deferi-lo ou indeferi-lo.

Mas é claro que, para realizarmos o pedido adequadamente, devemos observar as regras próprias, quais sejam: o pedido deve ser certo (art. 322 do CPC); deve ser determinado (art. 324); pode haver mais de um pedido cumulativamente (art. 327); pode haver mais de um pedido e eles podem ser sucessivos (art. 323); pode haver mais de um pedido, sendo eles alternativos (art. 325); pode haver mais de um pedido, sendo eles subsidiários (art. 326).

É claro que uma petição inicial não precisa necessariamente ter um único pedido, porém, pela natureza do problema, sempre teremos um pedido principal, e por ser principal deve ser o primeiro, concorrendo na sequência os demais, se for o caso.

Do ponto de vista técnico, outra observação a fazer é que o pedido compreende dois elementos distintos: um é o pedido de direito processual, ou seja, que a ação seja julgada procedente, pois, processualmente falando, é isso o que se pretende em uma ação. Mas não podemos deixar de considerar o pedido de direito material, ou seja, não é suficiente dizer que a ação deve ser julgada procedente: é necessário que se diga procedente "para quê".

Exemplificativamente, se estivermos propondo uma ação de cobrança, será necessário dizer o seguinte: "Pede seja o pedido julgado procedente para que se determine que o requerido pague ao requerente a importância de R$ __________ (______________________). Importante atentar para os casos em que se cumular na ação o pedido de uma tutela provisória, já que nessas situações a tutela provisória é o que se pretende de imediato e o pedido principal é o que se pretende ao final da lide. Desse modo, havendo pedido de tutela provisória, ele deve ser formulado antes do pedido principal.

1.2.6. Requerimentos

Os requerimentos, em parte, estão previstos nos incisos VI e VII do art. 319 do CPC, mas, além deles, outros se fazem necessários, como veremos.

Se um processo judicial é uma relação, em regra, triangular (autor, Estado e réu), teremos uma sequência natural na formação dessa relação. O autor elabora a ação e a distribui perante o Poder Judiciário, que representa o ente Estado na relação. Cabe ao Estado, a pedido do autor, citar o réu para que ele possa exercer o direito ao contraditório. Sendo assim, o primeiro requerimento a ser formulado é o de **citação**, já que ele permitirá a formação da relação processual.

Após a citação, vamos atender ao determinado pelo legislador no inciso VII do art. 319 do CPC, ou seja, a indicação da opção ou não pela realização de **audiência** de conciliação ou mediação.

Sobre o requerimento de audiência, temos duas observações. A primeira é a de que o autor deve dizer se quer ou não a realização de audiência, isto é, ou ele formulará um requerimento dizendo que dispensa a realização de audiência, ou fará um requerimento afirmando que requer a designação de audiência.

A segunda observação diz respeito à espécie de audiência: não se deve fazer constar requerimento desta forma: "Requer desde já a designação de audiência de conciliação ou mediação", já que o legislador, ao utilizar o "ou", exige que o autor indique a espécie de audiência pretendida. Então, o correto seria dizer "Requer desde já a designação de audiência de mediação ou "Requer desde já a designação de audiência de conciliação".

Como domínio da técnica, em toda petição deverá constar o requerimento de **honorários sucumbenciais**, já que tais verbas estão previstas no Estatuto da Advocacia - Lei n. 8.906/94. Por isso é imperioso formular requerimento para condenação do réu ao pagamento de honorários sucumbenciais, além das **custas processuais**, que podem e devem ser incluídas no mesmo requerimento.

Dica OAB

Quando fizer o requerimento de condenação, separe honorários sucumbenciais de custas, já que no espelho de correção do Exame de Ordem eles recebem pontuação distinta.

É importante requerer a **intimação do advogado** para o cumprimento de atos processuais.

Um último requerimento obrigatório é o previsto no inciso VI do art. 319 do CPC: o **requerimento de provas**. Não é demais lembrar aqui que todas as provas em direito admitidas podem ser utilizadas em um processo judicial, desde que haja requerimento do autor para tal finalidade. Então, em cada problema que você observar, é necessário verificar se não existe a indicação de uma prova específica. Se houver, ela deve ser acrescida ao requerimento genérico de provas a ser formulado, como é o caso em que o problema indica que a única prova é uma determinada testemunha. Nessa situação, o requerimento seria assim: "Requer provar o alegado por todos os meios de prova em direito admitidos, em especial pela oitiva de testemunha que se arrolará oportunamente".

Dica OAB

Quando o problema do Exame de Ordem fizer menção a uma prova específica, acrescente essa prova no requerimento. Exemplo: Requer provar o alegado por todos os meios de prova em direito admitidas, em especial pela juntada do contrato de alienação fiduciária em garantia, e outras que se fizerem necessárias.

Lembramos que no procedimento comum não existe a obrigatoriedade prévia de arrolamento de testemunhas.

É importante observar essa ordem sequencial em que tratamos os requerimentos, já que ela demonstra o domínio da técnica, critério que, como já ressaltamos, é utilizado para correção do Exame de Ordem.

Caso haja outros requerimentos, como os de que trataremos a seguir, eles devem ser inseridos antes do requerimento de provas, já que após este devemos apresentar o valor da causa.

Além dos requerimentos citados, que são comuns a qualquer petição inicial que tramite pelo procedimento comum, outros podem ser necessários caso a caso, como:

- requerimento de prioridade de tramitação processual de pessoa idosa;
- requerimento de benefício de assistência judiciária gratuita;
- requerimento de intimação do Ministério Público;
- requerimento de expedição de ofícios etc.

1.2.7. **Valor da causa**

Para atribuir o valor da causa, determinado pelo inciso V do art. 319 do CPC, devemos, inicialmente, observar as regras próprias contidas nos arts. 291 a 293 do Código de Processo Civil.

Em se tratando de uma situação não prevista nos dispositivos acima indicados, utilizamos o valor patrimonial que se auferirá na ação como base para atribuição do valor da causa ou nas ações extrapatrimoniais, valor esse que é atribuído por estimativa. De qualquer forma, considere, para fins do Exame de Ordem, que não é permitida qualquer dedução. Então, se o problema não fornecer um dado objetivo para que se atribua valor à causa, devemos utilizar um requerimento simbólico: "Dá-se à causa o valor de R$ _______ (_________________)", sem a indicação de qualquer valor, demonstrando apenas que se conhece a necessidade de atribuir valor à causa.

1.2.8. **Encerramento**

Para encerrar uma petição inicial é essencial observar o padrão de encerramento contido nos espelhos de correção do Exame de Ordem. Também cabe lembrar aqui que o edital proíbe qualquer tipo de elemento que indique ou permita a identificação do candidato.

Utilize o modelo padrão para a petição inicial:

Termos em que
pede deferimento.

(local), ____ de ________ de ________.

ADVOGADO(A)
OAB/____ n. ________

Observe, pelo modelo apresentado, que não indicamos o local, ainda que ele conste do problema, e também não indicamos a data, já que esse padrão tem sido utilizado. Porém, em casos em que exista a eventual possibilidade de prescrição de direito, o problema pode exigir que se date a petição com o último dia de vigência do prazo prescricional. Sendo assim, esse seria um elemento obrigatório do encerramento.

A petição-modelo a seguir baseia-se no problema apresentado na prova de segunda fase do XXVI Exame de Ordem unificado FGV, aplicado em 16 de setembro de 2018, a seguir transcrito:

(OAB - XXVI) Em 15 de maio de 2017, Magda emprestou a seu irmão Simão Escada, empresário individual enquadrado como microempresário, a quantia de R$ 80.000,00 (oitenta mil reais) para reformar e ampliar seu estabelecimento empresarial, situado na cidade de São Paulo, lugar acordado para o pagamento. Em razão do parentesco consanguíneo entre as partes, Magda não exigiu de Simão documento escrito que consubstanciasse promessa de pagamento em dinheiro a prazo, confissão de dívida, bem como não há contrato escrito. Entretanto, o negócio jurídico pode ser comprovado por pessoas que podem atestar em juízo o emprego dos recursos providos por Magda a Simão Escada para aplicação em sua empresa. Em 20 de setembro de 2017, data do vencimento, Simão Escada não realizou o pagamento e persiste nessa condição, mesmo diante de todas as tentativas amigáveis da credora, inclusive a notificação extrajudicial. Sabendo-se que na Comarca de São Paulo/SP existe mais de um Juízo Cível competente, e que a dívida com os consectários legais, até a data de propositura da ação, atinge o valor de R$ 87.300,00 (oitenta e sete mil e trezentos reais), elabore a peça processual adequada.

Folha 1/3

EXCELENTÍSSIMO SENHOR DOUTOR JUIZ DE DIREITO DA ... VARA CÍVEL DO FORO DA COMARCA DE SÃO PAULO/SP

MAGDA, (nacionalidade), (estado civil), (profissão), portadora da cédula de identidade n. ..., inscrita no CPF sob n. ..., residente na Rua ... n. ..., bairro ..., município .../..., e-mail ..., neste ato representada por seu procurador, devidamente constituído através do Instrumento de Mandato anexo (doc. ...), vem à presença de Vossa Excelência propor a presente AÇÃO DE COBRANÇA com fundamento no art. 318 do CPC, em face de SIMÃO ESCADA, (nacionalidade), (estado civil), empresário, portador da cédula de identidade n. ..., inscrito no CPF sob n. ..., residente e domiciliado na Rua ... n. ..., bairro ..., município .../..., e-mail ..., pelos motivos de fato e de direito a seguir expostos:

DOS FATOS

Em 15 de maio de 2017, a autora emprestou ao réu a importância de R$ 80.000,00 (oitenta mil reais) para que ele reformasse e ampliasse seu estabelecimento empresarial.

Uma vez que a autora e o réu são irmãos, ela entendeu desnecessária a formalização do referido contrato de mútuo ou o estabelecimento de uma confissão de dívida, porém o negócio foi presenciado por testemunhas que podem comprovar o negócio jurídico realizado pelas partes e o uso dos recursos pelo réu em seu estabelecimento empresarial.

Ocorre que, em 20 de setembro de 2017, na cidade de São Paulo, o

Folha 2/3

réu deveria quitar a obrigação, no entanto não a cumpriu até o presente momento, mesmo sendo notificado extrajudicialmente para tal finalidade.

Diante da inadimplência, o montante atualizado da dívida até o presente momento perfaz a importância de R$ 87.300,00 (oitenta e sete mil e trezentos reais).

DOS FUNDAMENTOS

É de se observar, pelos fatos apresentados, que o negócio jurídico firmado entre a autora e o réu configura contrato de mútuo, como se observa da previsão do Código Civil:

"Art. 586. O mútuo é o empréstimo de coisas fungíveis. O mutuário é obrigado a restituir ao mutuante o que dele recebeu em coisa do mesmo gênero, qualidade e quantidade".

Uma vez que a obrigação venceu em 20 de setembro de 2017 e não foi satisfeita até o presente momento, mesmo após notificação extrajudicial, e não possuindo a autora documento escrito de dívida que lhe permita a utilização de outro meio processual, patente está a utilização do presente processo de conhecimento previsto no art. 318 do CPC.

Logo, não restou alternativa, senão a propositura da presente ação.

CONCLUSÃO

Posto isto, pede a Autora seja a presente ação julgada procedente para condenar o Réu ao pagamento de R$ 87.300,00 (oitenta e sete mil e trezentos reais), proveniente do contrato de mútuo firmado entre as partes.

Requer a citação do Réu, para que, querendo, responda à presente ação.

Requer desde já a dispensa da designação de audiência para tentativa

Folha 3/3

de conciliação.

Requer, também, seja o Réu condenado a pagar honorários advocatícios e custas processuais.

Requer sejam as intimações de atos processuais realizadas em nome do advogado subscritor que receberá intimações na Rua __________, n. __________), conforme art. 77, V, do CPC.

Requer provar o alegado por todas as formas em direito admitidas, em especial pela oitiva de testemunhas e outras que se fizerem necessárias à instrução do presente feito.

Dá-se à causa o valor de R$ 87.300,00 (oitenta e sete mil e trezentos reais).

Termos em que

pede deferimento.

..., ... de ... de ...

ADVOGADO(A)

OAB/... n. ...

Observe que foi considerada a proibição do edital do Exame de Ordem de se utilizar dedução para a elaboração da petição, de forma que os dados utilizados no preâmbulo foram apenas os fornecidos no problema. Os demais dados de qualificação foram apenas indicados, padrão esse que deve ser seguido.

Uma vez compreendidas as regras para a elaboração da petição inicial, vamos na sequência conhecer a forma de elaboração das demais petições do processo de conhecimento cabíveis no procedimento comum.

1.3. TUTELAS PROVISÓRIAS

O tema tutela provisória vem disciplinado no Código de Processo Civil e visa atender à necessidade de obtenção de uma decisão judicial provisória até que o mérito do processo seja julgado.

As tutelas provisórias encontram-se assim estruturadas no CPC:

Estrutura das tutelas provisórias no CPC

<table>
<tr><td rowspan="3">Tutelas provisórias (art. 294)</td><td colspan="2">Tutela de evidência (art. 311)</td></tr>
<tr><td rowspan="2">Tutelas de urgência (art. 300)</td><td>Tutela cautelar (art. 301)</td></tr>
<tr><td>Tutela antecipada (art. 303)</td></tr>
</table>

Pela demonstração que vimos, percebemos que a tutela provisória se subdivide em tutela de evidência e de urgência. A tutela de urgência, por seu turno, subdivide-se em cautelar e antecipada.

1.3.1. Tutela de evidência

A tutela de evidência, prevista no art. 311 do CPC, pode ser utilizada basicamente quando houver abuso de direito de defesa do réu; manifesto propósito protelatório; alegações que se baseiam apenas em provas escritas; e quando a prova documental juntada pelo autor for suficiente para a solução da lide, sem que a ela se tenha oposto o réu.

De acordo com as hipóteses de cabimento desse tipo de tutela, já é possível verificar que seu cabimento ficaria restrito a um momento posterior ao da contestação da ação, sendo pleiteado apenas por meio de uma petição intermediária, endereçada diretamente ao juiz da causa.

Para melhor compreensão do momento de sua propositura, apresentamos a seguir a linha processual do tempo:

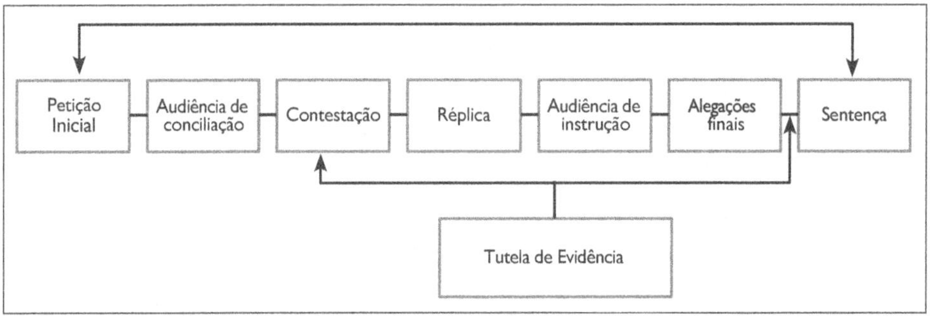

Essa petição será endereçada ao próprio juiz da causa, fazendo menção ao processo em que se pleiteia a tutela. Por se tratar de uma petição intermediária, desnecessária é a qualificação das partes, que já foram devidamente qualificadas quando da propositura da ação na petição inicial.

Para analisar se a peça será uma tutela de evidência, utilizamos o seguinte esquema:

Interpretando o problema: quando a tutela será de evidência?	
Quem é meu cliente?	Meu cliente só pode ser o autor da ação.
Existe processo? Se sim, qual o último andamento processual?	Para ser uma tutela de evidência, é necessário a existência de um processo judicial em andamento.
O que ele deseja?	Meu cliente deseja que eu adote uma medida capaz de coibir a procrastinação que o réu esteja provocando no andamento processual.

A seguir apresentamos um modelo de petição pleiteando uma tutela de evidência, a partir de um caso hipotético:

Folha 1/2

EXCELENTÍSSIMO SENHOR DOUTOR JUIZ DE DIREITO DA 3ª VARA CÍVEL DO FORO DA COMARCA DE OSASCO/SP

Processo autuado sob o n. 1000042-34.2014.4.22.0009

(Nome do autor), por seu advogado, nos autos do processo em epígrafe da AÇÃO DE COBRANÇA que move em face de (nome do réu), vem à presença de Vossa Excelência, na forma prevista no art. 311 do Código de Processo Civil, requerer TUTELA DE EVIDÊNCIA expondo e requerendo o quanto segue:

Em ... de ..., o requerente propôs a presente ação, com a finalidade de cobrar do requerido a importância de R$ 25.000,00 (vinte e cinco mil reais) por serviços prestados e não adimplidos pelo requerido.

Quando da contestação, o requerido não negou que o serviço tivesse sido prestado e não contestou o valor cobrado, queixando-se apenas da ausência de pactuação sobre como a obrigação deveria ser satisfeita.

A prova documental juntada, apesar de não ser um instrumento contratual, deixa claras, por meio da correspondência eletrônica trocada entre as partes, todas as condições para a realização do trabalho e o cumprimento da obrigação por parte do requerido, quais sejam, após concluídos os trabalhos pelo requerente e devidamente conferidos pelo

Folha 2/2

requerido, o pagamento deveria ser realizado 30 (trinta) dias após a entrega.

O trabalho foi entregue e certificado pelo requerido por meio de correspondência eletrônica, porém, por duas vezes ele solicitou o adiamento do feito para rever o trabalho prestado, solicitação essa deferida sem que qualquer manifestação tenha sido apresentada.

Ocorre que vem agora o requerido pedir a suspensão do feito, alegando que irá se submeter a procedimento cirúrgico e que durante o período de recuperação ficará impossibilitado de exercer o contraditório e ampla defesa, já que advoga em causa própria, consubstanciando, assim, manifesto propósito protelatório, a justificar a presente medida.

Conforme se verificou, o requerente preenche os requisitos previstos no art. 311 do Código de Processo Civil e requer, de imediato, a concessão de tutela de evidência para determinar que o requerido pague a importância relativa à prestação de serviços, que ao final deverá ser confirmada.

Termos em que
pede deferimento.

..., ... de ... de ...

ADVOGADO(A)
OAB/... n. ...

É de se observar que no caso da tutela de evidência não existe uma necessidade premente, ou seja, não existe uma urgência que justifique a medida, mas há o interesse em frear o ímpeto da parte contrária em procrastinar a solução da lide – diferentemente da medida que apreciaremos em seguida, em que a urgência é um dos requisitos de sua concessão.

1.3.2. **Tutelas de urgência**

As tutelas de urgência, seja antecipada ou cautelar, são medidas que exigem uma prestação jurisdicional imediata em razão de uma situação que não pode ser contornada somente quando da análise de mérito, já que pode ocorrer o perecimento do direito ou dos meios que o garantam, conforme o caso.

Dessa forma, conforme previsto no art. 300 do CPC, é possível a concessão de uma tutela de urgência sempre que houver probabilidade do direito pleiteado e o perigo de dano ou o risco do resultado útil do processo.

Logo, as tutelas de urgência possuem requisitos próprios de acordo com sua modalidade – antecipada ou cautelar – e podem ser pleiteadas em caráter antecedente, ou seja, antes de distribuída a ação, ou em caráter incidental – no curso de um processo judicial em andamento.

Vamos então compreender cada uma das modalidades, considerando que possuem hipóteses de cabimento e requisitos próprios.

1.3.2.1. *Tutela antecipada*

O que diferencia a tutela antecipada da tutela cautelar é justamente o fato de aquela ser o meio judicial provisório de pleitear o mesmo direito que se pretende ao final da ação.

Para que haja a concessão da tutela antecipada, conforme dispõe o art. 300 do CPC, é necessário verificar a probabilidade do direito que se pretende ao final, ou seja, o juiz terá de observar se realmente existe a possibilidade, ainda que em tese, de deferimento do direito pleiteado. O dispositivo exige ainda o perigo de dano, que nada mais é que a urgência que justifica a antecipação do direito.

Como vimos anteriormente, a tutela antecipada pode ser concedida em caráter antecedente ou em caráter incidental. Em caráter antecedente, ela é pleiteada antes de distribuída a ação. Nesse caso, a petição tem o formato de uma petição inicial dirigida ao juiz que teria competência para apreciar a lide principal, mas explorando em um primeiro momento somente a questão de urgência e a probabilidade do direito, já que seria ela a peça a inaugurar o processo. Posteriormente, a parte precisa fazer um aditamento para converter aquela peça em uma ação definitiva. O prazo para esse aditamento é de 5 dias caso seja negada a medida liminar e de 15 dias caso seja concedida a medida liminar.

Para melhor compreensão das possibilidades de se pleitear uma tutela antecipada, apresentamos a seguir a linha processual do tempo:

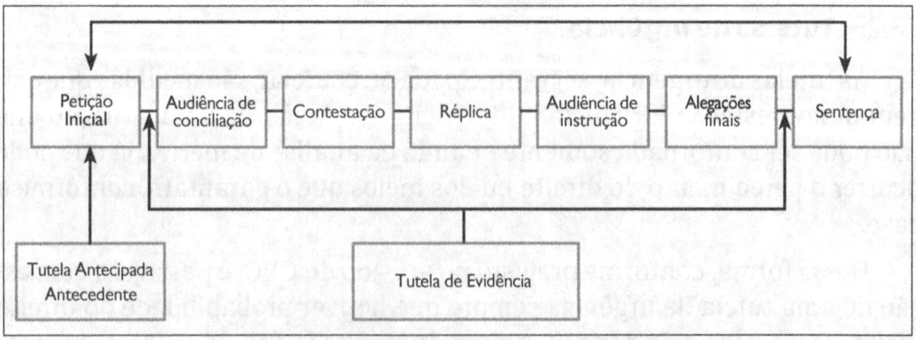

Para analisar se a peça será uma tutela antecipada, utilizamos o seguinte esquema:

Interpretando o problema: quando o pedido será uma tutela antecipada?

Quem é meu cliente?	Meu cliente só pode ser o autor da ação.
Existe processo? Se sim, qual o último andamento processual?	A tutela antecipada pode ocorrer de forma antecedente (antes de distribuída a ação) ou de forma incidental (no curso de um processo em andamento).
O que ele deseja?	Se for em caráter antecedente, meu cliente tem urgência relativa quanto ao mérito da ação e ao que dela se pretende pedir, antes que se resolva a própria ação. Se for em caráter incidental, meu cliente tem urgência relativa quanto ao mérito da ação e ao que dela se pretende pedir, durante o andamento desta.

Já em caráter incidental, a peça será formulada no formato de uma petição intermediária dirigida ao próprio juiz da causa, conforme o modelo a seguir:

Folha 1/2

EXCELENTÍSSIMO SENHOR DOUTOR JUIZ DE DIREITO DA 3ª VARA CÍVEL DO FORO DA COMARCA DE OSASCO/SP

Processo autuado sob n. 1000042-34.2014.4.22.0009

(Nome do autor), por seu advogado, nos autos do processo em epígrafe da AÇÃO DECLARATÓRIA que move em face de (nome do réu), vem à presença de Vossa Excelência, na forma prevista no art. 300 do Código de Processo Civil, requerer TUTELA ANTECIPADA, expondo e requerendo o quanto segue:

Em ... de ..., o requerente foi negativado pelo requerido sob a alegação de não ter pago o valor de R$ 20.000,00 (vinte mil reais), materializado em uma nota promissória.

Quando da propositura da ação, o requerente comprovou documentalmente que ocorreu entre as partes uma novação e que a obrigação prevista anteriormente na referida nota promissória deixou de existir, dando surgimento a uma nova obrigação pactuada entre as partes por meio do instrumento criado com "animus novandi".

A prova documental juntada não chegou a ser contestada pelo requerido, que se dispôs a discutir apenas os termos da novação.

A presente ação tem como efeito a declaração da inexigibilidade do

Folha 2/2

débito, bem como o cancelamento da negativação nos órgãos de crédito, por ser indevida.

Logo, por tudo o que dos autos consta, de fato a dívida que originou a negativação é indevida, demonstrando assim a probabilidade do direito pleiteado.

Por outro lado, é notório o fato de que uma negativação, principalmente no meio empresarial, gera transtornos enormes, em especial para a relação bancária e a obtenção de crédito, demonstrado, assim, o perigo de dano.

Conforme se verificou, o requerente preenche os requisitos previstos no art. 300 do Código de Processo Civil e, requer de imediato, a concessão de tutela antecipada para se determinar a suspensão da negativação constante nos órgãos de proteção ao crédito, razão pela qual se requer a imediata concessão de medida liminar para tal finalidade.

Termos em que

pede deferimento.

..., ... de ... de ...

ADVOGADO(A)

OAB/... n. ...

Assim sendo, demonstrada a forma de pleitear a tutela antecipada, resta agora a necessidade de analisar como e em que hipótese se pode pleitear a tutela de natureza cautelar.

1.3.2.2. *Tutela cautelar*

A tutela cautelar prevista nos arts. 301 e 305 do Código de Processo Civil tem como objetivo assegurar resultado útil ao processo, ou seja, ao contrário da tutela antecipada, em que se pleiteia a antecipação do próprio direito, aqui se busca apenas assegurar que o processo tenha um resultado satisfatório, daí o termo "cautelar", de cautela.

A tutela cautelar é sugerida pelo legislador em algumas espécies, como se vê no art. 301 do CPC: arresto, sequestro, arrolamento de bens e registro de protesto contra a alienação de bens.

O arresto é utilizado para a apreensão de bens que possam garantir a solvência da obrigação, caso esse seja o objeto da ação.

Na hipótese do sequestro, a finalidade é a mesma: garantia da solvência da obrigação objeto da ação, embora nesse caso o bem apreendido seja também o bem litigioso.

O arrolamento de bens visa indisponibilizar bens do devedor, genericamente listados, para garantir o cumprimento de obrigação.

Já o registro de protesto serve para indisponibilizar determinado bem imóvel, também para impedir a sua alienação, de forma que no futuro ele possa se tornar a garantia de solvência da obrigação objeto da ação.

Apesar de o legislador ter enumerado tais situações, elas estabelecem um rol meramente exemplificativo de hipóteses cautelares, já que, no mesmo dispositivo legal, o legislador torna esse rol ilimitado ao permitir quaisquer outras situações que atendam à mesma finalidade. Exemplificativamente, podemos citar uma produção antecipada de prova em que uma testemunha necessária para se provar algo na ação necessite viajar para o exterior, de forma que, no curso normal do processo, a testemunha poderá não estar presente.

Para melhor compreensão das possibilidades de se pleitear uma tutela cautelar, apresentamos a seguir a linha processual do tempo:

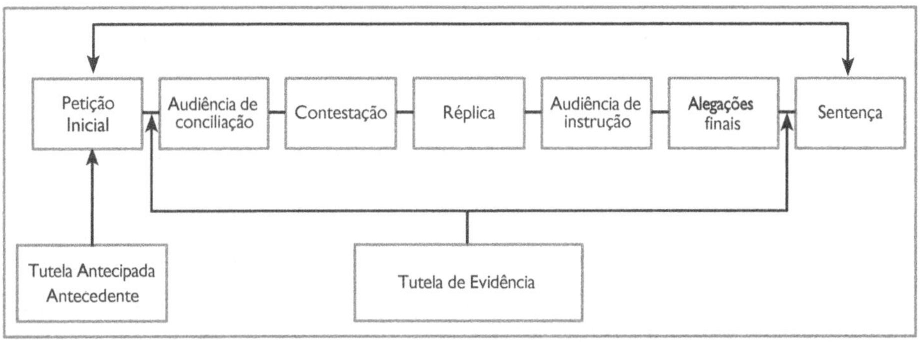

Para analisar se a peça será uma tutela cautelar, utilizamos o seguinte esquema:

Interpretando o problema: quando será uma tutela cautelar?

Quem é meu cliente?	Meu cliente só pode ser o autor da ação.
Existe processo? **Se sim, qual o último andamento processual?**	A tutela antecipada pode ocorrer de forma antecedente (antes de distribuída a ação) ou de forma incidental (no curso de um processo em andamento), lembrando que a tutela cautelar pode ser requerida no processo de conhecimento ou no de execução.
O que ele deseja?	Se for em caráter antecedente, meu cliente tem urgência relativa em relação aos riscos úteis do processo, para que ao final se garanta a efetividade deste. Se for em caráter incidental, meu cliente tem urgência durante o andamento da ação, em relação aos riscos úteis do processo, para que ao final se garanta a efetividade deste.

No aspecto processual, a tutela cautelar também pode ser requerida de forma antecedente – hipótese em que a petição terá a forma de petição inicial – ou de forma incidental – situação em que a petição terá a forma de uma petição intermediária endereçada diretamente ao juiz da causa, conforme o modelo hipotético apresentado na sequência:

Folha 1/3

EXCELENTÍSSIMO SENHOR DOUTOR JUIZ DE DIREITO DA 2ª VARA CÍVEL DO FORO DA COMARCA DE CHAPECÓ, NO ESTADO DE SANTA CATARINA/SC

Processo autuado sob o n. 010.026957-81.000

(Nome do autor), por seu advogado, nos autos do processo em epígrafe da AÇÃO DE COBRANÇA que move em face de (nome do réu), vem à presença de Vossa Excelência, na forma prevista no art. 301 do

Código de Processo Civil, requerer TUTELA CAUTELAR, expondo e requerendo o quanto segue:

Como se verificou dos autos, o autor ingressou com a presente ação para cobrar honorários de serviços prestados ao réu, uma vez que não houve o adimplemento da obrigação.

Em razão da ausência de instrumento contratual, optou o autor pelo arrolamento de testemunha que, durante a fase de negociação entre as partes, a tudo presenciou, podendo então permitir o êxito da presente ação.

Ocorre, contudo, que a testemunha arrolada pretende se mudar em definitivo para a Espanha, o que deverá ocorrer no próximo mês, conforme se comprova através dos documentos que instruem o presente pedido.

Em razão da iminente ausência da testemunha, única pessoa que pre-

Folha 2/3

senciou os fatos, ficará prejudicado o resultado útil que se espera do presente processo.

Esse pedido encontra guarida no art. 301 do Código de Processo Civil, nos seguintes termos:

> "A tutela de urgência de natureza cautelar pode ser efetivada mediante arresto, sequestro, arrolamento de bens, registro de protesto contra alienação de bem e qualquer outra medida idônea para asseguração do direito" (grifamos).

Além disso, o autor preenche os requisitos previstos no art. 300 do CPC, quais sejam, probabilidade do direito e risco ao resultado útil do processo. A probabilidade está na comprovação do serviço prestado, cujas condições contratuais de cumprimento da obrigação serão comprovadas por meio da oitiva da testemunha.

Por outro lado, o risco ao resultado útil do processo encontra-se presente justamente na possibilidade de a testemunha não mais se encontrar presente quando da instrução processual.

Dessa forma, a concessão da presente tutela de natureza cautelar é o único instrumento capaz de assegurar resultado útil ao presente processo.

CONCLUSÃO

Diante do exposto, requer a concessão liminar para que se efetive a produção antecipada da prova testemunhal, de forma a garantir a efetividade da instrução probatória processual.

Termos em que
pede e espera deferimento.
..., ... de ... de ...

Folha 3/3

ADVOGADO(A)
OAB/... n. ...

Com a concessão de tal medida se promove a efetividade do processo, assegurando, assim, sua utilidade, objeto principal da medida.

1.4. CONTESTAÇÃO

A contestação é a peça defensiva por essência, em que o réu exerce o direito ao contraditório. Aqui aproveitamos para chamar a atenção para um aspecto, já que é comum a confusão entre contraditório (direito de defesa) e ampla defesa, que apenas se refere aos meios de prova exercidos pelas partes para provar suas respectivas alegações.

A contestação vem prevista no art. 335 do CPC, em que se atribui ao réu o prazo de 15 dias para a apresentação de defesa escrita. Embora nessa peça a cognição seja ampla, o momento de defesa é único, e por essa razão o art. 336 do CPC estabelece que toda a matéria deva ser arguida em um único momento, expondo os fundamentos fáticos e jurídicos, além de especificar as provas pertinentes. Ou seja, é necessário observar que a estrutura da contestação é muito semelhante à da petição inicial, ressalvados os requisitos a serem observados para a elaboração de cada uma delas.

Além da defesa de mérito, como já existe um processo judicial em andamento, também poderá alegar o réu todas as matérias processuais previstas no art. 337 do CPC, também denominadas preliminares. Por serem preliminares, quando elas tiverem de ser arguidas, como o próprio nome afirma, serão oferecidas antes da defesa de mérito.

É importante destacar também que esse rol de preliminares é taxativo, de forma que somente as matérias ali enumeradas podem ser objeto de arguição como preliminar.

Uma outra observação pertinente quanto à peça de defesa é observar que quando se tratar de contestação de ação que tramita pelo procedimento especial, antes de estruturar a peça, verifique se no respectivo procedimento especial não existe fundamento específico e/ou requerimentos a serem observados (exemplo: *vide* arts. 95 e 96 da Lei n. 11.101/2005).

Assim ficará a estrutura da contestação:

Elementos estruturais da contestação

- Endereçamento
- Preâmbulo
- Introdução
- Preliminares
- Narrativa dos fatos
- Fundamentos jurídicos
- Pedidos
- Requerimentos
- Encerramento

Vamos analisar esses elementos para melhor compreender a peça de contestação.

Como a contestação pressupõe um processo em andamento, o endereçamento será formulado diretamente ao juiz da causa, portanto devemos fazer logo a seguir a menção ao número do processo correspondente.

No Exame de Ordem, ainda que o problema não faça menção ao número do processo, é necessário que se indique o campo correspondente utilizando apenas um traço para indicar o número, conforme demonstrado a seguir:

Processo autuado sob o n. _______________

Logo após a atribuição do número do processo entre as linhas de espaço que são necessárias, iniciamos a redação do preâmbulo.

Diferentemente da petição inicial, aqui não se faz mais a qualificação das partes, exceto se o problema narrar a existência de um dado da qualificação ignorado ou impreciso na ação; do contrário, o preâmbulo é edificado apenas fazendo menção ao nome das partes e à indicação da peça, com o seu respectivo fundamento.

A introdução é uma síntese do que constou na petição inicial para se abrir a defesa a ser produzida na sequência. São um ou mais parágrafos introdutórios, apenas para dar sentido e sequência lógica ao texto defensivo, considerando que, se estamos nos defendendo, estamos nos defendendo de alguma coisa.

Como já mencionamos, o rol de preliminares previsto no art. 337 do CPC é taxativo, de forma que, se não tivermos uma das hipóteses elencadas pelo legislador, não teremos preliminares a serem arguidas.

Ausentes as hipóteses anteriormente elencadas, a redação da peça defensiva deve passar diretamente para a narrativa dos fatos.

A narrativa dos fatos deve ser precisa e contestar cada um dos fatos alegados na petição inicial (art. 341 do CPC), já que a ausência de alegação de um fato implica a possibilidade de aplicação da pena de confissão.

Como critério para a narrativa dos fatos, sugerimos a mesma lógica utilizada na petição inicial, ou seja, que os fatos sejam apresentados cronologicamente, de forma clara, precisa e subdivididos em parágrafos por assunto.

A única observação que se faz é que, considerando a existência da petição inicial, a abordagem dos fatos aqui não é feita de forma isolada, mas sim a partir dos próprios fatos já narrados na ação, conforme se demonstra a seguir:

> Ao contrário do que foi alegado na peça vestibular, o réu cumpriu todas as obrigações pecuniárias decorrentes do contrato firmado entre as partes.

Dessa forma, a redação dos fatos na defesa fica limitada à "contestação" dos fatos narrados na petição inicial ou à alegação de novos fatos que possam impedir, modificar ou extinguir os direitos pleiteados na peça exordial.

No tocante aos fundamentos jurídicos, os critérios são semelhantes e seguem as mesmas regras dos fundamentos utilizados na petição inicial, ou seja, a disposição hierárquica das normas, o respeito ao princípio da especialidade das normas, acrescentando-se a necessidade de contrapor os fundamentos invocados pelo autor.

Então, devemos observar que a fundamentação jurídica na contestação é, inicialmente, uma relação entre tese e antítese.

Em relação aos pedidos, lembramos que eles se subdividem em pedido de direito material e pedido de direito processual.

O pedido de direito processual para o autor era o de procedência da ação; já o do réu será o de improcedência total ou parcial da ação.

Já o pedido de direito material é o que se espera no provimento jurisdicional quando se fala em petição inicial, mas na contestação ele tem caráter negativo, ou seja, o que não se espera. Exemplificativamente, se fôssemos contestar um pedido condenatório, pediríamos que fosse julgado improcedente, já que não foi o réu o causador da negativação do nome do autor nos serviços de proteção ao crédito.

É possível, ainda, em sede de contestação, que o réu apresente pedido de reconvenção, de que trataremos adiante.

Deve-se observar que, caso haja a arguição de alguma preliminar, como ela antecede o mérito, o pedido de seu acolhimento deve ser formulado antes do pedido de mérito, que é o de improcedência total ou parcial da ação.

Na fase de requerimentos, existem apenas três requerimentos básicos comuns a toda contestação: o de condenação em honorários sucumbenciais e custas processuais, já que a parte derrotada se torna sucumbente, o requerimento de intimação do advogado dos atos processuais e o requerimento de provas, por exigência do próprio legislador (art. 336 do CPC).

Outros requerimentos, caso a caso, podem ser formulados, por exemplo:

- requerimento de designação de audiência de conciliação ou mediação, caso não tenha ocorrido anteriormente por desistência do próprio autor;
- requerimento de trâmite processual prioritário, caso o réu seja idoso;
- requerimento de assistência judiciária gratuita etc.

O encerramento deve ser formulado de forma idêntica aos modelos constantes dos espelhos de correção do Exame de Ordem e já explorados nos requisitos da petição inicial.

Observe que, na peça contestatória, antes do encerramento, não mencionamos o valor da causa, já que esse requerimento é exclusivo da petição inicial. Quando muito, podemos discutir na contestação a incorreção do valor da causa, mas, como vimos anteriormente, essa é matéria que deve ser arguida preliminarmente.

Para analisar se a peça será uma contestação, utilizamos o seguinte esquema:

Interpretando o problema: quando será uma contestação?

Quem é meu cliente?	Meu cliente só pode ser o réu da ação.
Existe processo? **Se sim, qual o último andamento processual?**	A contestação pressupõe a existência de um processo em andamento, e o ato de apresentação da contestação ocorre no prazo legal após a citação.
O que ele deseja?	Meu cliente pretende se defender das alegações apresentadas pelo autor da ação.

Para melhor compreensão da utilização da peça contestatória, apresentamos a seguir a linha processual do tempo:

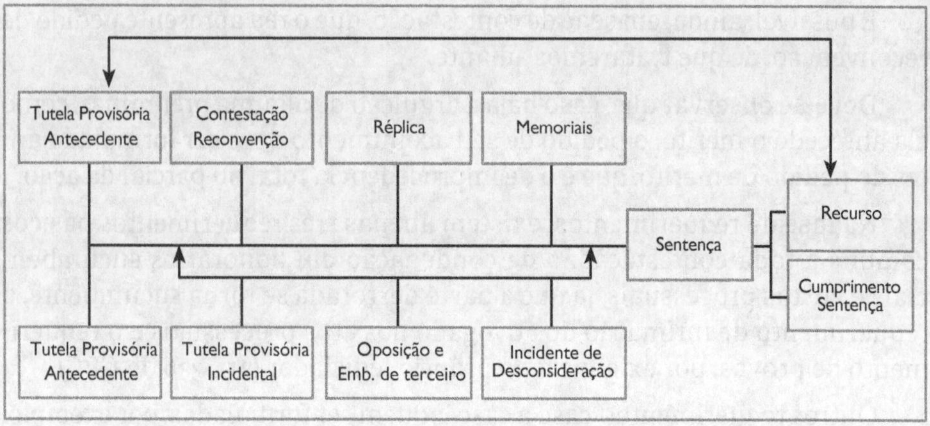

Uma vez identificada a peça, vamos verificar a sua estrutura para posterior elaboração:

Endereçamento	
Competência	Juízo do processo
Preâmbulo	
Partes	Réu – parte que contesta a ação Autor – proponente da ação
Nome da ação	CONTESTAÇÃO
Cabimento	Art. 335 do CPC
DOS FATOS	
Fatos	Descrição sucinta dos fatos até a propositura da ação. Demonstração dos contra-argumentos que sustentam a tese de defesa.
DO DIREITO	
Fundamento legal	Art. 335 do CPC, art. 337 do CPC (quando tiver preliminares a serem arguidas) + tese de direito material.
DOS PEDIDOS E REQUERIMENTOS	
Pedidos	Improcedência total ou parcial da ação.
Requerimentos	• condenação em custas processuais e honorários sucumbenciais; • realização ou não de audiência; • intimação de atos processuais; • provas.

Definida a sua estrutura, já podemos elaborar um modelo prático-profissional.

Apresentamos a seguir um modelo de contestação hipotético elaborado a partir do mesmo problema que embasou a confecção da petição inicial:

Folha 1/4

EXCELENTÍSSIMO SENHOR DOUTOR JUIZ DE DIREITO DA 3ª VARA CÍVEL DO FORO DA COMARCA DE SÃO PAULO/SP

Processo autuado sob o n. ...

SIMÃO ESCADA, por seu procurador devidamente constituído através do Instrumento de Mandato anexo (doc. ...), vem, nos autos do processo em epígrafe da AÇÃO DE COBRANÇA que lhe move MAGDA, à presença de Vossa Excelência, com fundamento no art. 335 do CPC, apresentar CONTESTAÇÃO, conforme a seguir aduzido:

DA EXORDIAL

A autora ingressou com a presente ação alegando ter firmado contrato de mútuo com o réu, que, mesmo após notificado, deixou de cumprir a obrigação de lhe pagar R$ 80.000,00 (oitenta mil reais) utilizados na ampliação e reforma de seu estabelecimento empresarial.

Alega ainda que as partes são irmãos, e que por essa razão deixou de formalizar a relação contratual, mas que o negócio foi devidamente testemunhado por pessoas que podem comprovar a relação.

Com a devida vênia, Excelência, é impossível aceitar as alegações formuladas pela autora, posto que equivocadas, como se demonstrará a seguir.

Folha 2/4

PRELIMINARMENTE

Estabelece o Código de Processo Civil que:

"Art. 337. Incumbe ao réu, antes de discutir o mérito, alegar:

(...)

III - incorreção do valor da causa;

(...)".

É que, ao contrário do alegado pela autora, o réu já adimpliu parcialmente sua obrigação, tendo pago algo em torno de 80% (oitenta por cento) do valor pactuado, ou seja, quitou exatos R$ 56.000,00 (cinquenta e seis mil reais), conforme microfilmagem do cheque e extrato bancário que ora se juntam.

Dessa forma, o valor devido atualmente não ultrapassaria R$ 31.300,00 (trinta e um mil e trezentos reais), valor esse que deve ser dado à causa, e não como constou.

DOS FATOS

De fato, em 15 de maio de 2017 a autora emprestou ao réu a importância de R$ 80.000,00 (oitenta mil reais) para que ele reformasse e ampliasse seu estabelecimento empresarial, e também é verdadeiro o fato de que as partes, por serem irmãos, não formalizaram o negócio, até porque desnecessário, dada a relação mútua de confiança própria desse tipo de vínculo.

Também é crível que em 20 de setembro de 2017, na cidade de São Paulo, o réu deveria quitar a obrigação, e que foi notificado extrajudicialmente para tal finalidade. Porém, ao ser cobrado, surpreendeu-se com a cobrança do valor total corrigido, ou seja, a importância de R$ 87.300,00 (oitenta e sete mil e trezentos reais).

Folha 3/4

Diante da incorreção do valor, imediatamente contatou a autora, informando que, conforme combinado, já havia lhe depositado, através de cheque, a importância de R$ 56.000,00 (cinquenta e seis mil reais), conforme microfilmagem do cheque e extrato bancário que ora se juntam.

Mesmo a partir dessa informação, nenhuma providência ultimou a autora para corrigir o valor da dívida, descontando os valores já pagos, sendo que, posteriormente, a única comunicação entre as partes foi a citação para responder à presente ação judicial, em que novamente se cobra o valor integral da dívida.

É de se observar que, descontados os valores já pagos, o saldo da dívida seria de R$ 31.300,00 (trinta e um mil e trezentos reais).

DOS FUNDAMENTOS

Não resta dúvida, pelos fatos apresentados pelas partes, que o negócio jurídico firmado entre a autora e o réu configura contrato de mútuo, como se observa da previsão do Código Civil:

"Art. 586. O mútuo é o empréstimo de coisas fungíveis. O mutuário é obrigado a restituir ao mutuante o que dele recebeu em coisa do mesmo gênero, qualidade e quantidade".

Porém, é de se observar, também, que o próprio legislador determina a restituição da coisa do mesmo gênero, qualidade e quantidade. Então, por tudo o que aqui se observou, quantitativamente restam apenas R$ 31.300,00 (trinta e um mil e trezentos reais), ao contrário do alegado pela autora.

CONCLUSÃO

Inicialmente se pugna pela preliminar arguida, para que seja o valor

Folha 4/4

da causa corrigido para o valor de R$ 31.300,00 (trinta e um mil e trezentos reais), por ser medida de inteira justiça.

Pede também seja a presente ação julgada procedente em parte, para que seja determinado ao réu apenas o pagamento de R$ 31.300,00 (trinta e um mil e trezentos reais), em razão da quitação da parte substancial da obrigação, conforme demonstrado.

Requer também seja a autora condenada a pagar honorários advocatícios e custas processuais, considerando que o réu será sucumbente na menor parte do pedido.

Requer sejam as intimações processuais realizadas em nome do advogado subscritor, que receberá intimações na Rua ____________, n. ____, conforme art. 77, V, do CPC.

Requer provar o alegado por todas as formas em direito admitidas, em especial pela oitiva de testemunhas e outras que se fizerem necessárias à instrução do presente feito.

Termos em que
pede deferimento.

..., ... de ... de ...

ADVOGADO(A)
OAB/... n. ...

Com o modelo apresentado, é possível observar a estrutura da contestação, já acrescida uma hipótese de preliminar.

1.5. RECONVENÇÃO

A reconvenção vem prevista no art. 343 do CPC para permitir ao réu manifestar pretensão própria, conexa com a ação principal ou com o fundamento da defesa. Considere que duas ações são conexas quando lhes são comuns os pedidos ou a causa de pedir.

Vamos imaginar uma situação hipotética, em que o autor ingressou com uma ação para cobrar o réu por serviços prestados e não pagos, porém, ao prestar o referido serviço, o autor causou algum dano ao réu. Nesse caso, ao contestar a ação de cobrança, poderia o réu acrescentar um tópico de "reconvenção" na contestação e pleitear na mesma ação os prejuízos sofridos.

Além de a reconvenção poder ser feita na própria contestação, poderia também ser feita em peça autônoma, mas só nas hipóteses em que não se pretenda contestar a ação.

Uma vez embutida na petição de contestação, já observará o réu o prazo de 15 dias para defesa, mesmo prazo que terá de ser observado nas hipóteses em que se pretenda oferecê-la em peça autônoma.

É importante analisarmos também que a reconvenção, uma vez formulada, independe da ação principal, de forma que, se for extinta a ação principal, prosseguirá o feito até o julgamento da reconvenção.

Para melhor se compreender a utilização da reconvenção, apresentamos a seguir a linha processual do tempo:

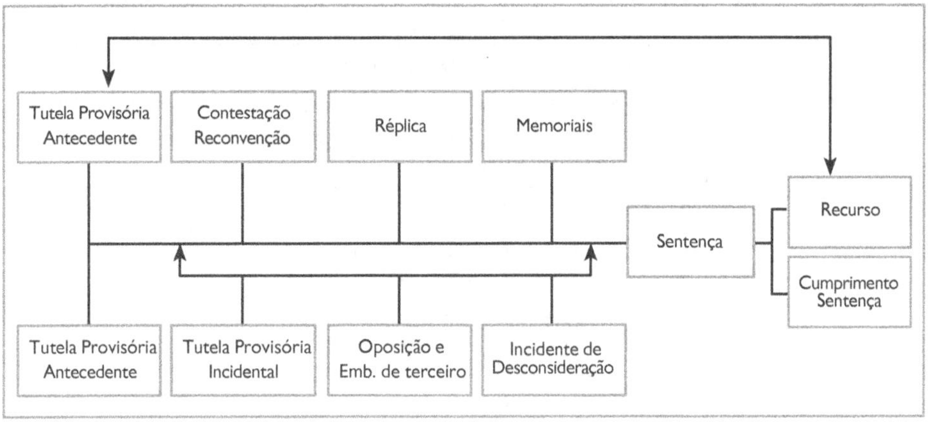

No tocante à legitimidade, quem pode pleitear o pedido de reconvenção é o réu, aqui denominado reconvinte, que também poderá formular o pedido em litisconsórcio com terceiro (art. 343, § 4º, do CPC). Já a legitimidade passiva será do autor, aqui tratado como reconvindo.

Para analisar se a peça será uma contestação com reconvenção, utilizamos o seguinte esquema:

Interpretando o problema: quando será uma contestação com reconvenção?

Quem é meu cliente?	Meu cliente só pode ser o réu da ação.
Existe processo? Se sim, qual o último andamento processual?	A contestação pressupõe a existência de um processo em andamento, e o ato de apresentação da contestação com reconvenção ocorre no prazo legal após a citação.
O que ele deseja?	Meu cliente pretende se defender das alegações apresentadas pelo autor da ação, bem como possui algo conexo com a ação principal a ser pleiteado em face do autor.

Uma vez identificada a peça, vamos verificar a sua estrutura para posterior elaboração:

Endereçamento	
Competência	Juízo do processo
Preâmbulo	
Partes	Réu/reconvinte – parte que contesta a ação Autor/reconvindo – proponente da ação
Nome da ação	CONTESTAÇÃO COM RECONVENÇÃO
Cabimento	Arts. 335 e 343 do CPC

DOS FATOS	
Fatos	Descrição sucinta dos fatos até a propositura da ação. Demonstração dos contra-argumentos que sustentam a tese de defesa. Demonstração dos argumentos que possibilitam ao réu formular um pedido em face do autor.
DO DIREITO	
Fundamento legal	Arts. 335, 337 e 343 do CPC (337 só quando tiver preliminares a serem arguidas) + tese de direito material.
DOS PEDIDOS E REQUERIMENTOS	
Pedidos	Improcedência total ou parcial da ação. Pedido de procedência da reconvenção.
Requerimentos	• condenação em custas processuais e honorários sucumbenciais; • realização ou não de audiência; • intimação de atos processuais; • provas.

Definida a sua estrutura, já podemos elaborar um modelo prático-profissional.

Modelo de contestação com reconvenção

Folha 1/4

EXCELENTÍSSIMO DOUTOR JUIZ DE DIREITO DA ...ª VARA .... DO FORO DA COMARCA DE .... NO ESTADO DE - ...

Processo autuado sob o n. ...

..................., por seu advogado, nos autos do processo em epígrafe da da AÇÃO DE INDENIZAÇÃO que lhe move .... (nome empresarial), vem a presença de Vossa Excelência, com fundamento nos arts. 335 e 343 do Código de Processo Civil, oferecer CONTESTAÇÃO

com pedido de RECONVENÇÃO, pelas razões de fato e de direito a seguir expostas:

A autora propôs a presente demanda alegando que o réu, na qualidade de sócio-administrador, praticou atos que geraram danos à sociedade, razão pela qual buscou o ressarcimento dos alegados prejuízos.

Com o devido respeito, afigura-se impossível acolher as alegações feitas pela autora, posto que improcedentes e equivocadas, como ficará demonstrado a seguir.

DOS FATOS

(narrativa dos fatos)

NO MÉRITO

Folha 2/4

Estabelece o legislador que:

"Art. 1.013 CC. A administração da sociedade, nada dispondo o contrato social, compete separadamente a cada um dos sócios. §2º Responde por perdas e danos perante a sociedade o administrador que realizar operações, sabendo ou devendo saber que estava agindo em desacordo com a maioria".

É fato incontroverso, porém, que o réu na qualidade de administrador da sociedade jamais praticou atos de má gestão ou de gestão temerária, até porque, como se verifica dos documentos juntados, teve as suas contas aprovadas pelos demais sócios em assembleia de sócios.

Logo, não existe razão para a procedência da presente demanda, até porque os atos alegados na peça exordial são atos referentes às contas prestadas relativas ao exercício fiscal de 2017, portanto, devidamente aprovadas pelos demais sócios.

DA RECONVENÇÃO

Como se verificou anteriormente, a autora-reconvinda imputou indevidamente danos causados pelo réu-reconvinte e pior do que isso, conforme se verifica dos documentos juntados, informou a vários clientes que ele estaria sendo afastado das funções de administrador por ter praticado atos de fraude na gestão empresarial.

Tais fatos causaram dano moral ao réu-reconvinte, haja vista ter atingindo diretamente sua imagem, devidamente protegida pela Constituição Federal, como se vê:

"Art. 5º, V - é assegurado o direito de resposta, proporcional ao agravo, além da indenização por dano material, moral ou à imagem".

Folha 3/4

Em complemento, o legislador civil assim dispõe:

"Art. 186. Aquele que, por ação ou omissão voluntária, negligência ou imprudência, violar direito e causar dano a outrem, ainda que exclusivamente moral, comete ato ilícito".

Logo, claro está de acordo com o Código de Processo Civil, que a referida indenização pode ser realizada em sede de reconvenção como se vê:

"Art. 343. Na contestação, é lícito ao réu propor reconvenção para manifestar pretensão própria, conexa com a ação principal ou com o fundamento da defesa".

Ainda no mesmo sentido, o mesmo diploma processual estabelece que:

"Art. 55. Reputam-se conexas 2 (duas) ou mais ações quando lhes for comum o pedido ou a causa de pedir".

Logo, não restou outra alternativa ao réu-reconvinte, senão a apresentação de pedido reconvencional.

CONCLUSÃO

Diante do exposto, requer-se:

a) que a presente ação seja julgada totalmente improcedente, ante a ausência de demonstração de prejuízos que pudesse ter o réu causado a autora;

b) requer seja a autora-reconvinda condenada a pagar ao réu-reconvinte

Folha 4/4

a importância de R$ .... (................) a título de danos morais;

c) determinar a condenação da autora em honorários sucumbenciais, custas processuais e demais cominações de estilo;

d) requer sejam as intimações de atos processuais realizadas em nome do advogado subscritor, que receberá intimações na Rua ______, n. ______, conforme art. 77, V, do CPC.

Requer provar o alegado por todos os meios de prova em direito admitidos, em especial pela juntada dos documentos e outros que se fizerem necessários.

Termos em que
pede deferimento.

..., ... de ... de ...

ADVOGADO(A)
OAB/... n. ...

Reconvenção autônoma

Para analisar se a peça será uma reconvenção autônoma, utilizamos o seguinte esquema:

Interpretando o problema: quando será uma reconvenção autônoma?	
Quem é meu cliente?	Meu cliente só pode ser o réu da ação.
Existe processo? **Se sim, qual o último andamento processual?**	A reconvenção autônoma pressupõe uma ação em andamento, em que o réu reconhece a pretensão do autor como sendo legítima, e o último ato processual é a citação.
O que ele deseja?	Meu cliente reconhece a pretensão do autor, mas em face da mesma ação tem algo conexo a pleitear contra o autor.

Uma vez identificada a peça, vamos verificar a sua estrutura para posterior elaboração:

Endereçamento	
Competência	Juízo do processo
Preâmbulo	
Partes	Reconvinte – réu da ação Reconvindo – autor da ação
Nome da ação	RECONVENÇÃO
Cabimento	Art. 343 do CPC
DOS FATOS	
Fatos	Descrição sucinta dos fatos até a propositura da ação. Reconhecimento da legitimidade da pretensão do autor. Demonstração dos argumentos que possibilitam ao réu formular um pedido em face do autor.
DO DIREITO	
Fundamento legal	Art. 343 do CPC + tese de direito material.
DOS PEDIDOS E REQUERIMENTOS	
Pedidos	Pedido de procedência da reconvenção.
Requerimentos	• condenação em custas processuais e honorários sucumbenciais; • realização ou não de audiência; • intimação de atos processuais; • provas.

Definida a sua estrutura, já podemos elaborar um modelo prático-profissional.

▸ *Modelo de reconvenção autônoma*

▾ Folha 1/3

EXCELENTÍSSIMO DOUTOR JUIZ DE DIREITO DA ...ª VARA .... DO FORO DA COMARCA DE .... NO ESTADO DE - ...

Processo autuado sob o n. ...

..............................., por seu advogado, nos autos do processo em epígrafe da AÇÃO DE INDENIZAÇÃO que lhe move ....(nome empresarial), vem à presença de Vossa Excelência, com fundamento no § 6º do art. 343 do Código de Processo Civil, oferecer RECONVENÇÃO, pelas razões de fato e de direito a seguir expostas:

A autora-reconvinda propôs a presente demanda alegando que o réu-reconvinte, na qualidade de sócio administrador, praticou atos que geraram prejuízo à sociedade, razão pela qual buscou o ressarcimento dos alegados prejuízos.

Baseada em tais fatos, a autora-reconvinda divulgou publicamente para todos seus clientes que ele praticou atos de má gestão lhe causando muitos prejuízos.

DOS FATOS

(narrativa dos fatos)

DA RECONVENÇÃO

Folha 2/3

Como se verificou anteriormente, a autora-reconvinda informou a vários clientes que o réu-reconvinte estaria sendo afastado das funções de administrador por ter praticado atos de fraude na gestão empresarial.

Tais fatos, embora guardem relativa veracidade a partir de atos equivocados, causaram dano moral ao réu-reconvinte, haja vista terem atingindo diretamente sua imagem, devidamente protegida pela Constituição Federal, como se vê:

"Art. 5º, V – é assegurado o direito de resposta, proporcional ao agravo, além da indenização por dano material, moral ou à imagem".

Conforme se verificou anteriormente, o réu-reconvinte já havia reconhecido perante os demais sócios tal equívoco, e em razão de tais atos se desligou espontaneamente da função de administrador.

Assim, claro está de acordo com o Código de Processo Civil, que a referida indenização pode ser realizada em sede de reconvenção como se vê:

"Art. 343. §6º O réu pode propor reconvenção independentemente de oferecer contestação".

Logo, não restou outra alternativa ao réu-reconvinte, senão a apresentação de pedido reconvencional.

CONCLUSÃO

Diante do exposto, requer-se:

a) requer seja a autora-reconvinda condenada a pagar ao réu-reconvinte a importância de R$ ________ (________) a título de danos morais, em razão do dano causado a sua imagem;

Folha 3/3

b) determinar a condenação da autora em honorários sucumbenciais, custas processuais e demais cominações de estilo;

c) requer sejam as intimações de atos processuais realizadas em nome do advogado subscritor, que receberá intimações na Rua ________, n. ________, conforme art. 77, V, do CPC.

Requer provar o alegado por todos os meios de prova em direito admitidos, em especial pela juntada dos documentos e outros que se fizerem necessários.

Dá-se à causa o valor de R$ ________ (________).

Termos em que

pede deferimento.

..., ... de ... de ...

ADVOGADO(A)

OAB/... n. ...

1.6. RÉPLICA

A réplica é a manifestação realizada pelo autor a respeito da contestação apresentada pelo réu sempre que ele alegar fato impeditivo, modificativo ou extintivo do direito do autor (art. 350 do CPC), ou quando for arguida em contestação alguma preliminar (art. 337 do CPC).

Essa peça é oferecida na forma de petição intermediária no prazo de 15 dias a partir da intimação judicial e será endereçada diretamente ao juiz da causa.

Para melhor se compreender a utilização da réplica, apresentamos a seguir a linha processual do tempo:

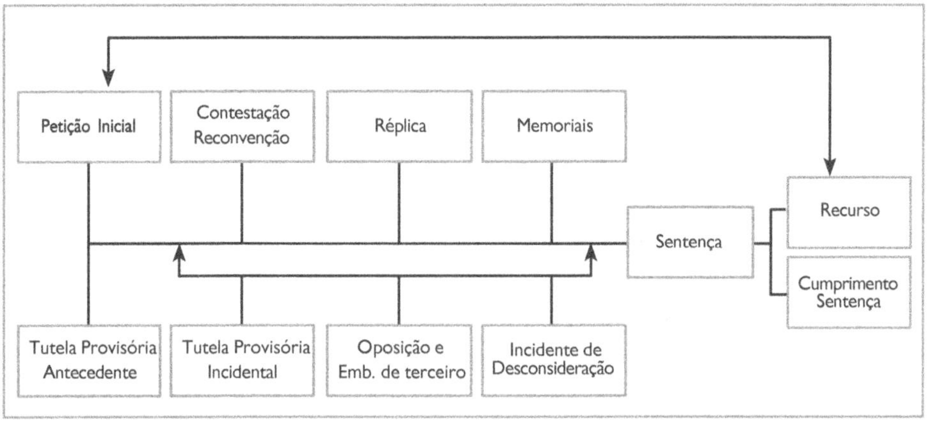

Para analisar se a peça será uma réplica, utilizamos o seguinte esquema:

Interpretando o problema: quando será uma réplica?	
Quem é meu cliente?	Meu cliente só pode ser o autor da ação.
Existe processo? Se sim, qual o último andamento processual?	Para que seja possível a utilização da réplica, é necessário que o réu tenha apresentado sua defesa (contestação) e que nela tenha alegado fato impeditivo, modificativo ou extintivo do direito do autor, ou umas das matérias processuais (preliminares).
O que ele deseja?	Meu cliente pretende se defender das alegações apresentadas pelo réu na peça defensiva.

Uma vez identificada a peça, vamos verificar a sua estrutura para posterior elaboração:

Endereçamento	
Competência	Juízo do processo
Preâmbulo	
Partes	Autor – a réplica é uma peça exclusiva do autor Réu – contestou a ação
Nome da ação	RÉPLICA ou MANIFESTAÇÃO
Cabimento	Art. 350 ou 351 do CPC
DOS FATOS	
Fatos	Descrição sucinta dos fatos apresentados na contestação. Demonstração dos contra-argumentos aos fatos impeditivos, modificativos. ou extintivo alegados, ou ainda a eventual preliminar que tenha sido arguida.
DO DIREITO	
Fundamento legal	Art. 350 ou 351 do CPC + tese de direito material
DOS PEDIDOS E REQUERIMENTOS	
Pedidos	Reiteração do pedido de procedência da ação.
Requerimentos	• reiteração dos requerimentos já formulados na exordial.

Definida a sua estrutura, já podemos elaborar um modelo prático-profissional:

▾ Folha 1/3

EXCELENTÍSSIMO SENHOR DOUTOR JUIZ DE DIREITO DA 3ª VARA CÍVEL DO FORO DA COMARCA DE SÃO PAULO/SP

Processo autuado sob o n. ...

MAGDA, por seu procurador, devidamente constituído através do Instrumento de Mandato anexo (doc. ...), vem, nos autos do processo em epígrafe da AÇÃO DE COBRANÇA que move em face de SIMÃO ESCADA, à presença de Vossa Excelência, com fundamento no arts. 350 e 351 do CPC, apresentar RÉPLICA à contestação de fls., nos termos a seguir aduzidos:

Em sua contestação, o réu alegou que havia pago a importância de R$ 56.000,00 (cinquenta e seis mil reais) através de um cheque, restando apenas R$ 31.300,00 (trinta e um mil e trezentos reais) do saldo da dívida.

Sendo assim, arguiu preliminarmente a incorreção do valor da causa e no mérito pleiteou a improcedência parcial da demanda, para pagar somente o saldo que alega ser devido.

Estabelece o Código de Processo Civil que:

> "Art. 350. Se o réu alegar fato impeditivo, modificativo ou ex-

Folha 2/3

> tintivo do direito do autor, este será ouvido no prazo de 15 (quinze) dias, permitindo-lhe o juiz a produção de prova".

Pelo que se observou, o réu alega fato modificativo em relação ao direito da autora, justificando que já quitou exatos R$ 56.000,00 (cinquenta e seis mil reais).

Além disso, o mesmo Código de Processo Civil impõe que:

> "Art. 351. Se o réu alegar qualquer das matérias enumeradas no art. 337, o juiz determinará a oitiva do autor no prazo de 15 (quinze) dias, permitindo-lhe a produção de prova".

Como se verificou, houve a alegação da preliminar de incorreção do valor da causa, pela mesma razão anteriormente citada.

Como as duas hipóteses se fundam no mesmo fato, ou seja, o pagamento parcial da dívida, cabe aqui associá-las para melhor elucidação do caso.

Na realidade houve o depósito no valor de R$ 56.000,00 (cinquenta e seis mil reais), como afirma o réu, porém tal valor se refere a um segundo negócio jurídico, conforme se vislumbra pelo documento que ora se junta, não se justificando, portanto, qualquer alegação de pagamento.

Assim sendo, é de observar que as alegações deduzidas na peça contestatória eram totalmente inverídicas.

CONCLUSÃO

Por tudo o que aqui se expôs, é a presente para reiterar o julgamento do pedido nos exatos termos formulados na exordial.

Termos em que
pede deferimento.

▾ Folha 3/3

..., ... de ... de ...

ADVOGADO(A)
OAB/... n. ...

Uma vez formulada a réplica, o processo segue para o despacho saneador. Caberá ao juízo dizer se haverá ou não necessidade de instrução processual para colheita de outras provas que se fizerem necessárias.

Após realizada a instrução processual ou quando do seu encerramento, o juiz oportunizará a possibilidade de alegações finais pelas partes, como veremos a seguir.

1.7. ALEGAÇÕES FINAIS - MEMORIAIS

Estabelece o Código de Processo Civil, em seu art. 364, que, finalizada a instrução processual, o juízo concederá a palavra aos advogados para que produzam suas alegações finais. Estas correspondem à manifestação final que cada advogado poderá fazer em relação a tudo o que se desenvolveu ao longo do processo e que possa influenciar na prolação da sentença.

As alegações finais podem ocorrer de três formas distintas:

Formas de alegações finais

Alegações finais – art. 364 do CPC	Orais – art. 364 do CPC
	Remissivas – convenção das partes
	Memoriais – art. 364, §2º, CPC

Nas alegações finais na forma oral, a manifestação final de cada advogado é feita verbalmente em audiência. Nesse caso, estamos pressupondo que ocorreu audiência de instrução e julgamento em que o juízo declarou encerrada a instrução probatória e no mesmo ato oportunizou as alegações finais. Nesse caso, cada parte terá 20 minutos para produzir as alegações finais.

Outra possibilidade, mas por vontade das partes, é apresentar alegações finais remissivas, ou seja, as partes se remetem a tudo o que já disseram nos autos, não havendo, portanto, a necessidade de nova manifestação. É como se o autor dissesse que já está satisfeito com o alegado na petição inicial e na réplica e o réu na contestação, o que propiciaria de imediato a possibilidade de o juízo prolatar a sentença.

Observe que nas duas modalidades anteriores não haveria a produção de uma peça processual, o que só ocorreria na utilização da terceira modalidade, que seriam as alegações finais por meio de memoriais.

Os memoriais seriam as alegações finais em sua forma escrita. Nesse caso, cada parte teria o prazo de 15 dias para compulsar os autos e produzir a peça processual indicando ao juízo os principais pontos do processo que devem, segundo a visão de cada um, ser considerados para fins de julgamento e prolação da sentença. Para a realização de tal modalidade, o legislador exige que se tenham questões complexas de fato e de direito, razão pela qual, subjetivamente, a decisão pela utilização ou não dessa modalidade é submetida à decisão do juízo.

Para melhor se compreender a utilização dos memoriais, apresentamos a seguir a linha processual do tempo:

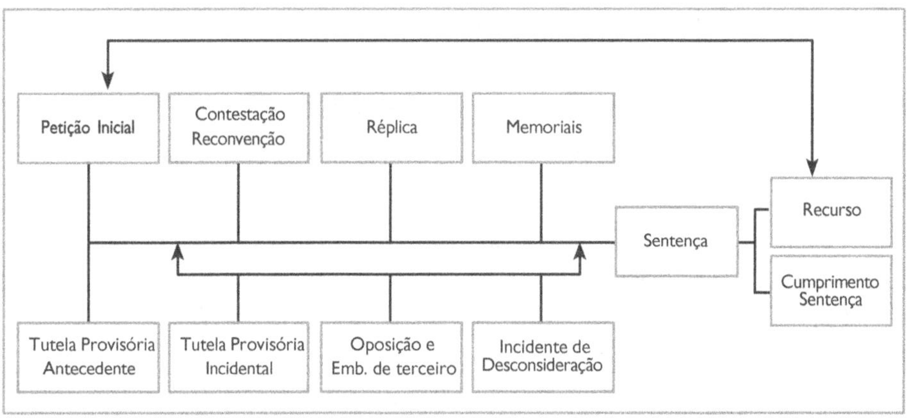

Para analisar se a peça será de alegações finais – memoriais, utilizamos o seguinte esquema:

Interpretando o problema: quando haverá memoriais?

Quem é meu cliente?	Meu cliente pode ser o autor ou o réu da ação.
Existe processo? Se sim, qual o último andamento processual?	As alegações finais por memoriais são a peça para que, no último momento antes da prolação da sentença pelo juiz, possam as partes (autor e réu) apresentar manifestação sobre o transcorrido ao longo do processamento da ação.
O que ele deseja?	Meu cliente pretende que eu faça as últimas alegações antes que o juiz sentencie o processo.

Uma vez identificada a peça, vamos verificar a sua estrutura para posterior elaboração:

Endereçamento	
Competência	Juízo do processo
Preâmbulo	
Partes	Observação: nessa peça você pode ser o autor ou o réu; fique atento às informações do problema para identificar corretamente o cliente.
Nome da ação	ALEGAÇÕES FINAIS ou MEMORIAIS
Cabimento	Art. 304, § 2º, do CPC
DOS FATOS	
Fatos	Fazer uma narrativa dos fatos ocorridos dentro do processo, em harmonia com a tese de direito material sustentada.
DO DIREITO	
Fundamento legal	Art. 364, § 2º, CPC + tese de direito material
DOS PEDIDOS E REQUERIMENTOS	
Pedidos	Reiteração dos pedidos anteriormente formulados.
Requerimentos	• reiteração dos requerimentos já formulados anteriormente.

Definida a sua estrutura, já podemos elaborar um modelo prático-profissional:

Folha 1/3

EXCELENTÍSSIMO SENHOR DOUTOR JUIZ DE DIREITO DA 3ª VARA
CÍVEL DO FORO DA COMARCA DE SÃO PAULO/SP

Processo autuado sob o n. ...

SIMÃO ESCADA, por seu procurador, devidamente constituído através do Instrumento de Mandato anexo (doc. ...), vem, nos autos do processo em epígrafe da AÇÃO DE COBRANÇA que lhe move MAGDA, à presença de Vossa Excelência, com fundamento no art. 304, § 2º, do CPC, apresentar MEMORIAIS, conforme a seguir aduzido.

DA SÍNTESE DOS FATOS

A autora ingressou com a presente ação alegando ter firmado contrato de mútuo com o réu, que, mesmo após notificado, deixou de cumprir a obrigação de lhe pagar os R$ 80.000,00 (oitenta mil reais) utilizados na ampliação e reforma de seu estabelecimento empresarial.

Alega ainda que as partes são irmãos, e que por essa razão deixou de formalizar a relação contratual, mas que o negócio foi devidamente testemunhado por pessoas que podem comprovar a relação.

Em sede de contestação, o réu alegou e comprovou que já havia pago a importância de R$ 56.000,00 (cinquenta e seis mil reais), relativos à mesma obrigação, havendo um saldo a ser liquidado de apenas R$_____.

Folha 2/3

31.300,00 (trinta e um mil e trezentos reais), e não os R$ 87.300,00 (oitenta e sete mil e trezentos reais) atualizados que foram alegados na exordial.

Posteriormente, em réplica, a autora alegou que o pagamento da importância de R$ 56.000,00 (cinquenta e seis mil reais) se refere a outro negócio jurídico realizado entre as partes, e juntou, para tanto, documento que comprovaria a realização desse novo negócio.

Ora, Excelência, duas observações se fazem necessárias em relação a tal alegação. A primeira é a de que o documento juntado se refere a um novo contrato de mútuo no valor de R$ 45.000,00 (quarenta e cinco mil reais), não guardando correspondência com o valor de R$ 56.000,00 (cinquenta e seis mil reais) depositados pelo réu.

Não fosse isso, é de observar, principalmente, que o segundo negócio jurídico, conforme instrumento juntado pela própria autora, foi datado de 10 de julho de 2017, sendo que o cheque relativo ao pagamento informado foi depositado em 27 de junho de 2017.

Então, é possível deduzir que o depósito realizado não poderia guardar relação com um negócio jurídico ainda nem realizado, e também, por se tratar de contrato de mútuo, não haveria como ocorrer pagamento integral antes do referido empréstimo.

CONCLUSÃO

Assim sendo, a preliminar arguida de incorreção do valor da causa merece ser acolhida, para que seja o valor da causa corrigido para o valor de R$ 31.300,00 (trinta e um mil e trezentos reais), por ser esse o saldo da obrigação a ser satisfeita.

No mérito, deve a ação ser julgada procedente apenas em parte, para que seja determinado ao réu o pagamento de R$ 31.300,00 (trinta e um mil e trezentos reais), em razão da quitação da parte substancial

Folha 3/3

da obrigação, conforme demonstrado.

Pela mesma razão anteriormente exposta, a autora deve ser condenada a pagar honorários advocatícios e custas processuais, considerando que o réu será sucumbente na menor parte do pedido.

Ademais, pela má-fé praticada pela autora nos presentes autos, deve ela ser condenada por litigância de má-fé, conforme dispõe o art. 81 do CPC.

Termos em que
pede deferimento.

..., ... de ... de ...

ADVOGADO(A)
OAB/... n. ...

1.8. OPOSIÇÃO

Oposição é o meio pelo qual um terceiro pode pleitear o direito que está sendo litigado entre autor e réu da ação. Tem por objeto informar ao juízo que o objeto controvertido na ação não pertence nem ao autor e nem ao réu, e sim ao opoente, que é um terceiro estranho à relação processual.

É autuada em apenso ao processo principal e tramita por dependência por ser um incidente processual, mas que exige julgamento simultâneo à lide principal, já que, a partir da sua propositura, três passam a ser as pessoas que reivindicam o objeto ou o direito controvertido. Assim sendo, seu cabimento se dá exclusivamente nos processos de conhecimento.

Possui natureza jurídica de ação, já que deve respeitar os mesmos requisitos, consoante determina o legislador processual (683 CPC), e pode ser proposto a qualquer tempo, antes da prolação da sentença.

Difere dos embargos de terceiro, já que pretende discutir o próprio direito ou objeto controvertido, enquanto os embargos se prestam apenas a evitar ou livrar uma constrição patrimonial indevida.

Como se trata de uma medida judicial atípica, apresentamos a seguir a linha processual do tempo com a demonstração de seu cabimento:

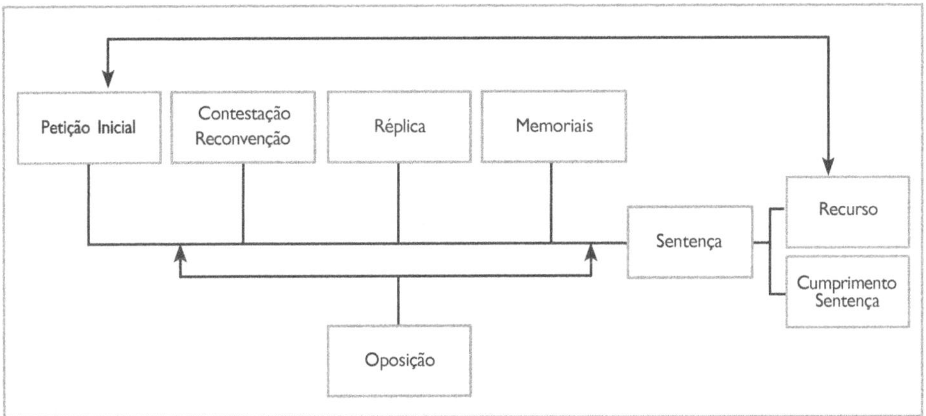

Para identificação da peça de oposição, teríamos o seguinte cenário:

Identificando a peça

Quem é meu cliente?	Terceiro.
Existe processo? **Se sim, qual o último andamento processual?**	Existe um processo em andamento, e para que seja a peça de oposição, o último ato processual é indiferente, já que a medida pode ser proposta a qualquer tempo, desde que antes da prolação da sentença.
O que ele deseja?	Reivindicar o direito controvertido entre autor e réu.

Observe a ficha técnica a seguir, apresentada para elaboração e compreensão da peça de oposição:

Endereçamento	
Competência	Juízo da causa
Preâmbulo	
Partes	Opoente – quem propõe a oposição (qualificar) Opostos – autor e réu da ação principal (simultaneamente)
Nome da peça	OPOSIÇÃO
Cabimento	Art. 682 do CPC
DOS FATOS	
Fatos	Demonstração de litígio entre autor e réu. Demonstração de legitimidade do direito pretendido.
DO DIREITO	
Fundamento legal	Art. 682 do CPC + fundamentos de direito material específicos do direito controvertido na ação
DOS PEDIDOS E REQUERIMENTOS	
Pedidos	Procedência para declarar o direito em favor do opoente.
Requerimentos	• citação do autor e réu opostos (na pessoa dos advogados); • condenação em custas processuais e honorários sucumbenciais; • realização ou não de audiência; • intimação de atos processuais; • provas.
Valor da causa	Mesmo valor da causa principal.

A seguir apresentamos um modelo de oposição:

▼ Folha 1/3

EXCELENTÍSSIMO DOUTOR JUIZ DE DIREITO DA ...ª VARA .... DO FORO DA COMARCA DE .... NO ESTADO DE - ...

Distribuição por dependência aos autos do processo n. ....

.... (terceiro), (nacionalidade), (estado civil), (profissão), portador da cédula de identidade n. ...., inscrito no CPF sob n. ...., residente e domiciliado na Rua ...., n. ...., bairro ...., cidade .... - ...., por seu advogado, nos autos do processo em epígrafe da AÇÃO DE DISSOLUÇÃO PARCIAL DE SOCIEDADE que .... move em face de ...., vem à presença de Vossa Excelência, com fundamento no art. 682 do Código de Processo Civil, oferecer OPOSIÇÃO ao direito das partes, pelas razões de fato e de direito a seguir expostas:

DOS FATOS

(narrativa dos fatos)

DOS FUNDAMENTOS

Estabelece o legislador que:

Folha 2/3

"Art. 682 CPC. Quem pretender, no todo ou em parte, a coisa ou o direito sobre que controvertem autor e réu poderá, até ser proferida a sentença, oferecer oposição contra ambos".

É de se observar que autor e réu, ora opostos, pretendem discutir quotas sociais da sociedade ________________, porém, como se demonstra através do incluso instrumento de alteração de contrato social, o opoente tornou-se proprietário de parte das quotas sociais anteriormente pertencentes ao autor-oposto e parte das quotas sociais anteriormente pertencentes ao réu-oposto.

Claro está que o presente instrumento não chegou a ser registrado na Junta Comercial, justamente por inércia dos opostos.

Logo, a decisão da presente demanda deva levar em consideração o direito material do opoente, como medida de cautela e de direito.

CONCLUSÃO

Diante do exposto, requer-se:

a) que ao final, no julgamento da demanda principal, seja feita, se procedente, a dissolução parcial da sociedade, mas tão somente em relação as quotas pertencentes a cada parte, resguardando-se as quotas pertencentes ao opoente;

b) requer a citação dos opostos na pessoa de seus advogados, para que querendo, contestem a presente oposição;

c) determinar a condenação dos réus-opostos em honorários sucumbenciais, custas processuais e demais cominações de estilo;

d) requer sejam as intimações de atos processuais realizadas em nome do advogado subscritor, que receberá intimações na Rua ____________, n. ________, conforme art. 77, V, do CPC.

Folha 3/3

Requer provar o alegado por todos os meios de prova em direito admitidos, em especial pela juntada dos documentos e outros que se fizerem necessários.

Dá-se a causa o valor de R$ .... (......................................).

Termos em que
pede deferimento.

(local), ..., ... de ... de ...

ADVOGADO(A)
OAB/... n. ...

1.9. INCIDENTE DE DESCONSIDERAÇÃO DE PERSONALIDADE JURÍDICA

A desconsideração da personalidade jurídica é o instituto que permite responsabilizar os sócios por obrigações contraídas pela sociedade, sempre que os requisitos legais forem satisfeitos.

Ao criar esse instituto, pretendia o legislador evitar o abuso da personalidade jurídica que ocorre nas hipóteses de desvio de finalidade e confusão patrimonial (art. 50 CC).

Assim sendo, para que ocorra a desconsideração da personalidade jurídica é necessário que se verifiquem os seguintes requisitos:

- existência de personalidade jurídica;
- inadimplemento;
- abuso de personalidade jurídica;
- ação judicial para satisfação do crédito movida em face da pessoa jurídica;
- ausência de pagamento pela pessoa jurídica;
- ausência patrimonial da pessoa jurídica que garanta o cumprimento da obrigação.

Uma vez satisfeitos os requisitos, é possível requerer a desconsideração da personalidade jurídica na própria petição inicial da ação que visa à satisfação do crédito ou através do incidente de desconsideração da personalidade jurídica (art. 133 do CPC).

Sendo requerida a desconsideração da personalidade jurídica, é possível então se atingir o patrimônio pessoal dos sócios ou do administrador da sociedade (art. 50 do CC).

Como se trata de uma medida judicial atípica, apresentamos a seguir a linha processual do tempo demonstrando a sua hipótese de cabimento:

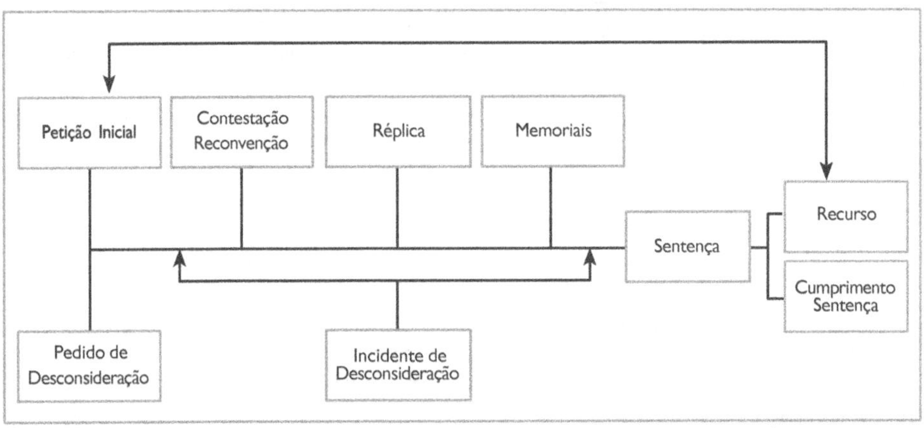

Para identificação da peça de desconsideração da personalidade jurídica, teríamos o seguinte cenário:

Identificando a peça

Quem é meu cliente?	Credor.
Existe processo? Se sim, qual o último andamento processual?	Aqui temos duas hipóteses: a) requerimento da desconsideração na própria petição inicial; b) instauração do incidente de desconsideração da personalidade jurídica no curso de uma ação judicial.
O que ele deseja?	Atingir o patrimônio pessoal dos sócios ou do administrador como forma de satisfação do crédito, em razão de abuso de personalidade jurídica verificado.

Observe a ficha técnica a seguir apresentada para elaboração e compreensão da peça autônoma do incidente de desconsideração da personalidade jurídica:

Endereçamento	
Competência	Juízo da causa
Preâmbulo	
Partes	Autor ou Requerente Réu ou Requerido
Nome da peça	INCIDENTE DE DESCONSIDERAÇÃO DA PERSONALIDADE JURÍDICA
Cabimento	Art. 133 do CPC (se for desconsideração inversa o cabimento vem previsto no art. 133, § 2º, do CPC)
DOS FATOS	
Fatos	Demonstração dos requisitos
DO DIREITO	
Fundamento legal	Art. 50 do CC e art. 133 do CPC
DOS PEDIDOS E REQUERIMENTOS	
Pedidos	Instauração do incidente por dependência aos autos principais e procedência do pedido para determinar a extensão da responsabilidade aos sócios e administrador. Observação: se a desconsideração for pedida na própria petição inicial, então será formulada como requerimento.
Requerimentos	• citação do réu (na pessoa do advogado); • condenação em custas processuais e honorários sucumbenciais; • comunicação ao distribuidor de instauração do incidente; • provas; • valor da causa.

A seguir apresentamos um modelo de incidente de desconsideração de personalidade jurídica:

Folha 1/3

EXCELENTÍSSIMO SENHOR DOUTOR JUIZ DE DIREITO DA ... ª VARA .... DO FORO DA COMARCA DE .... - ..

Distribuição por dependência aos autos do processo n. ....

................................, por seu procurador, nos autos do processo em epígrafe da AÇÃO DE COBRANÇA que move em face de .... (nome empresarial), vem à presença de Vossa Excelência, com fundamento no art. 133 do Código de Processo Civil propor INCIDENTE DE DESCONSIDERAÇÃO DE PERSONALIDADE JURÍDICA, nos termos a seguir aduzidos:

DOS FATOS

(narrativa dos fatos novos)

DOS FUNDAMENTOS

O autor propôs a presente ação em face da ré, para cobrar R$ 80.000,00 (oitenta mil reais) previstos em negócio jurídico por eles praticados, devidamente provado através das testemunhas ouvidas em juízo.

Ocorre que é notório, através das certidões processuais que ora se

Folha 2/3

juntam, que a ré não vem pagando nenhum de seus credores, e mais do que isso, seu titular, apesar da crise por que passa a empresa, aumentou seu patrimônio injustificadamente, conforme certidões juntadas.

Estabelece o legislador civil que:

"Art. 50 CC. Em caso de abuso da personalidade jurídica, caracterizado pelo desvio de finalidade, ou pela confusão patrimonial, pode o juiz decidir, a requerimento da parte, ou do Ministério Público quando lhe couber intervir no processo, que os efeitos de certas e determinadas relações de obrigações sejam estendidos aos bens particulares dos administradores ou sócios da pessoa jurídica".

Assim sendo, claro está que a pessoa jurídica vem sendo utilizada abusivamente para contratação de negócios jurídicos, enquanto paralelamente seu titular pratica evidente confusão patrimonial.

Ademais, estabelece o Código de Processo Civil que:

"Art. 133 CPC. O incidente de desconsideração da personalidade jurídica será instaurado a pedido da parte ou do Ministério Público, quando lhe couber intervir no processo".

Além disso, o mesmo diploma processual determina que:

"Art. 134. O incidente de desconsideração é cabível em todas as fases do processo de conhecimento, no cumprimento de sentença e na execução fundada em título executivo extrajudicial".

Logo, uma vez comprovados os requisitos materiais e processuais, e não havendo outra possibilidade de satisfação de seu crédito pela ausência de patrimônio em nome da pessoa jurídica-ré, outra alternativa não

Folha 3/3

existe senão a propositura do presente incidente de desconsideração da personalidade jurídica.

CONCLUSÃO

Posto isto, é a presente para requerer:

a) a instauração do presente incidente de desconsideração da personalidade jurídica que deverá tramitar em apenso aos autos principais;

b) a procedência do presente pedido para determinar a extensão da responsabilidade até então imputada a pessoa jurídica-ré a seu titular ...., determinando-se para tanto, o fim da autonomia patrimonial;

c) determinar a citação da ré na pessoa de seu advogado, para que querendo, apresentar manifestação ao presente pedido no prazo de 15 dias;

d) comunicar ao distribuidor a instauração do presente incidente para as anotações cabíveis.

Requer provar o alegado por todos os meios de prova em direito admitidos, em especial pela juntada dos documentos e outros que se fizerem necessários.

Dá-se à causa o valor de R$ .... (.................).

Termos em que

pede deferimento.

(local), ..., ... de ... de ...

ADVOGADO(A)

OAB/... n. ...

1.10. AÇÃO RESCISÓRIA

A ação rescisória é uma medida judicial atípica que tem por finalidade rescindir uma decisão judicial de mérito com trânsito em julgado. Dessa forma, seu cabimento parte da premissa de que exista uma determinada decisão judicial da qual não caiba mais recurso e, talvez aí, a razão pela qual esteja inserida no Código de Processo Civil justamente dentro do mesmo livro que trata dos recursos.

O art. 966 do CPC prevê as seguintes teses jurídicas específicas para sua regulação:

- ter sido proferida por força de prevaricação, concussão ou corrupção do juiz;
- for proferida por juiz impedido ou por juízo absolutamente incompetente;

- resultar de dolo ou coação da parte vencedora em detrimento da parte vencida ou, ainda, de simulação ou colusão entre as partes, a fim de fraudar a lei;
- ofender a coisa julgada;
- violar manifestamente norma jurídica;
- for fundada em prova cuja falsidade tenha sido apurada em processo criminal ou venha a ser demonstrada na própria ação rescisória;
- obtiver o autor, posteriormente ao trânsito em julgado, prova nova cuja existência ignorava ou de que não pôde fazer uso, capaz, por si só, de lhe assegurar pronunciamento favorável;
- for fundada em erro de fato verificável do exame dos autos.

Além das teses jurídicas anteriormente narradas, temos ainda, em Direito Empresarial, a hipótese específica do art. 159-A da Lei n. 11.101/2005, que permite a propositura da medida sempre que ocorrer sonegação de bens, direitos ou rendimentos por parte do falido.

Dessa forma, além das hipóteses do art. 966 do CPC, é necessário que se acrescentem os fundamentos associados a cada uma das hipóteses.

A ação rescisória pode ser proposta por uma das partes que litigou no processo, pelo terceiro juridicamente interessado e pelo Ministério Público (art. 967 do CPC).

A petição inicial deve respeitar os requisitos do art. 319 do CPC e:

- pode cumular o pedido de rescisão com o pedido de novo julgamento, se for o caso;
- deve ser depositado em juízo a importância equivalente a 5% (cinco por cento) do valor da causa;
- é possível se acrescentar pedido de tutela provisória para suspender os efeitos da sentença rescindenda;
- apresentar tempestividade (art. 975 do CPC).

Como se trata de um procedimento especial, apresentamos a seguir a linha processual do tempo para melhor compreensão da ação:

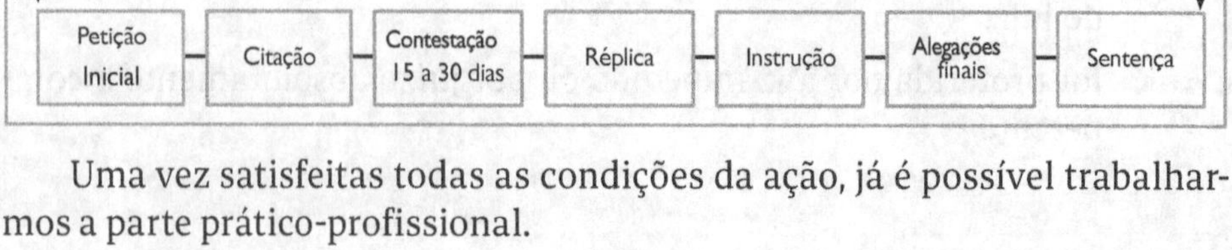

Uma vez satisfeitas todas as condições da ação, já é possível trabalharmos a parte prático-profissional.

Para que possamos interpretar corretamente o problema do Exame de Ordem e identificar a peça como sendo uma ação rescisória, é necessário obterem-se as seguintes informações:

Identificando a peça

Quem é meu cliente?	Uma das partes litigantes no processo original ou terceiro juridicamente interessado.
Existe processo? Se sim, qual o último andamento processual?	O problema fará menção a um processo judicial já encerrado, em razão do trânsito em julgado da sentença rescindenda.
O que ele deseja?	Rescindir a sentença e iniciar novo julgamento, se for o caso.

A seguir observaremos a ficha da técnica com a estrutura para elaboração e propositura da ação rescisória:

Endereçamento	
Competência	Tribunal ao qual se submete o juiz da ação rescindenda.
Preâmbulo	
Partes	Autor – uma das partes litigante no processo original ou o terceiro juridicamente interessado. Réu – parte contrária no processo original ou as partes quando for proposta por terceiro.
Nome da ação	AÇÃO RESCISÓRIA
Cabimento	Art. 966 do CPC
DOS FATOS	
Fatos	Demonstrar o litígio entre as partes. Demonstrar a existência de processo que julgou o litígio com o respectivo trânsito em julgado. Demonstrar uma das hipóteses do art. 966 do CPC.
DO DIREITO	
Fundamento legal	Utilizar o art. 966 do CPC + tese específica vinculada à hipótese + art. 159-A da Lei n. 11.101/2005 (se for o caso).
DOS PEDIDOS E REQUERIMENTOS	
Pedidos	Pedido de procedência para rescindir a sentença. Pedido para novo julgamento, quando o feito comportar essa possibilidade.
Requerimentos	• citação para contestação; • condenação em custas processuais e honorários sucumbenciais; • intimação de atos processuais; • provas.
Valor da causa	Valor da causa da sentença rescindenda.

Apresentamos na sequência um modelo de peça para ação rescisória:

- Folha 1/3

EXCELENTÍSSIMO SENHOR DOUTOR DESEMBARGADOR PRESIDENTE DO TRIBUNAL DE JUSTIÇA DO ESTADO .... - ...

....................(nome), (estado civil), (profissão), (nacionalidade), portador da cédula de identidade n. ...., inscrito no CPF sob n. ......, residente e domiciliado na Rua ...., n. ....., bairro ...., ... - ......, e-mail ...., neste ato representado por seu procurador constituído através do incluso Instrumento de Mandato, vem à presença de Vossa Excelência propor a presente AÇÃO RESCISÓRIA com fundamento no art. 966 do CPC, em face de ....(nome), (estado civil), (profissão), (nacionalidade), portador da cédula de identidade n. ......, inscrito no CPF sob n. ...., residente e domiciliado na Rua ...., n. ...., bairro ...., ... - ...., e-mail ...., pelos motivos de fato e de direito a seguir expostos:

DOS FATOS

(narrativa dos fatos)

DO DIREITO

Estabelece o art. 144 do Código de Processo Civil que:

"Há impedimento do juiz, sendo-lhe vedado exercer suas funções no processo:

- Folha 2/3

I - em que interveio como mandatário da parte, oficiou como perito, funcionou como membro do Ministério Público ou prestou depoimento como testemunhas".

E como se viu dos fatos narrados, somente agora no dia .../.../..... é que o autor teve conhecimento que anteriormente o magistrado sentenciante do processo n. ...., em que eram partes autor e réu da ação rescindenda, já foi, no passado, mandatário do réu, conforme comprovam os documentos que ora se junta.

Assim sendo, trata-se da hipótese prevista no art. 966, inciso II, do CPC, a saber:

> "A decisão de mérito, transitada em julgado, pode ser rescindida quando:
>
> II - for proferida por juiz impedido ou por juízo absolutamente incompetente".

Logo, demonstrado o impedimento, ao qual se teve conhecimento somente agora, é passível de rescisão, como se viu, mormente por encontrar-se dentro do prazo previsto no art. 975:

> "O direito à rescisão se extingue em 2 (dois) anos contados do trânsito em julgado da última decisão proferida no processo".

Desta forma, não restou outra alternativa ao autor, senão a propositura da presente ação.

DO PEDIDO

Folha 3/3

Diante do exposto, requer-se de Vossa Excelência:

a) Seja julgada procedente a presente ação para rescindir a sentença em questão, proferindo novo julgamento na forma do art. 974 do CPC.

b) A citação do réu em prazo a ser fixado por Vossa Excelência, de acordo com o que dispõe o art. 970 do CPC, sob pena de confissão e revelia.

c) A condenação do Requerido ao pagamento das custas e honorários sucumbenciais.

d) Sejam as intimações de atos processuais realizadas em nome do advogado subscritor, que receberá intimações na Rua __________, n. ______, conforme art. 77, V, do CPC.

Requer provar o alegado por todos os meios de prova em direito admitidos, sem exclusão de nenhum.

Dá-se à causa o valor de R$............. (.................................).

Termos em que
pede deferimento.

(local), ..., ... de ... de ...

ADVOGADO(A)
OAB/... n. ...

PARTE

II

MEDIDAS JUDICIAIS SOCIETÁRIAS

1

AÇÃO DE RESPONSABILIDADE CIVIL DO SÓCIO OU ADMINISTRADOR

A ação de indenização ou ação de responsabilidade civil é o instrumento judicial para que seja possível à sociedade ou a um terceiro reaver um prejuízo causado pelo sócio ou pelo administrador.

É importante lembrar que, ao especificarmos que pode ser movida em face do sócio ou do administrador, em determinadas sociedades o administrador pode ser um terceiro não sócio, como observaremos a seguir.

1.1. ADMINISTRAÇÃO SOCIETÁRIA

Assim se verifica a administração de uma sociedade:

Sociedade	Administrador
Sociedade Simples	Sócio ou terceiro
Sociedade em Nome Coletivo	Sócio
Sociedade em Comandita Simples	Sócio comanditado
Sociedade Limitada	Sócio ou terceiro
Sociedade em Comandita por Ações	Acionista Diretor
Sociedade Anônima	Acionista ordinário (membro do Conselho de Administração) ou terceiro (Diretor)

Cabe lembrar também que, como estamos diante de uma ação genérica de responsabilidade civil, aplicam-se necessariamente à espécie as teses jurídicas próprias de responsabilidade civil previstas nos arts. 186 e 927 do

Código Civil e, por ser uma ação de procedimento comum, aplicam-se as regras do procedimento comum previstas no Código de Processo Civil.

1.2. TESE JURÍDICA

As teses jurídicas específicas de responsabilização aplicáveis ao Direito Empresarial estão assim distribuídas:

Sociedade	Dispositivos
Sociedades contratuais	Arts. 1.009, 1.013, 1.015, 1.016, 1.017 do CC
Sociedades estatutárias	Art. 158 da Lei n. 6.404/76

Ainda sobre tese jurídica aplicável nos casos de responsabilidade civil, é imperioso revermos a tese denominada Teoria *ultra vires societatis*. Trata-se da situação em que o negócio jurídico praticado por um sócio ou administrador vai além do objeto social da sociedade e dispõe que, se o administrador ou sócio, ao praticar atos de gestão, violar o objeto social delimitado no ato constitutivo (contrato ou estatuto social), este ato não poderá ser imputado à sociedade. Assim sendo, a sociedade fica isenta de responsabilidade perante terceiro, devendo a ação ser movida em face do sócio ou administrador, salvo se tiver se beneficiado com a prática do ato, quando então passará a ter responsabilidade na proporção do benefício auferido (art. 1.015 do CC).

1.3. IDENTIFICAÇÃO DA PEÇA

Para que possamos interpretar corretamente o problema do Exame de Ordem e identificar a peça como sendo uma ação de responsabilidade civil, é necessário obter-se as seguintes informações:

Identificando a peça

Quem é meu cliente?	Pode ser a sociedade ou um terceiro.
Existe processo? Se sim, qual o último andamento processual?	Não, não existiria um processo judicial em andamento, justamente por se tratar de uma petição inicial.
O que ele deseja?	Deseja o ressarcimento de prejuízo causado pelo administrador ou por um sócio.

Por se tratar de um procedimento comum, remetemos o leitor ao tópico de petição inicial para que verifique a linha processual do tempo.

1.4. ESTRUTURA DA PEÇA

A seguir observaremos a ficha da técnica com a estrutura para elaboração e propositura da ação de indenização por responsabilidade do administrador ou do sócio:

Endereçamento	
Competência	Juízo do lugar do ato ou fato (art. 53, IV, *a* e *b*, do CPC)
Preâmbulo	
Partes	Autor – sociedade ou terceiro que sofreu o prejuízo. Réu – administrador ou sócio que causou o prejuízo.
Nome da ação	AÇÃO DE INDENIZAÇÃO ou AÇÃO DE RESPONSABILIDADE CIVIL
Cabimento	art. 318 do CPC
DOS FATOS	
Fatos	Demonstração do ato ilícito praticado pelo réu. Demonstração de prejuízo.
DO DIREITO	
Fundamento legal	Arts. 186 e 927 do CC + tese jurídica indicada no quadro anteriormente apresentado.
DOS PEDIDOS E REQUERIMENTOS	
Pedidos	Procedência da ação para a reparação dos danos sofridos.
Requerimentos	• citação; • condenação em custas processuais e honorários sucumbenciais; • realização ou não de audiência; • intimação de atos processuais; • provas.
Valor da causa	Valor do prejuízo sofrido.

Apresentamos na sequência um modelo de peça para reparação de danos:

Folha 1/3

EXCELENTÍSSIMO SENHOR DOUTOR JUIZ DE DIREITO DA ..... VARA
.... DO FORO DA COMARCA DE .... - ......

.... (nome empresarial), empresa devidamente inscrita no CNPJ sob n. ...., estabelecida na Rua ...., n. ......, bairro ...., ... - ....., e-mail ...., por seu administrador (ou sócio - se a ação for movida contra o administrador), ...(nome).........., (nacionalidade), (estado civil), (profissão), portador da cédula de identidade n. ...., inscrito no CPF sob n. ...., residente e domiciliado na Rua ...., n. ......, bairro ...., ... - ...., e-mail ...., neste ato representada por seu procurador devidamente constituído através do incluso Instrumento de Mandato (doc. ....), vem à presença de Vossa Excelência propor a presente AÇÃO DE INDENIZAÇÃO com fundamento no art. 318 do CPC, em face de .... (nome), (nacionalidade), - (estado civil), (profissão), portador da cédula de identidade n. ...., inscrito no CPF sob n. ...., residente e domiciliado na Rua ...., n. ....., bairro ...., ... - ...., e-mail ...., pelos motivos de fato e de direito a seguir expostos:

DOS FATOS

(narrativa dos fatos)

DOS FUNDAMENTOS

Folha 2/3

É de se observar pelos fatos apresentados que o Réu se valeu de sua qualidade de administrador e utilizou recursos da Autora para aplicar em investimentos duvidosos, com o intuito único de se beneficiar, sem que os sócios tivessem conhecimento, sendo que, posteriormente, restituiu parcialmente os valores indevidamente utilizados, infringindo o Código Civil, como se observa:

> "Art. 1.017. O administrador que, sem consentimento escrito dos sócios, aplicar créditos ou bens sociais em proveito próprio ou de terceiros, terá de restituí-los à sociedade, ou pagar o equivalente, com todos os lucros resultantes, e, se houver prejuízo, por ele

também responderá".

Assim sendo, o Réu causou à Autora danos reparáveis segundo previsão do mesmo diploma:

"Art. 927. Aquele que, por ato ilícito (arts. 186 e 187), causar dano a outrem, fica obrigado a repará-lo."

"Art. 186. Aquele que, por ação ou omissão voluntária, negligência ou imprudência, violar direito e causar dano a outrem, ainda que exclusivamente moral, comete ato ilícito".

Logo não restou outra alternativa, senão a propositura da presente ação.

CONCLUSÃO

Posto isto, pede a Autora seja a presente ação julgada procedente para condenar o Réu ao pagamento de R$ .... (..................)

Folha 3/3

relativos aos danos materiais verificados e devidamente comprovados.

Requer a citação do Réu, para que querendo, responda à presente ação, sob pena de sofrer os efeitos da revelia.

Requer desde já a designação de audiência para tentativa de conciliação.

Requer, também, seja o Réu condenado a pagar honorários advocatícios e custas processuais.

Requer sejam as intimações de atos processuais realizadas em nome do advogado subscritor, que receberá intimações na Rua ___________, n. ________, conforme art. 77, V, do CPC.

Requer provar o alegado por todas as formas em direito admitidas, sem exclusão de nenhuma, em especial pelo depoimento pessoal do Réu, oitiva de testemunhas e outras que se fizerem necessárias a instrução do presente feito.

Dá-se à causa o valor de R$................. (...........................).

Termos em que
pede deferimento.

(local), ..., ... de ... de ...

ADVOGADO(A)

OAB/... n. ...

2

AÇÃO ANULATÓRIA DE ATO CONSTITUTIVO

A ação anulatória de ato constitutivo tem por objeto anular o ato constitutivo de criação de uma sociedade contratual ou estatutária, permitindo assim o seu cancelamento na Junta Comercial, se empresária, ou no Cartório de Registro Civil, se Sociedade Simples.

Essa ação tem sempre como hipóteses o não cumprimento dos requisitos legais para elaboração do ato constitutivo, eventual fraude constitutiva ou vício de consentimento, sobre as quais passamos a discorrer na sequência.

2.1. HIPÓTESES DE ANULAÇÃO DO ATO CONSTITUTIVO

O **não cumprimento dos requisitos legais** diz respeito à forma de elaboração do ato constitutivo, já que uma sociedade é necessariamente constituída através de um contrato social ou de um estatuto social, como se observa a seguir:

Sociedade	Ato constitutivo
Sociedade Simples	Contrato social
Sociedade em Nome Coletivo	Contrato social
Sociedade em Comandita Simples	Contrato social
Sociedade Limitada	Contrato social
Sociedade em Comandita por Ações	Estatuto social
Sociedade Anônima	Estatuto social

O contrato social de qualquer sociedade contratual é constituído segundo as regras previstas no art. 997 do Código Civil, a saber:

- Qualificação dos sócios;
- Nome Empresarial;
- Objeto Social;
- Sede;
- Prazo;
- Capital Social;
- Administração;
- Responsabilidade dos Sócios.

Já o estatuto social é confeccionado com a observância dos requisitos do art. 83 da Lei n. 6.404/76, a saber:

- Qualificação dos fundadores;
- Nome Empresarial;
- Objeto Social;
- Sede;
- Prazo;
- Capital Social;
    - Espécie de ações;
    - Direito dos acionistas;
- Administração;
    - Órgãos de administração;
- Responsabilidade dos Acionistas.

Assim sendo, a não observância dos requisitos legais, seja do contrato ou do estatuto social, permite, em tese, a propositura de ação para anulação do ato.

A **fraude constitutiva** deriva de uma hipótese em que a pessoa (sócio ou acionista) é levada a se associar baseada em informações dos propósitos de criação da sociedade, mas posteriormente descobre ter sido induzida a erro e o seu induzimento se deu de forma dolosa, por parte de quem a queria como sócia ou acionista.

O **vício de consentimento** decorre também de um ato de fraude, mas específico em relação à vontade do sócio. A hipótese mais comum é a falsificação de assinatura do sócio para constituição da sociedade, fato esse que só será de conhecimento quando a sociedade já estiver constituída.

2.2. PROCEDIMENTO PARA ANULAÇÃO

Não existe no âmbito administrativo, por parte das Juntas Comerciais ou dos Cartórios de Registro Civil da Pessoa Jurídica, um procedimento administrativo para anulação do ato constitutivo, de forma que a sua arguição só se faz judicialmente, razão maior de existência desse tipo de ação.

Embora as hipóteses fáticas sejam bem específicas e delineadas, não existe procedimento especial para atender essa finalidade, razão pela qual essas ações tramitam através do procedimento comum previsto no Código de Processo Civil.

Por se tratar de um procedimento comum, remetemos o leitor ao tópico de petição inicial para que verifique a linha processual do tempo.

É necessário também se observarem os prazos pertinentes para que seja possível pleitear a anulação do ato constitutivo, sendo de 3 (três) anos para as sociedades contratuais e de 2 (dois) anos para as sociedades estatutárias.

2.3. TESE JURÍDICA

As teses jurídicas específicas de anulação do ato constitutivo estão assim distribuídas:

Sociedade	Dispositivos
Sociedades contratuais	Parágrafo único do art. 45 do Código Civil
Sociedades estatutárias	Art. 286 da Lei n. 6.404/76

Além do mais, nos casos de fraude constitutiva, é necessária a observância das teses jurídicas de invalidade do negócio jurídico, a saber: erro – art. 138 do CC; dolo – art. 145 do CC; coação – art. 151 do CC; e simulação – art. 167 do CC.

2.4. IDENTIFICAÇÃO DA PEÇA

Para que possamos interpretar corretamente o problema do Exame de Ordem e identificar a peça como sendo uma ação anulatória de ato constitutivo, é necessário obter-se as seguintes informações:

Identificando a peça

Quem é meu cliente?	Sócio ou acionista da sociedade.
Existe processo? **Se sim, qual o último andamento processual?**	Não, não existiria um processo judicial em andamento, justamente por se tratar de uma petição inicial.
O que ele deseja?	Deseja a declaração de nulidade do ato constitutivo.

2.5. ESTRUTURA DA PEÇA

A seguir observaremos a ficha da técnica com a estrutura para elaboração e propositura da ação anulatória de ato constitutivo:

Endereçamento	
Competência	Juízo do lugar onde está situada a sede da pessoa jurídica (art. 53, III, *a*, do CPC)
Preâmbulo	
Partes	Autor – sócio ou acionista Réu – sociedade (pessoa jurídica)
Nome da ação	AÇÃO ANULATÓRIA DE ATO CONSTITUTIVO
Cabimento	Art. 318 do CPC
DOS FATOS	
Fatos	Constituição de pessoa jurídica. Demonstração da hipótese fática de cabimento (não preenchimento dos requisitos legais; fraude constitutiva ou vício de consentimento).
DO DIREITO	
Fundamento legal	Parágrafo único do art. 45 do Código Civil para sociedade contratual ou art. 286 da Lei n. 6.404/76 + tese jurídica específica da hipótese de fraude aplicável ao caso concreto.
DOS PEDIDOS E REQUERIMENTOS	
Pedidos	Procedência da ação para declarar a nulidade do ato constitutivo.
Requerimentos	• citação; • expedição de ofício para Junta Comercial ou Cartório de Registro Civil da pessoa Jurídica para cancelamento do registro; • expedição de ofício aos órgãos de praxe informando o cancelamento do registro; • condenação em custas processuais e honorários sucumbenciais; • realização ou não de audiência; • intimação de atos processuais; • provas.
Valor da causa	Valor do capital social.

Apresentamos na sequência um modelo de ação anulatória de ato constitutivo:

▾ Folha 1/3

EXCELENTÍSSIMO SENHOR DOUTOR JUIZ DE DIREITO DA .... VARA .... DO FORO DA COMARCA DE .... - ....

....................(nome), (nacionalidade), (estado civil), (profissão), portador da cédula de identidade n. ...., inscrito no CPF sob n. ...., residente e domiciliado na Rua ...., n. ....., bairro ...., ... - ....., e-mail ...., neste ato representado por seu procurador devidamente constituído através do incluso Instrumento de Mandato (doc. ...), vem à presença de Vossa Excelência propor a presente AÇÃO ANULATÓRIA DE ATO CONSTITUTIVO com fundamento no parágrafo único do art. 45 do Código Civil e art. 318 do CPC, em face de ....(nome empresarial), empresa devidamente inscrita no CNPJ sob n. ...., estabelecida na Rua ...., n. ...., bairro ...., ... - ...., e-mail ...., por seu administrador, ...(nome), (nacionalidade), (estado civil), (profissão), portador da cédula de identidade n. ...., inscrito no CPF sob n. ...., residente e domiciliado na Rua ...., n. ....., bairro ...., ... - ...., e-mail ...., pelos motivos de fato e de direito a seguir expostos:

DOS FATOS

(narrativa dos fatos)

DOS FUNDAMENTOS

Folha 2/3

É de se observar pelos fatos e documentos apresentados que a empresa-Ré teve seus atos constitutivos registrados na Junta Comercial em ...../.../....., tendo como sócios .... e o autor da presente ação.

Ocorre que, conforme narrativa dos fatos e laudo preliminar juntado, o Autor nunca assinou os atos constitutivos que deram origem à empresa-ré, em total infringência ao Código Civil, como se observa:

"Art. 171. Além dos casos expressamente declarados na lei, é anulável o negócio jurídico: II - por vício resultante de erro, dolo, coação, estado de perigo, lesão ou fraude contra credores".

Em complemento, assim dispõe o legislador civil:

"Art. 45. (...). Parágrafo único. Decai em três anos o direito de anular a constituição das pessoas jurídicas de direito privado, por defeito do ato respectivo, contado o prazo da publicação de sua inscrição no registro".

Assim sendo, o negócio jurídico que originou a constituição da empresa-ré resulta de vício insanável que lhe contamina a validade.

Logo, não restou outra alternativa senão a propositura da presente ação.

CONCLUSÃO

Posto isto, pede o Autor seja declarada a nulidade do ato constitutivo, determinando-se o imediato cancelamento do registro perante a Junta Comercial do Estado de .... e demais órgãos de praxe.

Requer a citação da empresa-Ré na pessoa de seu administrador, para que querendo, responda à presente ação.

Folha 3/3

Requer desde já a expedição de ofício a Junta Comercial, Delegacia da Receita Federal e demais órgãos de praxe, para o cancelamento do registro da respectiva sociedade.

Desde já informa o Autor não possuir interesse na designação de audiência de tentativa de conciliação.

Requer, também, seja a Ré condenada a pagar honorários advocatícios e custas processuais.

Requer sejam as intimações de atos processuais realizadas em nome do advogado subscritor, que receberá intimações na Rua ____________, n. _____, conforme art. 77, V, do CPC.

Requer provar o alegado por todas as formas em direito admitidas, sem exclusão de nenhuma, em especial pelo depoimento pessoal, oitiva de testemunhas e outras que se fizerem necessárias a instrução do presente feito.

Dá-se à causa o valor de R$.................. (............................).

Termos em que,
pede deferimento.

(local), ..., ... de ... de ...

ADVOGADO(A)
OAB/... n. ...

3

AÇÃO ANULATÓRIA DE NOME EMPRESARIAL

A possibilidade de se declarar a anulação de nome empresarial nasce da previsão contida no art. 1.167 do Código Civil, ou seja, feita com violação a seu ato constitutivo ou de previsão legal. A partir daí é possível se analisar que a anulação tem por base o ato constitutivo (contrato ou estatuto social) ou requisitos legais inobservados no ato de criação do nome empresarial.

Sendo assim, teremos a partir dessas duas premissas uma série de teses jurídicas possíveis que comportariam a anulação do nome empresarial, sem exclusão de outras, a saber:

Teses jurídicas para anulação do nome empresarial	
Inobservância do princípio da veracidade	Sem observância legal direta, trata-se da necessidade do nome corresponder a natureza da atividade exercida pela sociedade.
Inobservância do princípio da novidade	Art. 35, V, da Lei n. 8.934/94 c/c art. 1.163 do CC
Inobservância do princípio da anterioridade	Art. 1.163 do CC
Inobservância dos requisitos legais para formação do nome empresarial	Arts. 1.155 a 1.166 do CC Art. 3º da Lei n. 6.404/76

Como se trata de uma ação de procedimento comum, é importante observarmos os requisitos do art. 319 do Código de Processo Civil.

Por se tratar de um procedimento comum, remetemos o leitor ao tópico de petição inicial para que verifique a linha processual do tempo.

3.1. IDENTIFICAÇÃO DA PEÇA

Para que possamos interpretar corretamente o problema do Exame de Ordem e identificar a peça como sendo uma ação anulatória de nome empresarial, é necessário obter-se as seguintes informações:

Identificando a peça

Quem é meu cliente?	Prejudicado com o registro do nome empresarial.
Existe processo? Se sim, qual o último andamento processual?	Não, não existiria um processo judicial em andamento, justamente por se tratar de uma petição inicial.
O que ele deseja?	Deseja a declaração de nulidade do nome empresarial.

3.2. ESTRUTURA DA PEÇA

A seguir observaremos a ficha da técnica com a estrutura para elaboração e propositura da ação anulatória de nome empresarial:

Endereçamento	
Competência	Juízo do lugar onde está situada a sede da pessoa jurídica (art. 53, III, *a*, do CPC)
Preâmbulo	
Partes	Autor – prejudicado pelo registro do nome empresarial Réu – sociedade (pessoa jurídica)
Nome da ação	AÇÃO ANULATÓRIA DE NOME EMPRESARIAL
Cabimento	Art. 318 do CPC
DOS FATOS	
Fatos	Constituição de pessoa jurídica. Demonstração da hipótese fática de cabimento (não preenchimento dos requisitos legais ou do ato constitutivo).
DO DIREITO	
Fundamento legal	Art. 1.167 do CC + tese específica (ver tabela de teses).
DOS PEDIDOS E REQUERIMENTOS	
Pedidos	Procedência da ação para declarar a nulidade do nome empresarial. É possível acrescentar pedido de tutela provisória para abstenção imediata do uso do nome empresarial.

Requerimentos	• citação; • expedição de ofício para Junta Comercial ou Cartório de Registro Civil da pessoa Jurídica para cancelamento do nome empresarial; • condenação em custas processuais e honorários sucumbenciais; • realização ou não de audiência; • intimação de atos processuais; • provas.
Valor da causa	Valor do capital social.

Apresentamos na sequência um modelo de ação anulatória de nome empresarial:

Folha 1/3

EXCELENTÍSSIMO SENHOR DOUTOR JUIZ DE DIREITO DA .... VARA .... DO FORO DA COMARCA DE .... - .....

........................(nome), empresa devidamente inscrita no CNPJ sob n. ...., estabelecida na Rua ...., n. ....., bairro ...., ... - ....., e-mail ...., por seu administrador, ...(nome), (nacionalidade), (estado civil), (profissão), portador da cédula de identidade n. ...., inscrito no CPF sob n. ...., residente e domiciliado na Rua ...., n. ....., bairro ...., ... - ...., e-mail ...., neste ato representado por seu procurador devidamente constituído através do incluso Instrumento de Mandato (doc. .....), vem à presença de Vossa Excelência propor a presente AÇÃO ANULATÓRIA DE NOME EMPRESARIAL com fundamento no art. 318 do CPC, em face de ....(nome empresarial), empresa devidamente inscrita no CNPJ sob n. ...., estabelecida na Rua ...., n. ...., bairro ...., ... - ....., e-mail ...., por seu administrador, ...(nome), (nacionalidade), (estado civil), (profissão), portador da cédula de identidade n. ...., inscrito no CPF sob n. ...., residente e domiciliado na

Rua ...., n. ...., bairro ...., ... - ...., e-mail ...., pelos motivos de fato e de direito a seguir exposto

DOS FATOS

(narrativa dos fatos)

Folha 2/3

DOS FUNDAMENTOS

É de se observar, pelos fatos e documentos apresentados, que a empresa-Ré teve seus atos constitutivos registrados na Junta Comercial em ...../...../....., adotando como nome empresarial ....

Ocorre que, conforme narrativa dos fatos, tal nome empresarial adotado vem causando sérios transtornos à autora, já que é nome suscetível de confusão.

Para tal situação, estabelece o Código Civil que:

"Art. 1.163. O nome do empresário deve distinguir-se de outro já inscrito no mesmo registro".

Veja que ao se determinar que fosse distinto, pretendia o legislador que não fosse possível um nome empresarial confundir-se com outro já existente, como se confirma da previsão contida na Lei n. 8.934/94:

"Art. 35. Não podem ser arquivados:

(...)

V - os atos de empresas mercantis com nome idêntico ou semelhante a outro já existente".

Para solucionar situações como essa, assim dispõe o legislador civil:

"Art. 1.167. Cabe ao prejudicado, a qualquer tempo, ação para anular a inscrição do nome empresarial feita com violação da lei ou do contrato".

Assim sendo, o nome empresarial da ré possui inobservância legal que contamina a sua validade.

Logo não restou outra alternativa, senão a propositura da presente ação.

Folha 3/3

CONCLUSÃO

Posto isto, pede a Autora seja declarada a nulidade do nome empresarial da ré, determinando-se o imediato cancelamento de sua inscrição perante a Junta Comercial do Estado de ______________ e demais órgãos de praxe.

Requer a citação da empresa-Ré na pessoa de seu administrador, para que querendo, responda à presente ação.

Requer desde já a expedição de ofício a Junta Comercial, determinando a notificação da ré para alteração de seu nome empresarial, sob pena de cancelamento de seu registro de funcionamento.

Desde já informa a Autora não possuir interesse na designação de audiência de tentativa de conciliação.

Requer, também, seja a Ré condenada a pagar honorários advocatícios e custas processuais.

Requer, sejam as intimações de atos processuais realizadas em nome do advogado subscritor, que receberá intimações na Rua ______________, n. ______________, conforme art. 77, V, do CPC.

Requer provar o alegado por todas as formas em direito admitidas, sem exclusão de nenhuma, em especial pelo depoimento pessoal, oitiva de testemunhas e outras que se fizerem necessárias a instrução do presente feito.

Dá-se à causa o valor de R$.................. (............................).

Termos em que,
pede deferimento.

(local), ..., ... de ... de ...

ADVOGADO(A)
OAB/... n. ...

4

AÇÃO ANULATÓRIA DE ATO DELIBERATIVO

A ação anulatória é uma ação própria para se anular o ato deliberativo de uma sociedade que eventualmente infrinja requisitos legais. Para melhor entendermos essa possibilidade, temos que considerar que existem duas formas possíveis de deliberação: reunião ou assembleia (art. 1072 do CC).

As **deliberações por reuniões** se dariam através de um ato informal, já que a legislação civil não estabelece requisitos próprios formais para instalação e realização da reunião. Dessa forma, a única possibilidade de sua anulação seria por eventual desrespeito ao quórum mínimo de sócios ou de requisitos específicos que fossem estabelecidos no contrato social.

Já as **deliberações por assembleia** só são possíveis se respeitados os requisitos legais estabelecidos, além de outros que possam ser estabelecidos no ato constitutivo, sendo que a sua infringência geraria a possibilidade de arguição judicial de sua invalidade.

4.1. FORMAS DE DELIBERAÇÃO SOCIETÁRIA

Como mencionado anteriormente, a forma de deliberação varia de sociedade para sociedade, de acordo com as regras legais ou contratuais, sendo as deliberações tomadas da seguinte forma:

Sociedade	Forma de deliberação
Sociedade Simples	Reunião

Sociedade	Forma de deliberação
Sociedade Simples Observação: desde que adote regras da Sociedade Limitada e que possua mais de 10 sócios – art. 983 do CC	Assembleia
Sociedade em Nome Coletivo	Reunião
Sociedade em Comandita Simples	Reunião
Sociedade Limitada Observação: com até 10 sócios – § 1º do art. 1.072 do CC	Reunião
Sociedade Limitada Observação: com mais de 10 sócios	Assembleia
Sociedade em Comandita por Ações	Assembleia
Sociedade Anônima	Assembleia

Assim sendo, as deliberações devem respeitar o quórum estabelecido, legalmente ou contratualmente, e os requisitos legais para a sua validade, sendo que qualquer anomalia que desrespeite essas premissas fica sujeita ao crivo judicial, mediante provocação de um sócio ou do administrador da sociedade.

Em um primeiro momento é fácil compreendermos a possibilidade de o sócio arguir a anulabilidade do ato deliberativo, mas estranha o administrador como sujeito ativo dessa ação. É que, pelo fato de ser ele o possível executor da deliberação, cabe a ele questioná-la judicialmente sempre que o ato for contrário aos imperativos legais ou contratuais.

Ainda nesse sentido, é importante ressaltar o direito de recesso, que é a manifestação em contrário de um sócio, relativa à discordância quanto ao ato deliberativo, que o autorizaria a se desligar da sociedade – mas essa é uma opção do sócio, que pode optar por permanecer na sociedade e arguir judicialmente a anulabilidade do ato.

4.2. TESE JURÍDICA E PROCEDIMENTO

As teses jurídicas específicas de anulação do ato deliberativo estão assim distribuídas:

Sociedade	Dispositivos
Sociedades contratuais	Arts. 1.071 a 1.080 do Código Civil
Sociedades estatutárias	Arts. 121 a 137 da Lei n. 6.404/76

Pelas teses indicadas, é possível verificar que o legislador disciplinou quórum e requisitos para a sua validade, o que então poderá ser objeto de questionamento judicial, já que a sua inobservância configura ilegalidade.

É de ressaltar também que, além das previsões legais, é possível que o contrato ou estatuto social venha a prever quóruns e outros requisitos além dos previstos em lei, situação em que a sua inobservância também levaria ao questionamento judicial.

Por último, é de se notar que o legislador não criou procedimento específico para a propositura da ação, de forma que ela segue o procedimento comum estabelecido no Código de Processo Civil.

Por se tratar de um procedimento comum, remetemos o leitor ao tópico de petição inicial para que verifique a linha processual do tempo.

4.3. IDENTIFICAÇÃO DA PEÇA

Para que possamos interpretar corretamente o problema do Exame de Ordem e identificar a peça como sendo uma ação anulatória de ato deliberativo, é necessário obter-se as seguintes informações:

Identificando a peça

Quem é meu cliente?	Sócio ou administrador da sociedade.
Existe processo? Se sim, qual o último andamento processual?	Não, não existiria um processo judicial em andamento, justamente por se tratar de uma petição inicial.
O que ele deseja?	Deseja a declaração de nulidade do ato deliberativo.

4.4. ESTRUTURA DA PEÇA

A seguir observaremos a ficha da técnica com a estrutura para elaboração e propositura da ação anulatória de ato deliberativo:

Endereçamento	
Competência	Juízo do lugar onde está situada a sede da pessoa jurídica (art. 53, III, *a*, do CPC)
Preâmbulo	
Partes	Autor – sócio ou administrador Réu – sociedade (pessoa jurídica)
Nome da ação	AÇÃO ANULATÓRIA DE ATO DELIBERATIVO
Cabimento	Art. 318 do CPC
DOS FATOS	

Fatos	Evento de deliberação da pessoa jurídica (reunião ou assembleia). Demonstração da hipótese fática de cabimento (não preenchimento de quórum ou requisitos no ato de deliberação).
DO DIREITO	
Fundamento legal	O fundamento viria compreendido pelo não respeito do quórum ou requisitos previstos nos arts. 1.072 a 1.080 do CC ou nos arts. 121 a 137 da Lei n. 6.404/76, ou ainda na infringência de previsão contratual ou estatutária.
DOS PEDIDOS E REQUERIMENTOS	
Pedidos	Procedência da ação para declarar a nulidade do ao deliberativo.
Requerimentos	• citação; • condenação em custas processuais e honorários sucumbenciais; • realização ou não de audiência; • intimação de atos processuais; • provas.
Valor da causa	Valor por estimativa.

Apresentamos na sequência um modelo de peça para ação anulatória de ato deliberativo:

Folha 1/3

EXCELENTÍSSIMO SENHOR DOUTOR JUIZ DE DIREITO DA .... VARA .... DO FORO DA COMARCA DE .... - ....

....................(nome), (nacionalidade), (estado civil), (profissão), portador da cédula de identidade n. ...., inscrito no CPF sob n. ...., residente e domiciliado na Rua ...., n. ......, bairro ...., ... - ...., e-mail ...., neste ato representado por seu procurador devidamente constituído através do incluso Instrumento de Mandato (doc. ....), vem à presença de Vossa Excelência propor a presente AÇÃO ANULATÓRIA DE ASSEMBLEIA, com fundamento no art. 318 do CPC, em face de ....(nome empresarial), empresa devidamente inscrita no

CNPJ sob n. ...., estabelecida na Rua ...., n. ...., bairro ...., ... - ...., e-mail ...., por seu administrador, ... (nome), (nacionalidade), (estado civil), (profissão), portador da cédula de identidade n. ...., inscrito no CPF sob n. ...., residente e domiciliado na Rua ...., n. ..., bairro ...., ... - ......, e-mail ...., pelos motivos de fato e de direito a seguir expostos:

DOS FATOS

(narrativa dos fatos)

DOS FUNDAMENTOS

É de se observar, pelos fatos e documentos apresentados, que a em-

Folha 2/3

presa-Ré realizou no dia ...., assembleia ordinária para aprovação das contas de sua administração. Porém, conforme se verifica da ata acostada aos autos, quando da instalação havia menos da metade dos sócios presentes, infringindo o Código Civil, como se observa:

> "Art. 1.074. A assembleia dos sócios instala-se com a presença, em primeira convocação, de titulares de no mínimo três quartos do capital social, e, em segunda, com qualquer número".

Assim sendo, a Ré não poderia ter dado sequência no processo deliberativo, devendo aguardar segunda convocação, dado o número insuficiente de sócios presentes, o que torna nulo o ato deliberativo, mormente, porque os sócios presentes em sua maioria, integram a administração societária e tinham total interesse na aprovação de suas contas sem maiores questionamentos, impedindo inclusive, que o Autor apresentasse destaque nos itens discutidos.

Logo não restou outra alternativa, senão a propositura da presente ação.

CONCLUSÃO

Posto isto, pede o Autor seja declarada a nulidade da assembleia ordinária realizada no dia ___/___/___, tornando sem efeito as deliberações nela verificadas.

Requer a citação da empresa-Ré na pessoa de seu administrador, para que, querendo, responda à presente ação.

Requer desde já a designação de audiência para tentativa de conciliação.

Requer, também, seja a Ré condenada a pagar honorários advocatícios e custas processuais.

Requer sejam as intimações de atos processuais realizadas em nome do advogado subscritor, que receberá intimações na Rua ________, n. _____,

Folha 3/3

conforme art. 77, V, do CPC.

Requer provar o alegado por todas as formas em direito admitidas, sem exclusão de nenhuma, em especial pelo depoimento pessoal, oitiva de testemunhas e outras que se fizerem necessárias à instrução do presente feito.

Dá-se à causa o valor de R$................. (..........................).

Termos em que

pede deferimento

(local), ..., ... de ... de ...

ADVOGADO(A)

OAB/... n. ...

5

MEDIDAS JUDICIAIS EM DECISÃO ARBITRAL

A legislação brasileira prevê os meios alternativos de solução de conflito: conciliação, mediação e arbitragem. A conciliação e a mediação podem ser utilizadas extrajudicialmente ou judicialmente, mas a arbitragem se realiza apenas na forma extrajudicial, ou seja, em substituição ao exercício do poder de jurisdição do Estado.

Para tanto, estabelece o legislador no art. 1º da Lei n. 9.307/96 que *"as pessoas capazes de contratar poderão valer-se da arbitragem para dirimir litígios relativos a direitos patrimoniais disponíveis"*.

Logo, a utilização da arbitragem exige três requisitos, a saber:

- Capacidade civil;
- Litígio sobre direito patrimonial disponível;
- Vontade das partes.

A vontade das partes pode ser manifestada através de **cláusula compromissória** – cláusula inserida no próprio contrato submetendo o litígio à arbitragem, ou **compromisso arbitral** – termo firmado entre as partes nos casos de não previsão de cláusula compromissória (art. 3º da Lei n. 9.307/96).

Uma vez firmada a cláusula compromissória ou o compromisso arbitral e estabelecido o litígio entre as partes, basta que o interessado acione o árbitro por eles escolhido para que instaure o procedimento arbitral.

5.1. PROCEDIMENTO ARBITRAL

Sendo prevista a cláusula compromissória ou firmado o compromisso arbitral, inicia-se a arbitragem por provocação da parte interessada, instaurando-se assim o processo arbitral.

O processo arbitral é voluntário, possui caráter administrativo e rege-se pelas seguintes características:

Característica	Efeito
Nomeação do árbitro	É livre e feita segundo a vontade das partes.
Informalidade	Não existe formalidade no procedimento arbitral, basta que se respeitem a vontade das partes e os mesmos princípios aplicáveis ao processo civil.
Procedimento	Não existe procedimento processual previsto em lei, cabendo às partes a fixação das regras processuais a serem observadas.
Audiência preliminar	É a audiência onde se fixam os critérios procedimentais a serem observados no processo arbitral.
Instrução probatória	É previamente definida pelas partes em audiência preliminar.
Sentença arbitral	Uma vez proferida decisão no processo arbitral, constitui título executivo judicial, conforme estabelece o art. 515 do CPC.
Irrecorribilidade	A decisão arbitral não se sujeita a recursos, sendo possível se questionar judicialmente, através de ação, eventual vício ou desrespeito ao procedimento estabelecido pelas partes.
Nulidade de sentença arbitral	Existem duas formas para se questionar uma decisão arbitral – ação declaratória de nulidade de sentença arbitral ou através de impugnação ao cumprimento de sentença.

A decisão arbitral sujeita a arguição de nulidade pode ser interlocutória ou definitiva – sentença, mas deve-se observar que o objeto desse questionamento não pode ser o mérito da decisão em si, e sim eventual vício de consentimento, desrespeito à forma estabelecida pelas partes ou inobservância de princípios processuais.

Ainda sobre a decisão do árbitro, é importante verificar que, diferentemente das decisões judiciais que são exclusivamente de direito, a decisão arbitral pode sofrer julgamento de direito ou julgamento por equidade, o que deverá ser definido pelas partes.

Além da arguição de nulidade, a sentença arbitral também pode ser questionada judicialmente no sentido de se buscar uma complementação de pedidos não apreciados pelo árbitro.

5.2. DECLARAÇÃO DE NULIDADE DE SENTENÇA ARBITRAL

O art. 33 da Lei n. 9.307/96 estabelece que "*a parte interessada poderá pleitear ao órgão do Poder Judiciário competente a declaração de nulidade da sentença arbitral, nos casos previstos nesta Lei*".

Dessa forma, embora a decisão arbitral não esteja sujeita a recurso, submete-se ao crivo do Poder Judiciário, que não apreciará o seu mérito, mas analisará a vontade das partes, a forma estabelecida para o julgamento arbitral e os princípios processuais.

Para que seja possível a arguição de nulidade da sentença arbitral, é necessário se observar uma das hipóteses previstas no art. 32 da mesma lei, a saber:

- for nula a convenção de arbitragem;
- emanou de quem **não podia ser árbitro**;
- não contiver os requisitos do art. 26 da Lei n. 9.307/96;
- for proferida fora dos limites da convenção de arbitragem;
- comprovado que foi proferida por prevaricação, concussão ou corrupção;
- proferida fora do prazo, respeitado o disposto no art. 12, III, da Lei n. 9.307/96;
- forem desrespeitados os princípios de que trata o art. 21, § 2º, da Lei n. 9.307/96.

5.3. IDENTIFICAÇÃO DAS PEÇAS

Uma vez verificada uma das hipóteses do art. 32, poderá a parte interessada pleitear a declaração de nulidade da sentença arbitral através de ação própria (art. 33) ou através de impugnação ao cumprimento de sentença (§ 3º do art. 33).

É possível, ainda, pleitear judicialmente o julgamento de pedidos não apreciados pelo árbitro (§ 4º do art. 33).

Cabe lembrar, ainda, que não existe procedimento especial para a ação de anulação de sentença arbitral, de forma que segue o procedimento comum do Código de Processo Civil.

5.3.1. Ação declaratória de nulidade de sentença arbitral

Para que possamos interpretar corretamente o problema do Exame de Ordem e identificar a peça como sendo uma ação declaratória de nulidade de sentença arbitral, é necessário obter-se as seguintes informações:

Identificando a peça

Quem é meu cliente?	Parte que identificou o vício na decisão arbitral.
Existe processo? **Se sim, qual o último andamento processual?**	Não, não existiria um processo judicial em andamento, justamente por se tratar de uma petição inicial.
O que ele deseja?	Deseja a declaração de nulidade da decisão arbitral.

5.3.2. Impugnação ao cumprimento de sentença para declaração de nulidade de sentença arbitral

Para que possamos interpretar corretamente o problema do Exame de Ordem e identificar a peça como sendo uma impugnação ao cumprimento de sentença para declaração de nulidade de sentença arbitral, é necessário obter-se as seguintes informações:

Identificando a peça

Quem é meu cliente?	Parte que identificou o vício na decisão arbitral.
Existe processo? **Se sim, qual o último andamento processual?**	Sim, e o último ato processual foi a intimação da parte para se manifestar sobre o pedido de cumprimento da sentença arbitral.
O que ele deseja?	Deseja a declaração de nulidade da decisão arbitral.

5.4. ESTRUTURA DAS PEÇAS

Considerando que temos duas peças processuais possíveis, vamos analisar cada uma delas individualmente.

5.4.1. Ação declaratória de nulidade de sentença arbitral

A seguir, observaremos a ficha da técnica com a estrutura para elaboração e propositura da ação declaratória de nulidade de sentença arbitral:

Endereçamento	
Competência	Juízo do lugar onde deveria ser apreciada a causa, caso ela tivesse sido submetida ao Poder Judiciário.
Preâmbulo	
Partes	Autor – parte que detectou o vício na decisão arbitral Réu – parte contrária da decisão arbitral
Nome da ação	AÇÃO DECLARATÓRIA DE NULIDADE DE SENTENÇA ARBITRAL
Cabimento	art. 318 do CPC

DOS FATOS	
Fatos	Demonstração de instituição de convenção de arbitragem. Demonstração de instauração do processo de arbitragem. Demonstração das convenções para o julgamento arbitral. Demonstrar o julgamento arbitral. Demonstrar o vício no julgamento arbitral.
DO DIREITO	
Fundamento legal	Arts. 21, 32 e 33 e seu § 1º da Lei n. 9.307/96
DOS PEDIDOS E REQUERIMENTOS	
Pedidos	Procedência da ação para declarar a nulidade da sentença arbitral.
Requerimentos	• citação; • condenação em custas processuais e honorários sucumbenciais; • realização ou não de audiência; • intimação de atos processuais; • provas.
Valor da causa	Valor do direito envolvido na decisão arbitral.

5.4.2. **Impugnação ao cumprimento de sentença para declaração de nulidade de sentença arbitral**

A seguir, observaremos a ficha da técnica com a estrutura para elaboração e propositura da impugnação ao cumprimento de sentença para declaração de nulidade de sentença arbitral:

Endereçamento	
Competência	Juízo responsável pelo cumprimento de sentença
Preâmbulo	
Partes	Impugnante – pessoa que detectou o vício na decisão arbitral Impugnado – parte contrária da decisão arbitral
Nome da peça	IMPUGNAÇÃO AO CUMPRIMENTO DE SENTENÇA
Cabimento	Art. 525 do CPC
DOS FATOS	
Fatos	Demonstração das convenções para o julgamento arbitral. Demonstração das condições do julgamento arbitral. Apontar vício no julgamento arbitral.
DO DIREITO	
Fundamento legal	Arts. 21, 32 e 33 e seu § 3º da Lei n. 9.307/96
DOS PEDIDOS E REQUERIMENTOS	
Pedidos	Acolhimento da impugnação para declarar a nulidade da sentença arbitral.

Requerimentos	• condenação em custas processuais e honorários sucumbenciais; • intimação de atos processuais; • provas.

5.5. MODELOS

5.5.1. Modelo de Ação declaratória de nulidade de sentença arbitral

Apresentamos na sequência um modelo de peça para ação declaratória de nulidade de sentença arbitral:

▼ Folha 1/4

EXCELENTÍSSIMO SENHOR DOUTOR JUIZ DE DIREITO DA .... VARA .... DO FORO DA COMARCA DE .... NO ESTADO DE .....

...................(nome), (nacionalidade), (estado civil), (profissão), portador da cédula de identidade n. ...., inscrito no CPF sob n. ...., residente e domiciliado na Rua ...., n. ....., bairro ...., ... - ...., e-mail ...., neste ato representado por seu procurador devidamente constituído através do incluso Instrumento de Mandato (doc. ....), vem à presença de Vossa Excelência propor a presente AÇÃO DECLARATÓRIA DE NULIDADE DE SENTENÇA ARBITRAL com fundamento no art. 318 do CPC, em face de .... (nome), (nacionalidade), (estado civil), (profissão), portador da cédula de identidade n. ...., inscrito no CPF sob n. ...., residente e domiciliado na Rua ...., n. ..., bairro ...., ... - ...., e-mail ...., pelos motivos de fato e de direito a seguir expostos:

DOS FATOS

(narrativa dos fatos)

DO DIREITO

O requerente e o requerido firmaram contrato de agência e distribuição para que o requerido representasse o requerente na região de ...., porém, o requerido não vinha cumprindo com todas as

Folha 2/4

suas obrigações contratuais, o que gerou evidente prejuízo ao requerente.

No entanto, o instrumento contratual que ora se junta prevê na cláusula 13 que eventuais litígios decorrentes da relação jurídica seriam submetidos a arbitragem através da ....

Uma vez firmada a cláusula compromissória, o requerente acionou o árbitro para início do procedimento de arbitragem, já que infrutíferas as tentativas de conciliação entre as partes, instaurado assim, o procedimento.

É de se verificar que o requerente e requerido, ao determinarem os procedimentos a serem adotados no julgamento arbitral, estipularam que seria realizado o depoimento das partes. Porém, como constou da ata de instrução probatória, após realizado o depoimento pessoal do requerente, desistiu o árbitro de ouvir o depoimento pessoal do requerido, justificando que já havia elementos suficientes para formação de sua convicção, desrespeitando o procedimento estipulado pelas partes.

Nesse sentido, aduz o legislador na Lei n. 9.307/96 que:

> "Art. 21. A arbitragem obedecerá ao procedimento estabelecido pelas partes na convenção de arbitragem, (...)".

E acrescenta:

> "§ 2º Serão, sempre, respeitados no procedimento arbitral os princípios do contraditório, da igualdade das partes, da imparcialidade do árbitro e de seu livre convencimento".

Então nota-se claramente que houve uma infringência do procedimento, desrespeitando-se a igualdade entre as partes e o princípio do contraditório, e sobre isso, acrescenta o legislador:

"Art. 32. É nula a sentença arbitral se:

Folha 3/4

VIII - forem desrespeitados os princípios de que trata o art. 21, § 2º, desta Lei".

Uma vez verificada a nulidade do ato, estabelece o mesmo legislador que:

"Art. 33. A parte interessada poderá pleitear ao órgão do Poder Judiciário competente a declaração de nulidade da sentença arbitral, nos casos previstos nesta Lei.

§ 1º A demanda para a declaração de nulidade da sentença arbitral, parcial ou final, seguirá as regras do procedimento comum, previsto no Código de Processo Civil, e deverá ser proposta no prazo de até 90 (noventa) dias após o recebimento da notificação da respectiva sentença, parcial ou final, ou da decisão do pedido de esclarecimentos".

Assim sendo, não restou outra alternativa ao autor, senão a propositura da presente ação, ante o vício insanável verificado no julgamento arbitral em discussão.

CONCLUSÃO

De todo o exposto, requer-se:

a) seja a presente ação julgada procedente para declarar a nulidade da sentença arbitral em questão, tornando sem efeito o seu conteúdo.

b) seja o requerido citado para que, querendo, responda ao presente feito sob pena de sofrer os efeitos da revelia.

c) desde já desista da designação de audiência conciliatória.

d) requer a condenação do requerido em honorários sucumbenciais, custas processuais e demais cominações de estilo.

Folha 4/4

e) requer sejam as intimações de atos processuais realizadas em nome do advogado subscritor, que receberá intimações na Rua ______, n. ______, conforme art. 77, V, do CPC.

Requer provar o alegado por todos os meios em direito admitidos, em especial a prova documental.

Termos em que
pede deferimento

(local), ..., ... de ... de ...

ADVOGADO(A)
OAB/... n. ...

5.5.2. Modelo de Impugnação ao cumprimento de sentença para declaração de nulidade de sentença arbitral

Apresentamos na sequência um modelo de peça para impugnação ao cumprimento de sentença para declaração de nulidade de sentença arbitral:

Folha 1/4

EXCELENTÍSSIMO SENHOR DOUTOR JUIZ DE DIREITO DA .... VARA .... DO FORO DA COMARCA DE .... NO ESTADO DE .....

Processo autuado sob n. ......

......................(nome), por seu procurador, nos autos do processo em epígrafe do pedido de CUMPRIMENTO DE SENTENÇA que lhe move ....(nome), vem à presença de Vossa Excelência, com fundamento no art. 525 do Código de Processo Civil, IMPUGNAR o pedido, nos termos a seguir aduzidos.

DOS FATOS

(narrativa dos fatos)

DO DIREITO

O impugnante e o impugnado firmaram contrato de agência e distribuição para que o impugnado representasse o impugnante na região de ...., porém, o impugnado não vinha cumprindo com todas as suas obrigações contratuais, o que gerou evidente prejuízo ao impugnante.

No entanto, o instrumento contratual que ora se junta prevê na cláusula 13 que eventuais litígios decorrentes da relação jurídica, seriam

Folha 2/4

submetidos a arbitragem através da ....

Uma vez firmada a cláusula compromissória, o impugnante acionou o árbitro para início do procedimento de arbitragem, já que infrutíferas as tentativas de conciliação entre as partes, instaurado, assim, o procedimento.

É de se verificar que o impugnante e impugnado, ao determinarem os procedimentos a serem adotados no julgamento arbitral, estipularam que seria realizado o depoimento das partes. Porém, como constou da ata de instrução probatória, após realizado o depoimento pessoal do requerente, desistiu o árbitro de ouvir o depoimento pessoal do impugnado, justificando que já havia elementos suficientes para formação de sua convicção, desrespeitando o procedimento estipulado pelas partes.

Nesse sentido, aduz o legislador na Lei n. 9.307/96 que:

"Art. 21. A arbitragem obedecerá ao procedimento estabelecido pelas partes na convenção de arbitragem, (...)".

E acrescenta:

"§ 2º Serão, sempre, respeitados no procedimento arbitral os princípios do contraditório, da igualdade das partes, da imparcialidade do árbitro e de seu livre convencimento".

Então nota-se claramente que houve uma infringência do procedimento, desrespeitando-se a igualdade entre as partes e o princípio do contraditório, e, sobre isso, acrescenta o legislador:

"Art. 32. É nula a sentença arbitral se:

VIII - forem desrespeitados os princípios de que trata o art. 21, § 2º, desta Lei".

Folha 3/4

Uma vez verificada a nulidade do ato, estabelece o mesmo legislador que:

"Art. 33. A parte interessada poderá pleitear ao órgão do Poder Judiciário competente a declaração de nulidade da sentença arbitral, nos casos previstos nesta Lei.

(...)

§3º A decretação da nulidade da sentença arbitral também poderá ser requerida na impugnação ao cumprimento da sentença, nos termos dos arts. 525 e seguintes do Código de Processo Civil, se houver execução judicial".

Assim sendo, não restou outra alternativa ao autor senão a propositura da presente impugnação, ante o vício insanável verificado no julgamento arbitral em discussão.

CONCLUSÃO

De todo o exposto, requer-se:

a) seja acolhida a presente impugnação para declarar a nulidade da sentença arbitral em questão, tornando sem efeito o seu conteúdo.

b) a condenação do impugnado em honorários sucumbenciais,

custas processuais e demais cominações de estilo.

c) sejam as intimações de atos processuais realizadas em nome do advogado subscritor, que receberá intimações processuais na Rua _______, n. _______, conforme art. 77, V, do CPC.

Requer provar o alegado por todos os meios em direito admitidos, em especial a prova documental que ora se junta.

▾ Folha 4/4

Termos em que
pede deferimento

(local), ..., ... de ... de ...

ADVOGADO(A)
OAB/... n. ...

5.6. AÇÃO DECLARATÓRIA DE COMPLEMENTAÇÃO DE SENTENÇA ARBITRAL

O art. 33 da Lei n. 9.307/96 estabelece que "§ 4º A parte interessada poderá ingressar em juízo para requerer a prolação de sentença arbitral complementar, se o árbitro não decidir todos os pedidos submetidos à arbitragem".

Tal situação decorre da seguinte previsão:

> "**Art. 30.** No prazo de 5 (cinco) dias, a contar do recebimento da notificação ou da ciência pessoal da sentença arbitral, salvo se outro prazo for acordado entre as partes, a parte interessada, mediante comunicação à outra parte, poderá solicitar ao árbitro ou ao tribunal arbitral que:
>
> (...)
>
> II – esclareça alguma obscuridade, dúvida ou contradição da sentença arbitral, ou se pronuncie sobre ponto omitido a respeito do qual devia manifestar-se a decisão".

Então, uma vez questionado e não suprindo o ponto omisso, caberá à parte interessada provocar o Poder Judiciário na forma do art. 33, § 4º, da Lei n. 9.307/96, para buscar uma sentença judicial declaratória que complemente a decisão arbitral.

5.6.1. **Estrutura da peça**

A seguir, observaremos a ficha da técnica com a estrutura para elaboração e propositura da ação declaratória complementar de sentença arbitral:

Endereçamento	
Competência	Juízo do lugar onde deveria ser apreciada a causa, caso ela tivesse sido submetida ao Poder Judiciário.
Preâmbulo	
Partes	Autor – parte que detectou a omissão na decisão arbitral Réu – parte contrária da decisão arbitral
Nome da ação	AÇÃO DECLARATÓRIA COMPLEMENTAR DE SENTENÇA ARBITRAL
Cabimento	art. 318 do CPC
DOS FATOS	
Fatos	Demonstração de instituição de convenção de arbitragem. Demonstração de instauração do processo de arbitragem. Demonstração das convenções para o julgamento arbitral. Demonstrar o julgamento arbitral. Demonstrar a omissão do julgamento arbitral.
DO DIREITO	
Fundamento legal	Arts. 21, 32 e 33 e seu § 4º da Lei n. 9.307/96
DOS PEDIDOS E REQUERIMENTOS	
Pedidos	Procedência de determinar que o árbitro prolate sentença arbitral complementar.
Requerimentos	• citação; • condenação em custas processuais e honorários sucumbenciais; • realização ou não de audiência; • intimação de atos processuais; • provas.
Valor da causa	Valor do direito envolvido na decisão arbitral.

Apresentamos na sequência um modelo de peça para ação declaratória complementar de sentença arbitral:

▾ Folha 1/3

01	EXCELENTÍSSIMO SENHOR DOUTOR JUIZ DE DIREITO DA .... VARA
02	.... DO FORO DA COMARCA DE .... NO ESTADO DE .....
03	
04	

..................(nome), (nacionalidade), (estado civil), (profissão), portador da cédula de identidade n. ...., inscrito no CPF sob n. ...., residente e domiciliado na Rua ...., n. ...., bairro ...., ... - ...., e-mail ...., neste ato representado por seu procurador devidamente constituído através do incluso Instrumento de Mandato (doc. ....), vem à presença de Vossa Excelência propor a presente AÇÃO DECLARATÓRIA COMPLEMENTAR DE SENTENÇA ARBITRAL com fundamento no art. 318 do CPC, em face de .... (nome), (nacionalidade), (estado civil), (profissão), portador da cédula de identidade n. ...., inscrito no CPF sob n. ...., residente e domiciliado na Rua ...., n. ..., bairro ...., ... - ...., e-mail ...., pelos motivos de fato e de direito a seguir expostos:

DOS FATOS

(narrativa dos fatos)

DO DIREITO

O requerente e o requerido firmaram contrato de agência e distribuição para que o requerido representasse o requerente na região de ...., porém, o requerido não vinha cumprindo com todas as

Folha 2/3

suas obrigações contratuais, o que gerou evidente prejuízo ao requerente.

No entanto, o instrumento contratual que ora se junta prevê na cláusula 13 que eventuais litígios decorrentes da relação jurídica seriam submetidos a arbitragem através da ....

Uma vez firmada a cláusula compromissória, o requerente acionou o árbitro para início do procedimento de arbitragem, já que infrutíferas as tentativas de conciliação entre as partes, instaurado assim, o procedimento.

É de se verificar que o requerente e requerido, ao determinarem os procedimentos estabeleceram como pedidos que fosse dirimida a questão da exclusividade da área de atuação do agente, bem como a indenização correspondente pelo não cumprimento da exclusividade por parte do Requerido.

O árbitro, por sua vez, julgou procedente o pedido entendendo que o Requerente era o agente exclusivo na região de ________, porém, omitiu-se quanto à indenização correspondente pela quebra da exclusividade.

Diante da omissão, no prazo legal o Requerente formalmente questionou o árbitro referente a omissão do julgamento de pedido sobre o qual deveria se pronunciar, mas recebeu a seguinte resposta:

"Nada mais a acrescentar na decisão arbitral".

Sendo assim, a complementação só se torna possível mediante decisão judicial.

Nesse sentido, aduz o legislador na Lei n. 9.307/96 que:

> "Art. 33. (...) § 4º A parte interessada poderá ingressar em juízo para requerer a prolação de sentença arbitral complementar, se o árbitro não decidir todos os pedidos submetidos à arbitragem".

Assim sendo, não restou outra alternativa ao autor, senão a propo-

Folha 3/3

situra da presente ação, ante a omissão verificada no julgamento arbitral em discussão.

CONCLUSÃO

De todo o exposto, requer-se:

a) seja a presente ação julgada procedente para determinar a prolatação de decisão arbitral complementar;

b) seja o requerido citado para que, querendo, responda ao presente feito sob pena de sofrer os efeitos da revelia;

c) desde já desista da designação de audiência conciliatória;

d) a condenação do requerido em honorários sucumbenciais, custas processuais e demais cominações de estilo;

e) sejam as intimações de atos processuais realizadas em nome do advogado subscritor, que receberá intimações na Rua __________, n. __________, conforme art. 77, V, do CPC.

Requer provar o alegado por todos os meios em direito admitidos, em especial a prova documental.

Termos em que
pede deferimento

(local), ..., ... de ... de ...

ADVOGADO(A)
OAB/... n. ...

6

PEDIDO DE CONTINUIDADE DE EMPRESA POR INCAPAZ

O exercício de atividade empresarial exige que seu exercente preencha determinados requisitos legais. Especificamente para o registro empresarial, é necessário que se observem:

- capacidade civil;
- pleno gozo da capacidade civil;
- não possuir impedimentos legais.

A **capacidade civil** se verifica com o advento da maioridade (18 anos ou mais) ou com o ato de emancipação, possível apenas para os relativamente incapazes. O **pleno gozo da capacidade civil** exige que o agente capaz civilmente não venha a ser acometido de alguma hipótese que lhe retire a capacidade de discernimento e de exercício das faculdades mentais. Já os **impedimentos** são previstos em várias legislações especiais.

Ocorre, porém, que, embora no ato de registro a pessoa preencha todos os requisitos legais, em especial a capacidade civil, ela pode sofrer uma incapacidade superveniente.

Essa **incapacidade superveniente**, portanto, seria a perda da capacidade civil posteriormente ao ato de registro empresarial.

Outra hipótese se daria na situação em que um empresário venha a falecer e seu herdeiro ou sucessor seja um incapaz – **incapacidade superveniente por sucessão**.

Nas duas hipóteses, o legislador prevê a possibilidade de continuidade da empresa, agora por incapaz.

6.1. PROCEDIMENTO

O incapaz supervenientemente poderá exercer a atividade empresarial antes exercida por um capaz ou por ele quando capaz, desde que preencha os requisitos estabelecidos pelo legislador no Código Civil:

> Art. 974 do CC. Poderá o incapaz, por meio de representante ou devidamente assistido, continuar a empresa antes exercida por ele enquanto capaz, por seus pais ou pelo autor de herança.
>
> § 1º Nos casos deste artigo, precederá autorização judicial, após exame das circunstâncias e dos riscos da empresa, bem como da conveniência em continuá-la, podendo a autorização ser revogada pelo juiz, ouvidos os pais, tutores ou representantes legais do menor ou do interdito, sem prejuízo dos direitos adquiridos por terceiros.

Então, conforme previsão legal, será necessário que o incapaz pleiteie judicialmente autorização para a continuidade da atividade empresarial, e o juiz, após exame das circunstâncias, autorizará, por alvará judicial, a continuidade da empresa, sendo que o menor será representado ou assistido, conforme o caso, e também poderá ser nomeado um gerente, se o juiz entender pertinente (art. 975 do CC).

Essa continuidade, porém, exige a observação das seguintes condições:

- os bens pessoais que o incapaz possuía antes da sucessão não se sujeitam aos resultados da empresa;
- o incapaz não poderá exercer a administração da empresa;
- o capital social deverá ser totalmente integralizado;
- o relativamente incapaz deverá ser assistido;
- o absolutamente incapaz deverá ser representado;
- o representante legal responde pelos atos praticados pelo gerente nomeado;
- o ato de autorização do incapaz deverá ser averbado na Junta Comercial.

Uma vez reunidas as condições necessárias à continuidade do exercício da atividade empresarial, é possível se pleitear judicialmente a continuidade da empresa por incapaz, como veremos a seguir.

Como não existe procedimento especial para esse tipo de ação, trata-se de ação que tramita pelo procedimento comum.

6.2. IDENTIFICAÇÃO DA PEÇA

Para que possamos interpretar corretamente o problema do Exame de Ordem e identificar a peça como sendo pedido de continuidade de empresa por incapaz, é necessário obter-se as seguintes informações:

Identificando a peça

Quem é meu cliente?	Incapaz (devidamente assistido ou representado, conforme o caso).
Existe processo? Se sim, qual o último andamento processual?	Não, não existiria um processo judicial em andamento, justamente por se tratar de uma petição inicial.
O que ele deseja?	Autorização judicial para continuidade da empresa.

6.3. ESTRUTURA DA PEÇA

A seguir, observaremos a ficha da técnica com a estrutura para elaboração e propositura do pedido de continuidade de empresa por incapaz:

Endereçamento	
Competência	Juízo do lugar onde está situada a sede da empresa (art. 53, III, *a*, do CPC)
Preâmbulo	
Parte	Autor – incapaz, devidamente assistido ou representado
Nome da ação	PEDIDO DE CONTINUIDADE DE EMPRESA POR INCAPAZ
Cabimento	Art. 318 do CPC
DOS FATOS	
Fatos	Exercício de atividade empresarial regular por capaz. Demonstração da incapacidade superveniente do próprio empresário ou da hipótese de sucessão no caso de falecimento de empresário.
DO DIREITO	
Fundamento legal	Art. 974 e seu § 1º, do CC Art. 975, § 1º, do CC
DOS PEDIDOS E REQUERIMENTOS	
Pedidos	Procedência da ação para determinar a continuidade da empresa por incapaz.

Requerimentos	• expedição de alvará judicial para autorizar o exercício da atividade; • nomeação de gerente, se for o caso; • expedição de ofício à Junta Comercial; • intimação de atos processuais; • provas.
Valor da causa	Valor do capital social ou das quotas do falecido.

Apresentamos na sequência um modelo de peça do pedido de continuidade de empresa por incapaz:

Folha 1/4

EXCELENTÍSSIMO SENHOR DOUTOR JUIZ DE DIREITO DA ...... VARA .... DO FORO DA COMARCA DE .... - .....

.... (nome), incapaz por condição superveniente, (nacionalidade), (estado civil), (profissão), portador da cédula de identidade n. ...., inscrito no CPF sob n. ...., residente e domiciliado na Rua ...., n. ....., bairro ...., ... - ...., e-mail ...., (assistido ou representado) por seu representante legal ....(nome), (nacionalidade), (estado civil), (profissão), portador da cédula de identidade n. ...., inscrito no CPF sob n. ...., residente e domiciliado na Rua ...., n. ...., bairro ...., ... - ...., e-mail .... neste ato representado por seu advogado constituído através do incluso Instrumento de Mandato (doc. ....), vem à presença de Vossa Excelência propor o presente PEDIDO DE CONTINUIDADE DE EMPRESA POR INCAPAZ, com fundamento no art. 318 do CPC, pelos motivos de fato e de direito a seguir expostos:

DOS FATOS

(narrativa dos fatos)

DO DIREITO

É de se verificar pelos fatos narrados que o requerente exerce atividade empresarial na qualidade de empresário individual no ramo de .... desde ...../..../....., porém, conforme atestado médico ora

Folha 2/4

juntado, foi acometido de anomalia cerebral que, em momentos aleatórios e dispersos, lhe tira o pleno gozo da capacidade mental, conforme laudo apresentado.

Mas, considerando que se trata de situação aleatória e transitória, mesmo após sua interdição, possui ele condição de exercer a atividade, mediante representação, consoante estabelece o mesmo laudo.

Nesse sentido, estabelece o Código Civil que:

"Art. 974. Poderá o incapaz, por meio de representante ou devidamente assistido, continuar a empresa antes exercida por ele enquanto capaz, por seus pais ou pelo autor de herança".

Basta, para tanto, autorização judicial, como dispõe o mesmo dispositivo citado:

"§ 1º Nos casos deste artigo, precederá autorização judicial, após exame das circunstâncias e dos riscos da empresa, bem como da conveniência em continuá-la, podendo a autorização ser revogada pelo juiz, ouvidos os pais, tutores ou representantes legais do menor ou do interdito, sem prejuízo dos direitos adquiridos por terceiros".

Conforme laudo médico juntado, demonstrou-se que ele possui condições, mediante representação, de dar continuidade ao exercício da atividade empresarial, em especial pela função social e necessidade de preservação da empresa, conforme dispõe o art. 47 da Lei n. 11.101/2005 e aqui aplicado por condição analógica:

"Art. 47. A recuperação judicial tem por objetivo viabilizar a

Folha 3/4

superação da situação de crise econômico-financeira do devedor, a fim de permitir a manutenção da fonte produtora, do emprego dos trabalhadores e dos interesses dos credores, promovendo, assim, a preservação da empresa, sua função social e o estímulo à atividade econômica".

Para tanto, basta que Vossa Excelência designe gerente, caso entenda necessário, conforme faculta o legislador civil:

"Art. 975. § 1º Do mesmo modo será nomeado gerente em todos os casos em que o juiz entender ser conveniente".

Além disso, cumpre esclarecer que o capital se encontra totalmente integralizado, conforme exigência constante do Código Civil:

"Art. 974. (...) II - o capital social deve ser totalmente integralizado".

Dessa forma, preenchidos todos os requisitos legais, bem como a necessidade de preservação da empresa, não resta outro caminho senão a propositura do presente pedido.

CONCLUSÃO

De todo o exposto, requer-se:

a) seja o presente pedido julgado procedente para que se determine a continuidade da empresa por incapaz, conforme faculta a legislação pertinente.

b) a determinação de expedição de Alvará Judicial para autorizar a continuidade da empresa mediante representação legal.

Folha 4/4

c) a nomeação de gerente, caso Vossa Excelência entenda pertinente.

d) a expedição de ofício à Junta Comercial do Estado de ____ para que arquive no respectivo registro a autorização de continuidade da atividade empresarial pelo incapaz.

Requer provar o alegado por todos os meios em direito admitidos, em especial pela juntada da prova de incapacidade do requerente, bem como desde já requer a produção de prova pericial para confirmação do laudo particular que ora se junta.

Dá-se à causa o valor de R$.................. (...........................).

Termos em que
pede deferimento

(local), ..., ... de ... de ...

ADVOGADO(A)
OAB/... n. ...

7

PEDIDO DE EXIBIÇÃO DE LIVROS E DOCUMENTOS EMPRESARIAIS

Os livros e documentos empresariais compõem uma parcela das obrigações empresariais e, portanto, não são facultativos. De qualquer forma, documentos produzidos facultativamente pelo empresário também podem fazer prova contra e a favor (art. 1.179 do CC).

Em relação a documentos, não existe um rol taxativo para sua elaboração, apenas exemplificamos aqui as fichas contábeis previstas no art. 1.180 do CC. Já os livros vêm assim previstos na legislação:

Livros	Previsão legal
Diário	Art. 1.180 do CC
Registro de duplicatas	Art. 19 da Lei n. 5.474/68
Registro de ações	Art. 100 da Lei n. 6.404/76
Livro de entrada e saída de mercadorias	Art. 7º do Dec. n. 1.102/1903
Livro de atas da administração	Art. 1.062 do CC

Porém, tanto o legislador quanto o Supremo Tribunal Federal já limitaram a utilização desses documentos como prova judicial, como se observa a seguir:

> Art. 1.190 do CC. Ressalvados os casos previstos em lei, nenhuma autoridade, juiz ou tribunal, sob qualquer pretexto, poderá fazer ou ordenar diligência para verificar se o empresário ou a sociedade empresária observam, ou não, em seus livros e fichas, as formalidades prescritas em lei.

Súmula 260 do STF – O exame de livros comerciais, em ação judicial, fica limitado às transações entre os litigantes.

Dessa forma, temos que entender a possibilidade de exibição de livros e documentos como medida excepcional, que só ocorrerá a pedido da parte, e só dentro das hipóteses jurídicas indicadas adiante como tese jurídica.

7.1. PROCEDIMENTO E TESE JURÍDICA

Para que seja possível a exibição de livros e documentos em um processo judicial, é necessário que haja requerimento da parte interessada. Esse requerimento pode se dar de duas formas distintas: incidentalmente, em um processo judicial em andamento, ou através de ação própria.

As teses jurídicas específicas que permitem à parte interessada reivindicar a juntada de livros e documentos estão assim distribuídas:

Forma	Dispositivos
Incidentalmente	Arts. 396 e 397 do CPC c/c arts. 1.021 e 1.191 do CC + Súmula 260 do STF
Ação	Arts. 318 e 420 do CPC c/c arts. 1.021 e 1.191 do CC + Súmula 290 do STF
Urgência (em qualquer caso)	Art. 301 do CPC + anteriores de acordo com a forma

Ante a inexistência de procedimento especial, é o pleito formulado por procedimento comum nos casos de ação e por petição simples quando incidentalmente, porém, em ambos os casos, em hipótese de urgência, é possível se formular o pedido através de tutela cautelar.

7.2. IDENTIFICAÇÃO DA PEÇA

Para que possamos interpretar corretamente o problema do Exame de Ordem e identificar a peça como sendo um pedido de exibição de livros e documentos, é necessário obter-se as seguintes informações:

Identificando a peça

Quem é meu cliente?	Sócio ou herdeiro/sucessores do sócio.
Existe processo? Se sim, qual o último andamento processual?	Não, não existiria um processo judicial em andamento, justamente por se tratar de uma petição inicial, exceto nos casos em que a exibição se der de maneira incidental.
O que ele deseja?	Deseja a exibição de livro ou documentos para a produção de prova judicial e/ou esclarecimentos de questões atinentes a direito de sócio ou resultados da sociedade.

7.3. ESTRUTURA DA PEÇA

A seguir, observaremos a ficha da técnica com a estrutura para elaboração e propositura do pedido de exibição de livros e documentos:

Endereçamento	
Competência	Juízo do lugar onde está situada a sede da pessoa jurídica (art. 53, III, *a*, do CPC)
Preâmbulo	
Partes	Autor – sócio ou herdeiro/sucessor do sócio falecido Réu – sociedade (pessoa jurídica) ou o administrador
Nome da ação	PEDIDO DE EXIBIÇÃO DE LIVROS E/OU DOCUMENTOS
Cabimento	Art. 318 do CPC
DOS FATOS	
Fatos	Demonstração do interesse nos livros e/ou documentos. Demonstração da existência dos livros e/ou documentos. Demonstração da necessidade de exibição dos livros e/ou documentos.
DO DIREITO	
Fundamento legal	Arts. 1.021, 1.190 e 1.191 do CC; art. 420 do CPC e Súmula 260 do STF
DOS PEDIDOS E REQUERIMENTOS	
Pedidos	Procedência da ação para determinar a exibição dos livros e/ou documentos e alternativamente pedido de apreensão dos livros, caso haja recusa na exibição.
Requerimentos	• citação; • condenação em custas processuais e honorários sucumbenciais; • realização ou não de audiência; • intimação de atos processuais; • provas.
Valor da causa	Valor por estimativa.

Apresentamos na sequência um modelo de peça do pedido de exibição de livros e documentos:

▾ Folha 1/3

EXCELENTÍSSIMO SENHOR DOUTOR JUIZ DE DIREITO DA ..... VARA .... DO FORO DA COMARCA DE .... - ....

....................(nome), (nacionalidade), (estado civil), (profissão), portador da cédula de identidade n. ...., inscrito no CPF sob n. ...., residente e domiciliado na Rua ...., n. ....., bairro ...., ... - ...., e-mail ...., neste ato representado por seu procurador devidamente constituído através do incluso Instrumento de Mandato (doc. ......), vem à presença de Vossa Excelência propor a presente AÇÃO DE EXIBIÇÃO DE LIVROS E DOCUMENTOS, com fundamento no arts. 318 e 420 do CPC, em face de ....(nome), (nacionalidade), (estado civil), (profissão), portador da cédula de identidade n. ...., inscrito no CPF sob n. ...., residente e domiciliado na Rua ...., n. ...., bairro ...., ... - ...., e-mail ...., pelos motivos de fato e de direito a seguir expostos:

DOS FATOS

(narrativa dos fatos)

DO DIREITO

Conforme narrativa dos fatos, observou-se que o Requerente é sócio da empresa ...., tendo como único sócio o Requerido, que também é o administrador da citada sociedade.

Como era de praxe, o Requerente sempre teve acesso aos livros e

Folha 2/3

documentos empresariais no sentido de exercer o direito de fiscalização, assim previsto no Código Civil:

"Art. 1.021. Salvo estipulação que determine época própria, o sócio pode, a qualquer tempo, examinar os livros e documentos, e o estado da caixa e da carteira da sociedade".

Assim sendo, notificou o Requerido, conforme comprovante anexo, que mesmo assim quedou-se inerte, recusando-se à exibição dos livros e documentos.

Porém, estabelece o Código de Processo Civil que:

"Art. 420 CPC. O juiz pode ordenar, a requerimento da parte, a exibição integral dos livros empresariais e dos documentos do arquivo: (...) III - quando e como determinar a lei".

Nesse sentido, determina o art. 1.191 do Código Civil que:

"O juiz só poderá autorizar a exibição integral dos livros e papéis de escrituração quando necessária para resolver questões relativas a sucessão, comunhão ou sociedade, administração ou gestão à conta de outrem, ou em caso de falência".

Claro está nesse caso que o pedido atende a determinação do STF, nos seguintes termos:

"Súmula 260 do STF - O exame de livros comerciais, em ação judicial, fica limitado às transações entre os litigantes".

Ora, diante da recusa do Requerido, sendo direito do Requerente a fiscalização da sociedade, o que se faz essencialmente através de seus

Folha 3/3

livros e documentos e, sendo causa de exibição questões relativas à administração da sociedade, outra alternativa não restou senão a propositura da presente ação.

CONCLUSÃO

De todo o exposto, requer seja a presente ação julgada procedente para determinar que o Requerido exiba os livros e documentos da sociedade ao Requerente, sempre que solicitado, ao necessário exame.

Na hipótese de recusa por parte do Requerido, requer desde já a apreensão dos respectivos livros e documentos, para o necessário exame.

Seja o requerido citado para que, querendo, responda ao presente feito sob pena de sofrer os efeitos da revelia.

Desde já requer a designação de audiência conciliatória.

Requer a condenação do requerido em honorários sucumbenciais, custas processuais e demais cominações de estilo.

Requer a intimação dos atos processuais em nome do advogado subscritor, que receberá intimações na Rua ________, n. __, conforme art. 77, V, do CPC.

Requer provar o alegado por todos os meios em direito admitidos.

Dá-se à causa o valor de R$................. (............................).

Termos em que
pede deferimento

(local), ..., ... de ... de ...

ADVOGADO(A)
OAB/... n. ...

8

AÇÃO DE EXIGIR CONTAS

A ação de exigir contas, que substituiu a antiga ação de prestação de contas, é a medida judicial para se atender o direito dos sócios em exigir prestação de contas dos administradores da sociedade. Assim, com previsão no direito material (art. 1.020 do CC) e processual (art. 550 do CPC), é o meio próprio e especial previsto para tal finalidade.

8.1. PROCEDIMENTO

Como se trata de uma ação de procedimento especial, sua disciplina vem prevista nos arts. 550 a 553 do Código de Processo Civil. Trata-se de um procedimento especial *sui generis*, já que possui duas fases distintas.

A **primeira fase processual** serve para discutir se é ou não a hipótese de prestação de contas, e pode o requerido, entendendo cabível, já prestá-las na primeira fase. Porém, caso o requerido impugne o pedido de prestação de contas, caberá ao juiz decidir se elas são cabíveis ou não.

Caso o juiz entenda cabível, inicia-se a **segunda fase processual** própria para a prestação e apuração de contas, com seu julgamento ao final.

Pela figura abaixo é possível melhor compreendermos as fases processuais distintas:

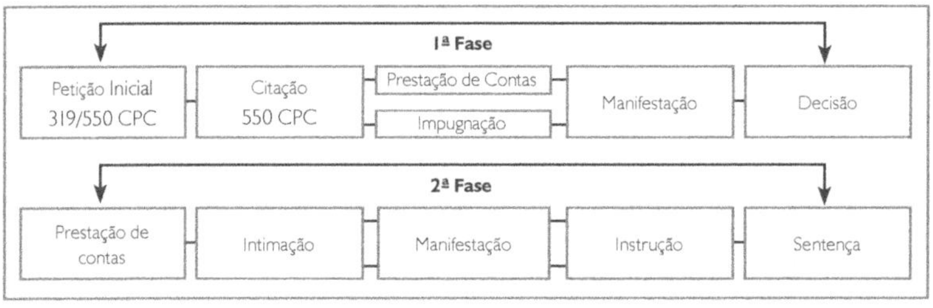

Dessa forma, podemos observar que, caso haja prestação de contas na primeira fase, o requerente poderá se manifestar e em seguida o juiz julga as contas prestadas, não havendo necessidade de segunda fase.

Uma segunda possibilidade seria a não impugnação do pedido de prestação de contas: nesse caso, o juiz julgaria as contas apresentadas pelo próprio requerente.

A terceira hipótese é a que inaugura a segunda fase processual, ou seja, caso haja impugnação ao pedido de prestação de contas, e entendendo que é o caso de prestação, o juiz determinará que o requerido apresente as contas para manifestação do requerente.

No § 1º do art. 550 do CPC, o legislador determina os requisitos específicos da petição inicial, devendo os demais requisitos gerais ser cumpridos conforme determina o art. 319, por aplicação subsidiária, assim como no caso da competência, pois uma vez não dispondo o legislador de regra própria, aplicam-se as regras gerais de competência.

8.2. IDENTIFICAÇÃO DA PEÇA

Para que possamos interpretar corretamente o problema do Exame de Ordem e identificar a peça como sendo uma ação de exigir contas, é necessário obter-se as seguintes informações:

Identificando a peça

Quem é meu cliente?	Sócio.
Existe processo? Se sim, qual o último andamento processual?	Não, não existiria um processo judicial em andamento, justamente por se tratar de uma petição inicial.
O que ele deseja?	Deseja a prestação de contas de quem compete prestá-las.

8.3. ESTRUTURA DA PEÇA

A seguir, observaremos a ficha da técnica com a estrutura para elaboração e propositura de uma ação de exigir contas:

Endereçamento	
Competência	Juízo do lugar onde o administrador deveria prestar contas (art. 53, IV, *b*, do CPC)
Preâmbulo	
Partes	Autor – sócio Réu – administrador

Nome da ação	AÇÃO DE EXIGIR CONTAS
Cabimento	art. 550 do CPC
DOS FATOS	
Fatos	Demonstrar a qualidade de sócio. Demonstrar a quem compete a administração societária. Demonstrar a recusa ou o descumprimento da obrigação.
DO DIREITO	
Fundamento legal	Art. 1.020 do CC
DOS PEDIDOS E REQUERIMENTOS	
Pedidos	Procedência da ação para determinar a prestação de contas, sob pena de serem consideradas verdadeiras as prestadas pelo requerente. É possível cumular com pedido de condenação ao pagamento de eventual saldo positivo em favor do autor, se for o caso.
Requerimentos	• citação; • condenação em custas processuais e honorários sucumbenciais; • intimação de atos processuais; • provas.
Valor da causa	Valor por estimativa.

Apresentamos na sequência um modelo de peça para uma ação de exigir contas:

Folha 1/3

EXCELENTÍSSIMO SENHOR DOUTOR JUIZ DE DIREITO DA ...... VARA .... DO FORO DA COMARCA DE .... - ......

.....................(nome), (nacionalidade), (estado civil), (profissão), portador da cédula de identidade n. ...., inscrito no CPF sob n. ...., residente e domiciliado na Rua ...., n. ....., ..., ... - ....., e-mail ...., por seu procurador, vem a presença de Vossa Excelência, na forma do art. 550 do CPC propor AÇÃO DE EXIGIR CONTAS, em face de ...., (nacionalidade), (estado civil), (profissão), portador da cédula de identidade n. ...., inscrito no CPF sob n. ...., residente e domiciliado na Rua ...., n. ....,

..........., ... - ......, e-mail ...., pelos fatos e fundamentos que passa a expor e ao final requer.

DOS FATOS

(narrativa dos fatos)

DO DIREITO

Estabelece o art. 550 do CPC que:

"Aquele que afirmar ser titular do direito de exigir contas requererá a citação do réu para que as preste ou ofereça contestação no prazo de 15 (quinze) dias".

Por outro lado, mesmo sendo o réu administrador da citada sociedade, conforme previsto no contrato social juntado, recusa-se a prestar contas,

Folha 2/3

contrariando o que estabelece o Código Civil:

"Art. 1.020. Os administradores são obrigados a prestar aos sócios contas justificadas de sua administração, e apresentar-lhes o inventário anualmente, bem como o balanço patrimonial e o de resultado econômico".

Desta forma, resta devidamente comprovada a titularidade do autor, na qualidade de sócio, para pedir contas, uma vez que era obrigação contratual do réu e que não foi satisfeita até o presente momento.

DO PEDIDO

Diante do exposto, requer a Vossa Excelência:

a) Seja julgado procedente o pedido, determinando a prestação das contas referentes a todo o ano de 2017 (último exercício fiscal), no prazo de 15 dias, ou apresente a impugnação, sob pena de serem julgadas procedentes as contas apresentadas pelo autor.

b) A citação do réu para prestar contas ou oferecer impugnação na forma da lei.

c) A condenação do Réu ao pagamento das custas, honorários e demais emolumentos.

d) Sejam as intimações de atos processuais realizadas em nome do advogado subscritor, que receberá intimações na Rua ______, n. ______, conforme art. 77, V, do CPC.

Requer provar o alegado por todos os meios de prova em direito admitidos, sem exclusão de nenhum.

Folha 3/3

Dá-se à causa o valor de R$.................. (............................).

Termos em que

pede deferimento

(local), ..., ... de ... de ...

ADVOGADO(A)

OAB/... n. ...

9

AÇÃO DE DISSOLUÇÃO PARCIAL DE SOCIEDADE

A ação de dissolução parcial de sociedade é o instrumento hábil para três finalidades possíveis. A primeira é para se **dissolverem as quotas** de determinado sócio, seja pela sua morte, retirada ou exclusão. A segunda é para **dissolver e liquidar as quotas** de determinado sócio, seja pela sua morte, retirada ou exclusão social. A terceira hipótese serve para se fazer a **liquidação das quotas** de sócio que já não esteja mais na sociedade, seja por morte, retirada ou exclusão.

É possível, ainda, uma quarta hipótese, em que o cônjuge ou companheiro do sócio, em virtude do rompimento do laço conjugal, requeira a **apuração dos haveres** da parte que lhe caiba em razão da comunicabilidade dos bens pelo regime de casamento.

Então, para uma melhor compreensão, apresentamos a seguir uma tabela de hipóteses com as respectivas teses jurídicas:

Teses jurídicas

Sócio falecido	Dissolução das quotas (art. 1.028 do CC; art. 599, III, do CPC)
Sócio falecido	Liquidação das quotas (art. 1.028 do CC; art. 599, III, do CPC)
Sócio falecido	Dissolução e liquidação das quotas (art. 1.028 do CC; art. 599, I e II, do CPC)
Sócio excluído	Dissolução das quotas (art. 1.030 do CC; art. 599, III, do CPC)
Sócio excluído	Liquidação das quotas (art. 1.030 do CC; art. 599, III, do CPC)
Sócio excluído	Dissolução e liquidação das quotas (art. 1.030 do CC; art. 599, I e II, do CPC)

Teses jurídicas

Sócio retirante	Dissolução das quotas (art. 1.029 do CC; art. 599, III, do CPC)
Sócio retirante	Liquidação das quotas (art. 1.029 do CC; art. 599, III, do CPC)
Sócio retirante	Dissolução e liquidação das quotas (art. 1.029 do CC; art. 599, I e II, do CPC)
Sócio minoritário de Sociedade Anônima de capital fechado	Dissolução e liquidação da sociedade (Art. 206, II, *b*, da Lei n. 6.404/76, § 2º do art. 599 do CPC)
Dissolução conjugal	Apuração de haveres (arts. 599 e 600, do CPC)

Em complemento a tais teses, estabelece o Supremo Tribunal Federal que na apuração dos haveres não pode ser utilizado balanço não aprovado pelo sócio falecido, excluído ou que se retirou, logo deve-se utilizar o último balanço por ele aprovado (Súmula 265 do STF).

É possível também que a sociedade pleiteie eventual pedido de indenização na ação, a ser abatida na apuração de haveres, caso haja saldo positivo em favor do ex-sócio (art. 602 do CPC).

9.1. PROCEDIMENTO

Como se trata de uma ação de procedimento especial, sua disciplina vem prevista nos arts. 599 a 609 do Código de Processo Civil. Trata-se de um procedimento especial *sui generis*, já que possui peculiaridades próprias.

Pela figura abaixo é possível melhor compreendermos o seu processamento:

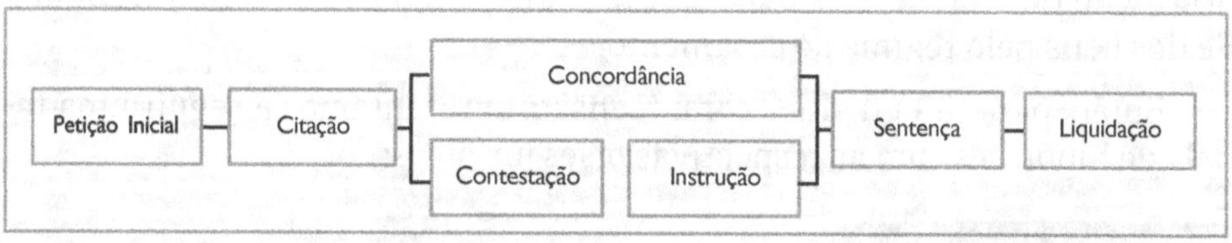

Em função da variedade de teses possíveis, a legitimidade da ação fica ampliada, podendo ser proposta:

- pelo espólio do sócio falecido;
- pelos herdeiros ou sucessores quando concluída a partilha;
- pela sociedade;
- pelo sócio;
- pelo cônjuge.

Devem-se observar, ainda, as regras para liquidação da sociedade (art. 606 do CPC) e a necessidade de fixação do termo de saída do sócio (art. 605 do CPC).

9.2. IDENTIFICAÇÃO DA PEÇA

Para que possamos interpretar corretamente o problema do Exame de Ordem e identificar a peça como sendo uma ação de dissolução parcial de sociedade, é necessário obter-se as seguintes informações:

Identificando a peça

Quem é meu cliente?	Sócio; sociedade; espólio; herdeiros ou sucessores; cônjuge.
Existe processo? Se sim, qual o último andamento processual?	Não, não existiria um processo judicial em andamento, justamente por se tratar de uma petição inicial.
O que ele deseja?	Deseja a resolução e/ou liquidação das quotas.

9.3. ESTRUTURA DA PEÇA

A seguir observaremos a ficha da técnica com a estrutura para elaboração e propositura de uma ação de dissolução parcial de sociedade:

Endereçamento	
Competência	Juízo do lugar onde está situada a sede da pessoa jurídica (art. 53, III, *a*, do CPC)
Preâmbulo	
Partes	Autor – sócio; sociedade; espólio; herdeiros ou sucessores; cônjuge Réu – sociedade; sócio
Nome da ação	AÇÃO DE DISSOLUÇÃO PARCIAL DE SOCIEDADE
Cabimento	art. 599 do CPC (inciso I, II ou III – de acordo com o pedido a ser formulado)
DOS FATOS	
Fatos	Demonstrar a qualidade de sócio. Demonstrar a hipótese de dissolução (se for o caso). Demonstrar a hipótese de liquidação (se for o caso).
DO DIREITO	
Fundamento legal	(ver quadro de teses jurídicas apresentado anteriormente)
DOS PEDIDOS E REQUERIMENTOS	
Pedidos	Procedência da ação para determinar a dissolução e/ou a liquidação parcial da sociedade.

Requerimentos	• citação; • determinar o termo inicial de dissolução; • condenação em custas processuais e honorários sucumbenciais; • intimação de atos processuais; • provas.
Valor da causa	Valor das quotas.

Apresentamos na sequência um modelo de peça para uma ação de dissolução parcial de sociedade:

Folha 1/4

EXCELENTÍSSIMO SENHOR DOUTOR JUIZ DE DIREITO DA ...... VARA .... DO FORO DA COMARCA DE .... - ......

......................(nome), (nacionalidade), (estado civil), (profissão), portador da cédula de identidade n. ...., inscrito no CPF sob n. ...., residente e domiciliado na Rua ...., n. ....., bairro ...., ... - ....., e-mail ...., neste ato representado por seu procurador constituído através do incluso Instrumento de Mandato, vem à presença de Vossa Excelência propor a presente AÇÃO DE DISSOLUÇÃO PARCIAL DE SOCIEDADE, com fundamento no art. 599, III, do CPC, em face de (nome empresarial), sociedade empresária inscrita no CNPJ sob n. ...., estabelecida na Rua ...., n. ......, bairro ...., ... - ..., e-mail ...., neste ato representada por seu administrador ....(nome), (nacionalidade), (estado civil), (profissão), portador da cédula de identidade n. ...., inscrito no CPF sob n. ...., residente e domiciliado na Rua ...., n. ...., bairro ...., ... - ......, e-mail .... pelos motivos de fato e de direito a seguir expostos:

DOS FATOS

(narrativa dos fatos)

DOS FUNDAMENTOS

Como o autor tornou-se único herdeiro do sócio ...., falecido em ...., figurou como titular da totalidade das cotas do falecido

Folha 2/4

na sociedade ré, sendo assim, é parte legítima para a propositura da presente ação, nos termos do art. 600, II, do Código de Processo Civil, como se vê:

"Art. 600. A ação pode ser proposta:
(...)
II - pelos sucessores, após concluída a partilha do sócio falecido".

No mesmo sentido, estabelece o Código Civil que:

"Art. 1.028. No caso de morte de sócio, liquidar-se-á sua quota, salvo: (...)".

Como no contrato em questão não havia previsão de resolução das quotas de sócio falecido e não havendo interesse do sucessor em permanecer na sociedade-ré, a dissolução das quotas se faz necessária.

Diante de tal situação, por várias vezes o autor procurou os demais sócios da ré, no sentido de solucionar espontaneamente a questão, mas sempre esbarrou na recusa e inércia deles.

Para solução desse tipo de controvérsia, estabelece o mesmo Código de Processo Civil que:

"Art. 599. A ação de dissolução parcial de sociedade pode ter por objeto:

I - a resolução da sociedade empresária contratual ou simples em relação ao sócio falecido, excluído ou que exerceu o direito de retirada ou recesso; e

II - a apuração dos haveres do sócio falecido, excluído ou que exerceu o direito de retirada ou recesso".

Folha 3/4

Ante as dificuldades encontradas para a resolução com os sócios da sociedade-ré, não resta outra alternativa ao autor se não buscar respaldo judicial para a dissolução parcial da sociedade e apuração de haveres que lhe são de direito.

Diante do exposto requer:

a) A citação da ré para, querendo, concordar com o presente pedido ou contestar à presente ação no prazo de 15 dias (art. 601), sob pena de sofrer os efeitos da revelia.

b) A procedência da ação para decretar a dissolução parcial das quotas sociais do falecido e condenar a ré a pagar os respectivos haveres devidos ao autor, que devem ser apurados em fase de liquidação.

c) Requer Vossa Excelência se digne em determinar o termo inicial da dissolução de acordo com a data de falecimento do sócio, bem como fixar o critério de apuração de haveres, ante a ausência de critérios contratuais estabelecidos.

d) Seja condenada a ré a arcar com as custas processuais e honorários sucumbenciais.

e) Requer sejam as intimações de atos processuais realizadas em nome do advogado subscritor, que receberá intimações na Rua _______, n. _______, conforme art. 77, V, do CPC.

Por fim, requer provar o alegado por todos os meios de prova admitidos em direito, especialmente pela nomeação de perito para apurar os valores das respectivas quotas sociais.

Dá-se à causa o valor de R$................. (..........................).

Termos em que

Folha 4/4

pede deferimento

(local), ..., ... de ... de ...

ADVOGADO(A)

OAB/... n. ...

10

MANDADO DE SEGURANÇA

O mandado de segurança é uma medida judicial essencial na defesa dos interesses da sociedade, mais especificamente contra ameaça ou lesão a direito praticada pelo poder público ou por agente de pessoa jurídica de direito privado no exercício de atribuições do poder público. Trata-se, portanto, de uma medida de urgência em favor da sociedade, na defesa dos seus direitos legalmente previstos, sempre que houver abuso por parte de autoridade.

Sua previsão encontra-se amparada pela Constituição Federal (art. 5º, LXIX) e pela Lei do Mandado de Segurança (Lei n. 12.016/2009). Como se trata de uma medida de urgência, a nossa primeira necessidade é distinguir a sua utilização das medidas de urgência (tutelas de urgência) previstas no Código de Processo Civil (art. 300 do CPC), assim observadas:

Aplicação

Tutelas de urgência art. 300 do CPC	As tutelas de urgência antecipada e cautelar diferem do Mandado de Segurança, uma vez que são propostas contra pessoas ou entidades privadas.
Mandado de Segurança	O MS tem cabimento nas hipóteses de ameaça ou lesão a direito cometido por autoridade coatora, que é uma autoridade pública ou uma pessoa privada no exercício de atribuições do poder público.

Como se trata de uma medida judicial para combater ato praticado pelo Estado, possui requisitos rígidos que devem ser verificados e demonstrados na peça processual, a saber:

- direito líquido e certo;
- abuso de poder;
- violação de direito ou justo receio de violação;
- prova pré-constituída;
- autoridade coatora.

O **direito líquido e certo** vem consubstanciado pela existência do direito dentro da lei, e cujos requisitos para obtenção já estejam preenchidos. Então trata-se de um direito legal e que já possa ser exercido pela sociedade.

O **abuso de poder** é caracterizado pelo ato excessivo da autoridade contrário aos requisitos legalmente estabelecidos.

A **violação de direito** se caracteriza por um ato que desrespeitou um direito líquido e certo; já o **justo receio de violação**, caracterizado pela ameaça, é o conhecimento de que a autoridade coatora possa, em momento futuro, desrespeitar direito líquido e certo.

A **prova pré-constituída** é um requisito essencial até para se identificar a hipótese de mandado de segurança, já que o MS não permite a produção de provas no curso do processo, ou seja, o impetrante já deve apresentar as provas junto com a petição inicial.

A **autoridade coatora** é uma autoridade pública ou pessoa no exercício do poder público. Nesse caso, temos que ter em mente uma peculiaridade do mandado de segurança, qual seja, o fato de ser impetrado contra o ato da autoridade, e não contra a autoridade, como veremos adiante na estrutura da peça.

10.1. PROCEDIMENTO

O processamento do Mandado de Segurança se faz com a observância do disposto nos arts. 10 a 27 da Lei n. 12.016/2009. Trata-se de um procedimento processual especial atípico, já que não possui citação, e sim notificação para a autoridade coatora prestar as informações necessárias para esclarecimento dos fatos no prazo de 10 (dez) dias, sendo dispensada, portanto, a instrução processual, o que permite o julgamento de forma mais célere.

No que tange à competência, esta se fixa de acordo com a autoridade coatora em questão, de forma que, se a autoridade for municipal ou estadual, o mandado se submete à Justiça Estadual e, sendo federal a autoridade, submete-se à Justiça Federal.

De forma a solucionar a questão de urgência, se for o caso, é importante que não se esqueça de pleitear a concessão de medida liminar, o que é feito na própria petição inicial, com fundamentação própria.

Pela figura abaixo é possível melhor compreendermos o seu processamento:

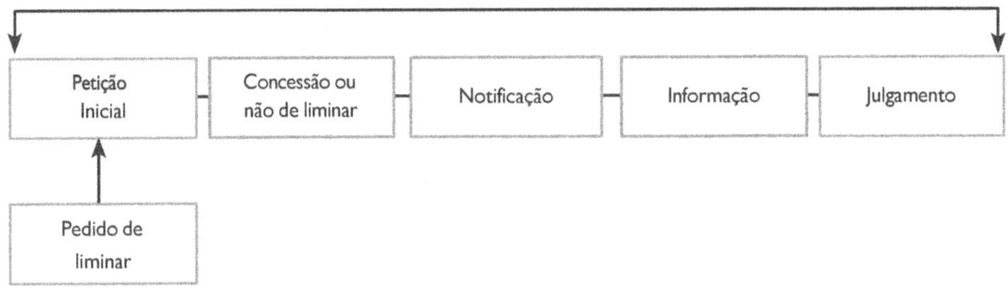

Outro fator importante e que influencia diretamente na elaboração da petição inicial é o fato de que não existe em mandado de segurança condenação em verbas sucumbenciais e custas processuais. Além do que, como existe um interesse público no julgamento, é necessário acrescentarmos requerimento de intimação do Ministério Público e de ciência ao órgão de representação judicial da autoridade coatora.

10.2. IDENTIFICAÇÃO DA PEÇA

Para que possamos interpretar corretamente o problema do Exame de Ordem e identificar a peça como sendo um mandado de segurança, é necessário obter-se as seguintes informações:

Identificando a peça

Quem é meu cliente?	Sociedade ou empresário individual.
Existe processo? Se sim, qual o último andamento processual?	Não, não existiria um processo judicial em andamento, justamente por se tratar de uma petição inicial.
O que ele deseja?	Deseja se insurgir com abuso praticado pela autoridade coatora que gere lesão ou ameaça a um direito líquido e certo.

10.3. ESTRUTURA DA PEÇA

A seguir, observaremos a ficha da técnica com a estrutura para elaboração e propositura de um mandado de segurança:

Endereçamento	
Competência	Juízo do domicílio do autor ou no de ocorrência do ato da: • Justiça Federal (art. 51, parágrafo único, do CPC c/c art. 109 do CF) • Justiça Estadual (art. 52, parágrafo único, do CPC)

Preâmbulo	
Parte	Impetrante – sociedade ou empresário individual
Nome da ação	MANDADO DE SEGURANÇA COM PEDIDO DE LIMINAR
Cabimento	Art. 5º, LXIX, da CF c/c art. 1º da Lei n. 12.016/2009
DOS FATOS	
Fatos	Demonstrar direito líquido e certo. Demonstrar abuso de autoridade. Demonstrar ameaça ou lesão a direito. Demonstrar necessidade de urgência da medida.
DO DIREITO	
Fundamento legal	Será o direito líquido e certo violado.
DOS PEDIDOS E REQUERIMENTOS	
Pedidos	Procedência da medida para concessão da segurança. Concessão de medida liminar.
Requerimentos	• notificação da autoridade para prestar informações em 10 dias; • dar ciência ao órgão de representação judicial da autoridade; • intimação do Ministério Público; • intimação de atos processuais; • provas.
Valor da causa	Valor por estimativa.

Apresentamos na sequência um modelo de peça para um mandado de segurança:

▾ Folha 1/4

EXCELENTÍSSIMO SENHOR DOUTOR JUIZ DE DIREITO DA ..... VARA .... DO FORO DA COMARCA DE .... – .....

ou

EXCELENTÍSSIMO SENHOR DOUTOR JUIZ FEDERAL DA .... VARA CÍVEL DA SEÇÃO JUDICIÁRIA DA JUSTIÇA FEDERAL DE .... – ....

......................(nome), (nacionalidade), (estado civil), (profissão), portador da cédula de identidade n. ...., inscrito no CPF sob n. ...., residente e domiciliado na Rua ...., n. ....., bairro ...., ... - ...., e-mail ...., neste ato representado por seu procurador constituído através do incluso Instrumento de Mandato, vem à presença de Vossa Excelência impetrar o presente MANDADO DE SEGURANÇA, com fundamento no art. 5º, LXIX, da Constituição Federal e art. 1º da Lei n. 12.016/2009, contra ato praticado pelo Presidente da Junta Comercial do Estado de .... (nome), pelos motivos de fato e de direito a seguir expostos:

DOS FATOS

(narrativa dos fatos)

DOS FUNDAMENTOS

Trata-se de mandado de segurança impetrado contra ato do Presidente da Junta Comercial de .... - ...., que negou o registro do

Folha 2/4

impetrante na qualidade de empresário individual no ramo de vendedor de livros, conforme documentação que ora se junta (docs. ....).

A negativa do registro tem por alegação a ausência de objeto social determinado e claro.

Ocorre, porém, como se verifica da anexa ficha de inscrição individual, que constou claramente como objeto "venda de livros didáticos e afins", cumprindo assim o que determina o Código Civil:

"Art. 968. A inscrição do empresário far-se-á mediante requerimento que contenha: (...) IV - o objeto e a sede da empresa".

Por outro lado, estabelece a Constituição Federal, em seu art. 5º, que:

"LXIX - conceder-se-á mandado de segurança para proteger direito líquido e certo, não amparado por 'habeas corpus' ou 'habeas' 'data', quando o responsável pela ilegalidade ou abuso de poder for autoridade pública ou agente de pessoa jurídica no exercício de atribuições do Poder Público".

Ademais, acrescenta a Lei n. 12.016/2009 que:

"Art. 1º Conceder-se-á mandado de segurança para proteger direito líquido e certo, não amparado por 'habeas corpus' ou 'habeas data', sempre que, ilegalmente ou com abuso de poder, qualquer pessoa física ou jurídica sofrer violação ou houver justo receio de sofrê-la por parte de autoridade, seja de que categoria for e sejam quais forem as funções que exerça".

Assim sendo, não resta outra alternativa ao impetrante, senão a impetração do presente mandado de segurança.

▾ Folha 3/4

DA LIMINAR

É de se observar que nenhuma justificativa existe para o indeferimento verificado

Por outro lado, uma vez indeferido o registro, não possui o impetrante condições de exercício regular de sua atividade, razão pela qual, presentes estão os requisitos do <u>fumus boni juris</u> caracterizado pelo fundamento anteriormente apresentado e do <u>periculum in mora</u> considerando que, não havendo outra possibilidade de obtenção do registro, impedido está o exercício imediato da atividade empresarial.

Determina a Lei n. 12.016/2009 que:

"Art. 7º. Ao despachar a inicial, o juiz ordenará:

(...)

III - que se suspenda o ato que deu motivo ao pedido, quando houver fundamento relevante e do ato impugnado puder resultar a ineficácia da medida, (...)".

Assim sendo, presentes estão os requisitos para concessão de medida liminar para viabilizar o imediato registro empresarial do impetrante.

DOS PEDIDOS E REQUERIMENTOS

Requer desde já seja concedida medida liminar para determinar o imediato registro empresarial do impetrante na qualidade de empresário individual.

Requer seja ao final julgado procedente o presente pedido para manutenção definitiva da medida liminar que ora se pleiteia, com a concessão da segurança.

Requer seja notificada a autoridade coatora para prestar as informações

Folha 4/4

necessárias no prazo de 10 (dez) dias.

Requer seja dada ciência à Procuradoria do Estado, por ser o órgão de representação judicial da impetrada.

Requer a intimação do representante do Ministério Público, para que, querendo, acompanhe o trâmite dos presentes autos e ofereça eventual manifestação.

Requer sejam as intimações de atos processuais realizadas em nome do advogado subscritor, que receberá intimações na Rua __________, n. ____, conforme art. 77, V, do CPC.

Requer provar o alegado por todos os meios de prova em direito admitidos, em especial pela prova documental.

Dá-se à causa o valor de R$.................. (...........................).

Termos em que
pede deferimento

(local), ..., ... de ... de ...

ADVOGADO(A)
OAB/... n. ...

PARTE III

MEDIDAS JUDICIAIS NA LEI DE PROPRIEDADE INDUSTRIAL

1

DIREITO DE PROPRIEDADE INDUSTRIAL

O direito de propriedade industrial vem inserido em um contexto maior, que é o direito à propriedade intelectual. Assim sendo, os bens intelectuais, que são aqueles desenvolvidos pelo intelecto humano, constituem um gênero de direitos denominados de propriedade intelectual, protegidos constitucionalmente (art. 5º, XXVII), e esse gênero comporta três espécies: direitos autorais, direitos sobre *softwares* e direitos de propriedade industrial.

Os **direitos de propriedade industrial**, por sua vez, recaem sobre o registro de marcas e desenho industrial e sobre a patente de invenções e modelos de utilidades, além das indicações geográficas.

No gráfico a seguir é possível compreender essa estrutura de direitos da propriedade intelectual, com a inserção dos direitos de propriedade industrial em seu contexto:

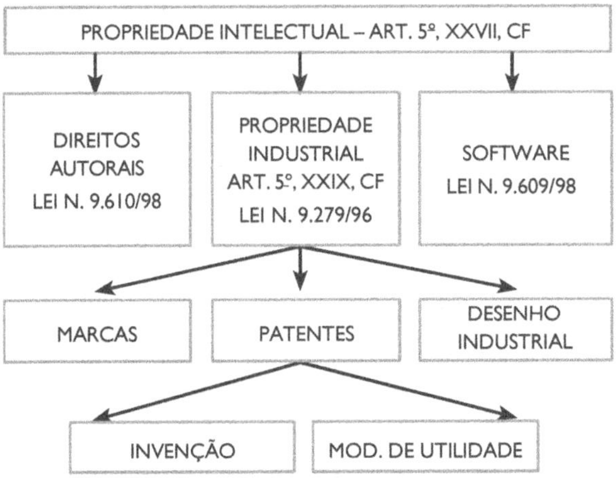

Nesse contexto, devemos observar que, ao tratarmos de direitos de propriedade industrial, devemos excluir os direitos autorais (livros, revistas, peças, escritos e manuscritos), já que a proteção se dá pela Lei n. 9.610/98, e os direitos sobre *softwares* (aplicativos de computadores e dispositivos assemelhados), protegidos pela Lei n. 9.609/98.

Ainda temos de considerar que as descobertas, que são bens produzidos pela própria natureza (exemplos: cupuaçu, cacau, guaraná etc.), também são excluídos do conjunto de bens protegidos pelo direito de propriedade industrial. Em complemento, tudo o quanto for de caráter oficial (símbolos, nomes e bandeiras), por pertencer ao Estado, também não pode ser objeto de exploração empresarial, sendo excluído do conjunto de bens de propriedade industrial.

2

PROTEÇÃO JURÍDICA DOS BENS DE PROPRIEDADE INDUSTRIAL

Em relação aos direitos de propriedade industrial, a sua proteção jurídica nasce através do Tratado Internacional de Propriedade Industrial – TRIPs e se consolida através da Lei n. 9.279/96; do art. 36, § 3º, XIV e XIX, da Lei n. 12.529/2011; e do art. 39 do Código de Defesa do Consumidor.

Logo, assim se verifica o conjunto de bens à luz do direito de propriedade industrial:

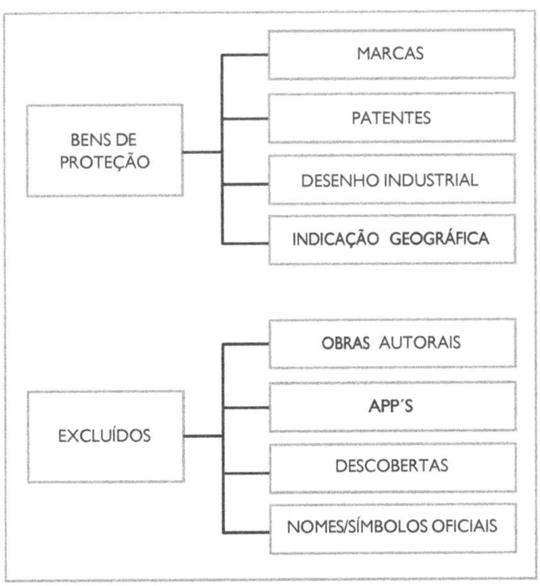

Com essa estrutura, os bens de propriedade industrial gozam de tratamento próprio, sendo que cada um deles possui requisitos específicos para que seja protegido legalmente a partir do ato de registro e patente junto ao INPI – Instituto Nacional de Propriedade Industrial, a saber:

Patente de invenção

Previsão legal	Art. 8º da Lei n. 9.279/96
Conceito	A patente de invenção é conferida para a concepção resultante do exercício da capacidade de criação do homem, que represente uma solução para um problema técnico específico dentro de um determinado campo tecnológico e que possa ser fabricada ou utilizada industrialmente.
Requisitos	a) novidade: ser distinta de todos os outros já existentes; b) atividade inventiva: que tenha sido objeto de criação do intelecto humano; c) industrializável: que seja suscetível de aplicação industrial.
Vigência	Mínimo de 10 anos e máximo de 20 anos

Patente de modelo de utilidade

Previsão legal	Art. 9º da Lei n. 9.279/96
Conceito	A patente de modelo de utilidade é conferida para a forma ou disposição introduzida em objeto que se preste a um trabalho ou uso prático, visando à sua melhor utilização.
Requisitos	a) novidade: ser distinto de todos os outros já existentes; b) industrializável: que seja suscetível de aplicação industrial; c) ser acoplável a um objeto já existente.
Vigência	Mínimo de 7 anos e máximo de 15 anos

Desenho industrial

Previsão legal	Art. 95 da Lei n. 9.279/96
Conceito	O desenho industrial é a concepção física de determinado objeto que tenha ou venha a ser industrializável, portanto, para proteger o design de determinado produto.
Requisitos	a) forma plástica: trata-se do desenho da concepção física do produto; b) industrializável: que seja suscetível de aplicação industrial; c) originalidade: que não seja idêntico a outro já existente.
Vigência	10 anos renováveis por três períodos sucessivos de 5 anos cada

Marca

Previsão legal	Art. 122 da Lei n. 9.279/96
Conceito	É o nome, traço distintivo ou sinal gráfico visualmente perceptíveis que representem um produto ou serviço de tal forma que permita a sua identificação e individualização.
Requisitos	a) distintividade: características que as distingam das demais marcas registradas existentes; b) novidade: não pode existir outra marca idêntica para produto ou serviço da mesma natureza; c) veracidade: não pode induzir o consumidor a erro por falsa indicação.
Vigência	10 anos renováveis por iguais períodos sucessivos sem qualquer limite máximo

Na proteção desses direitos, é possível então a utilização das seguintes ações judiciais:

- Ação de obrigação de não fazer (ação de abstenção);
- Ação de nulidade de marcas, patentes e desenho industrial;
- Ação de adjudicação de marcas, patentes e desenho industrial;
- Ação indenizatória.

Sobre tais ações, é importante ressaltar que apenas as ações de nulidade e de adjudicação possuem procedimento especial previsto na Lei n. 9.279/96 e tramitam perante a Justiça Federal. As demais são ações de procedimento comum e tramitam perante a Justiça Estadual.

Essas duas ações (nulidade e adjudicação) ainda possuem como particularidade a obrigatoriedade de intervenção do INPI – Instituto Nacional de Propriedade Industrial, já que é o órgão responsável pelo registro de marcas, patentes e desenhos industriais.

Além disso, ainda em relação ao uso dessas ações, é importante verificarmos que a Lei n. 9.279/96, vai além dos bens de propriedade industrial, protegendo também nome empresarial, título do estabelecimento e coibindo a prática de atos anticoncorrenciais cometidos contra o empresário.

3

AÇÃO DE OBRIGAÇÃO DE NÃO FAZER OU AÇÃO DE ABSTENÇÃO

A ação de obrigação de fazer ou não fazer é o meio judicial necessário para coibir o uso indevido de bens de propriedade industrial. Também conhecida como ação de abstenção, serve para impedir que terceiro use, sem autorização, uma marca, patente ou desenho industrial.

Essa medida judicial pode ainda ser utilizada para impedir que terceiro, sem autorização, faço uso de título do estabelecimento (nome fantasia) ou do nome empresarial (razão social), bem como serve para impedir ato de concorrência desleal praticado por terceiro.

Dessa forma, assim se verificam as teses jurídicas possíveis na elaboração de ação de obrigação de fazer ou não fazer:

Teses jurídicas

Uso indevido de patente	Arts. 42 e 207 da Lei n. 9.279/96
Uso indevido de desenho industrial	Arts. 109 e 207 da Lei n. 9.279/96
Uso indevido de marca	Arts. 130 e 207 da Lei n. 9.279/96
Uso indevido de nome empresarial	Arts. 191 e 207 da Lei n. 9.279/96
Uso indevido de título do estabelecimento	Arts. 191 e 207 da Lei n. 9.279/96s
Coibir ato de concorrência desleal	Arts. 195 e 207 da Lei n. 9.279/96s

Cabe ainda pontuar que, por se tratar de uma ação de obrigação de não fazer, nas hipóteses em que o ato indevido for praticado por alguém que tenha firmado um negócio jurídico com a vítima, deverá ser explorado o art. 251 do Código Civil.

No tocante à última tese apresentada, concorrência desleal, é importante esclarecer uma dúvida comum e possível acerca do instituto: é que o instituto vem disciplinado em dois diplomas legislativo distintos (Lei n. 9.279/96 e Lei 12.529/2011).

Para saber quando se utiliza um ou outro, é necessário identificarmos quem é a vítima do ato de concorrência desleal: se o ato foi praticado contra o **mercado** como um todo, sem uma vítima específica, trata-se da aplicação da Lei n. 12.579/2011; já quando o ato for praticado diretamente contra uma determinada vítima (exemplo: empresário ou sociedade empresária), trata-se da aplicação da Lei n. 9.279/96.

3.1. PROCEDIMENTO

Para essa ação não existe procedimento especial, razão pela qual se aplica o procedimento comum previsto no Código de Processo Civil com todas as suas regras.

Tampouco aqui se faz menção à competência da Justiça Federal para o seu processamento, já que, de acordo com o que preceitua o art. 109 da Constituição Federal, tal competência dependeria da presença do INPI, o que não é necessário nesse caso, já que se trata de uma relação jurídica entre ofensor e ofendido, sem a necessidade de intervenção do Estado.

Diante da gravidade que é a utilização indevida de marca, patente, desenho industrial, nome empresarial, título de estabelecimento ou a prática de ato anticoncorrencial, é possível se pleitear na petição inicial uma tutela de urgência para proteção imediata do bem protegido pela Lei de Propriedade Industrial.

3.2. IDENTIFICAÇÃO DA PEÇA

Para que possamos interpretar corretamente o problema do Exame de Ordem e identificar a peça como sendo uma ação de obrigação de não fazer, é necessário obter-se as seguintes informações:

Identificando a peça

Quem é meu cliente?	Titular do direito protegido e/ou vítima do ato de concorrência desleal.
Existe processo? Se sim, qual o último andamento processual?	Não, não existiria um processo judicial em andamento, justamente por se tratar de uma petição inicial.
O que ele deseja?	Que o ofensor se abstenha da prática do ato de uso indevido ou do ato de concorrência desleal. É possível, também, pleitear cumulativamente uma indenização por eventuais prejuízos decorrentes do mesmo ato.

3.3. ESTRUTURA DA PEÇA

A seguir observaremos a ficha da técnica com a estrutura para elaboração e propositura da ação de obrigação de não fazer:

Endereçamento	
Competência	Juízo do lugar onde a obrigação deve ser satisfeita (art. 53, III, *d*, do CPC)
Preâmbulo	
Partes	Autor – titular do direito ou vítima do ato de concorrência desleal Réu – ofensor
Nome da ação	AÇÃO DE OBRIGAÇÃO DE NÃO FAZER
Cabimento	Art. 318 do CPC
DOS FATOS	
Fatos	Demonstração da titularidade do direito de propriedade industrial. Demonstração do uso indevido de bem protegido pela LPI ou ato anticoncorrencial.
DO DIREITO	
Fundamento legal	Tese específica (ver tabela de teses jurídicas) + eventual tese referente ao negócio jurídico existente entre as partes, se for o caso. Se houve negócio jurídico entre as partes, usar o art. 251 do CC.
DOS PEDIDOS E REQUERIMENTOS	
Pedidos	Procedência da ação para que o ofensor se abstenha da prática do ato. É possível também se cumular com pedido de indenização, caso haja demonstração do prejuízo causado pelo ato infrator.
Requerimentos	• citação; • condenação em custas processuais e honorários sucumbenciais; • realização ou não de audiência; • intimação de atos processuais; • provas.
Valor da causa	Valor por estimativa ou valor do dano, quando for o caso.

Apresentamos na sequência um modelo de peça para ação de obrigação de não fazer:

Folha 1/3

01	EXCELENTÍSSIMO SENHOR DOUTOR JUIZ DE DIREITO DA .... VARA
02	.... DO FORO DA COMARCA DE .... - ....
03	
04	
05	
06	

..................(nome empresarial), empresa devidamente inscrita no Ministério da Fazenda sob CNPJ n. ...., estabelecida na Rua ...., n. ....., bairro ...., ... - ....., e-mail ...., por seu administrador, ...(nome), (nacionalidade), (estado civil), (profissão), portador da cédula de identidade n. ...., inscrito no CPF sob n. ...., residente e domiciliado na Rua ...., n. ....., bairro ...., ... - ...., e-mail .... neste ato representada por seu procurador devidamente constituído através do incluso Instrumento de Mandato (doc. ....), vem à presença de Vossa Excelência propor a presente AÇÃO DE OBRIGAÇÃO DE NÃO FAZER com fundamento no art. 318 do CPC, em face de ....(nome), (nacionalidade), (estado civil), (profissão), portador da cédula de identidade n. ...., inscrito no CPF sob n. ...., residente e domiciliado na Rua ...., n. ....., bairro ...., ... - ...., e-mail ...., pelos motivos de fato e de direito a seguir expostos:

DOS FATOS

(narrativa dos fatos)

DOS FUNDAMENTOS

Pela análise dos fatos verifica-se que a Requerente é titular da

Folha 2/3

patente do medicamento ...., conforme certificado juntado aos autos.

Na qualidade de titular da patente, possui os direitos assim segurados pelo legislador através da Lei n. 9.279/96:

> "Art. 42. A patente confere ao seu titular o direito de impedir terceiro, sem o seu consentimento, de produzir, usar, colocar à venda, vender ou importar com estes propósitos (...)".

Acrescenta ainda o legislador no mesmo diploma que:

"Art. 207. Independentemente da ação criminal, o prejudicado poderá intentar as ações cíveis que considerar cabíveis na forma do Código de Processo Civil".

Claro está, pela narrativa dos fatos constante anteriormente, que o Requerido vem, sem possuir qualquer tipo de licença, produzindo o medicamento ...., que, embora utilize nome diverso, possui o mesmo princípio ativo.

Cabe lembrar que a referida patente encontra-se em plena vigência, o que garante ao seu titular exclusividade sobre sua exploração, conforme dispositivo já mencionado.

Assim sendo, não restou outra alternativa a Requerente senão a propositura da presente ação.

CONCLUSÃO

Posto isto, pede a Requerente seja julgada procedente a presente ação para determinar que o Requerido se abstenha da fabricação do medicamento ....

Folha 3/3

Requer a citação do Requerido, para que, querendo, responda à presente ação, sob pena de sofrer os efeitos da revelia.

Requer desde já a designação de audiência para tentativa de conciliação.

Requer também seja o Requerido condenado a pagar honorários sucumbenciais e custas processuais.

Requer a intimação dos atos processuais em nome do advogado subscritor, que receberá intimações na Rua _______________, n. ________, conforme art. 77, V, do CPC.

Requer provar o alegado por todas as formas em direito admitidas, sem exclusão de nenhuma, em especial pelo depoimento pessoal do Requerido, oitiva de testemunhas e outras que se fizerem necessárias à instrução do presente feito.

Dá-se à causa o valor de R$................. (..........................).

Termos em que

pede deferimento

(local), ..., ... de ... de ...

ADVOGADO(A)

OAB/... n. ...

4

AÇÃO DE NULIDADE DE MARCAS, PATENTES E DESENHO INDUSTRIAL

A ação de nulidade marcas, patentes e desenho industrial é uma ação que tem por objeto declarar a nulidade do registro de uma marca ou desenho industrial ou a nulidade de uma patente de invenção ou de modelo de utilidade.

Dessa forma, assim se verificam as teses jurídicas possíveis para declaração de nulidade de patente ou de registros de marca ou desenho industrial:

Teses jurídicas

Nulidade de patente de invenção ou modelo de utilidade	Art. 46 da Lei n. 9.279/96
Nulidade de registro de desenho industrial	Art. 112 da Lei n. 9.279/96
Nulidade de registro de marca	Art. 165 da Lei n. 9.279/96

É importante ressaltar que deverá ser apontada a infringência específica de dispositivo legal que torne a patente ou o registro nulos.

4.1. PROCEDIMENTO

Trata-se de ação de procedimento especial previsto na Lei n. 9.279/96, assim distribuído:

Teses jurídicas

Ação de nulidade de patente	Arts. 56 e 57 da Lei n. 9.279/96
Ação de nulidade de desenho industrial	Art. 118 c/c arts. 56 e 57 da Lei n. 9.279/96
Ação de nulidade de marca	Arts. 173 a 175 da Lei n. 9.279/96

No tocante à competência, todas as ações tramitam perante a Justiça Federal, já que o INPI poderá figurar como parte, e independentemente disso, deverá figurar como interveniente (arts. 57 e 175 da Lei n. 9.279/96).

Considerando a participação do INPI, poderá ele figurar na ação como autor ou como réu, dependendo do caso concreto. Na hipótese de figurar como réu, será na realidade corréu, já que o detentor da patente ou do registro indevido figurará também como réu, aliás, como primeiro réu da ação.

Em relação ao prazo de propositura da ação, sendo ela para declarar a nulidade de patente de modelo de utilidade ou invenção, poderá ser proposta a qualquer tempo durante a vigência da patente (art. 56 da Lei n. 9.279/96); no caso de nulidade de registro de desenho industrial, deverá ser proposta também durante o tempo de vigência do registro (118 c/c art. 56 da Lei n. 9.279/96); já no caso de marcas, o prazo será de 5 (cinco) anos contados da concessão do registro (art. 174 da Lei n. 9.279/96).

Como se trata de um procedimento especial, apresentamos a seguir a linha processual para compreensão do procedimento:

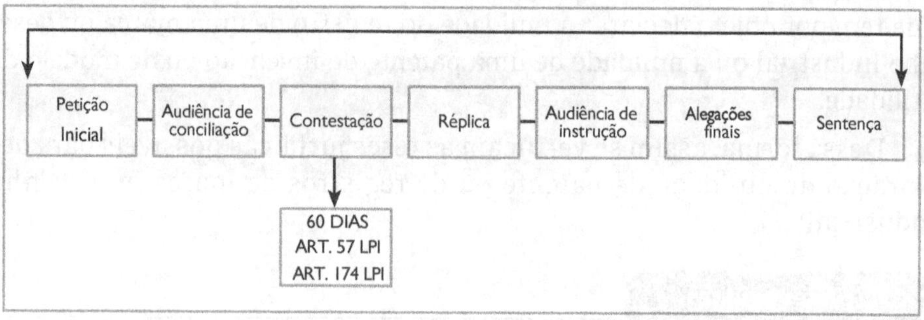

É possível, ainda, cumular com o pedido de declaração de nulidade um pedido de adjudicação da marca, patente ou desenho industrial, o que também poderá ser formulado em ação própria como veremos adiante.

4.2. IDENTIFICAÇÃO DA PEÇA

Para que possamos interpretar corretamente o problema do Exame de Ordem e identificar a peça como sendo uma ação de nulidade, é necessário obter-se as seguintes informações:

Identificando a peça

Quem é meu cliente?	INPI ou o interessado na nulidade.
Existe processo? Se sim, qual o último andamento processual?	Não, não existiria um processo judicial em andamento, justamente por se tratar de uma petição inicial.
O que ele deseja?	A declaração de nulidade do registro ou da patente em razão de infringência legal no ato de sua concessão.

4.3. ESTRUTURA DA PEÇA

A seguir observaremos a ficha da técnica com a estrutura para elaboração e propositura da ação de nulidade:

Endereçamento	
Competência	Justiça Federal do local onde o ato foi praticado (exemplo: uma empresa de SP pede o registro de uma marca no escritório regional do INPI em SP) (arts. 57 ou 175 da Lei n. 9.279/96).
Preâmbulo	
Partes	Autor – INPI ou interessado na nulidade Réu – pessoa que obteve o direito com infringência legal + INPI (caso ele não seja o autor da ação)
Nome da ação	AÇÃO DE NULIDADE (DE MARCA, PATENTE OU DESENHO INDUSTRIAL)
Cabimento	arts. 56 (patente); 118 (desenho industrial) e 173 (marca), todos da Lei n. 9.279/96
DOS FATOS	
Fatos	Demonstrar a legitimidade para pleitear a nulidade. Demonstrar o registro ou a patente em favor de outrem. Demonstrar a ilegalidade na concessão do registro ou patente. Demonstrar tempestividade.
DO DIREITO	
Fundamento legal	Tese específica (ver tabela de teses jurídicas)
DOS PEDIDOS E REQUERIMENTOS	
Pedidos	Procedência da ação para declaração de nulidade.
Requerimentos	• citação para contestação no prazo de "60 dias"; • condenação em custas processuais e honorários sucumbenciais; • realização ou não de audiência; • intimação de atos processuais; • provas.
Valor da causa	Valor do bem de propriedade industrial.

Apresentamos na sequência um modelo de peça para ação de nulidade:

Folha 1/3

EXCELENTÍSSIMO SENHOR DOUTOR JUIZ FEDERAL DA .... VARA
CÍVEL DA SEÇÃO JUDICIÁRIA DA JUSTIÇA FEDERAL DE.............
.... – ....

........................(nome), (nacionalidade), (estado civil), (profissão), portador da cédula de identidade n. ...., inscrito no CPF sob n. ...., residente e domiciliado na Rua ...., n. ....., bairro ...., ... - ...., e-mail .... neste ato representada por seu procurador devidamente constituído através do incluso Instrumento de Mandato (doc. .....), vem à presença de Vossa Excelência propor a presente AÇÃO DE NULIDADE DE MARCA com fundamento nos arts. 165 e 173 da Lei n. 9.279/96, em face de ....(nome), (nacionalidade), (estado civil), (profissão), portador da cédula de identidade n. ...., inscrito no CPF sob n. ...., residente e domiciliado na Rua ...., n. ...., bairro ...., ... - ....., e-mail ...., e INPI - Instituto Nacional de Propriedade Industrial, autarquia federal, inscrita no CNPJ sob n. ...., com sede na Rua ...., n. ....., bairro ...., ... - ..., e-mail ...., pelos motivos de fato e de direito a seguir expostos:

DOS FATOS

(narrativa dos fatos)

DOS FUNDAMENTOS

Folha 2/3

Pela análise dos fatos verifica-se que a marca .... foi concedida ao primeiro Requerido pelo segundo Requerido, mesmo após oposição oferecida pelo Requerente.

Acontece que a Lei n. 9.279/96, assim dispõe:

"Art. 124. Não são registráveis como marca:

(...)

XV - nome civil ou sua assinatura, nome de família ou patronímico e imagem de terceiros, salvo com consentimento do titular, herdeiros ou sucessores".

No entanto, mesmo após oposição demonstrando que a marca .... compreende nome civil da família do Requerente, e, mesmo sem possuir qualquer relação com o nome do primeiro Requerido, concedeu o segundo Requerido, de forma indevida, o respectivo registro.

O mesmo diploma legal citado prevê que:

"Art. 173 LPI. A ação de nulidade poderá ser proposta pelo INPI ou por qualquer pessoa com legítimo interesse".

Acrescente-se, ainda, que a presente ação é tempestiva, considerando-se que ainda não decorreram os 5 (cinco) anos de concessão do registro, conforme estabelece a Lei n. 9.279/96:

"Art. 174 LPI. Prescreve em 5 (cinco) anos a ação para declarar a nulidade do registro, contados da data da sua concessão".

Claro está que, por ser o detentor do nome civil que corresponde à

Folha 3/3

marca ...., possui legítimo interesse para requerer a sua nulidade, razão maior de propositura da presente ação.

CONCLUSÃO

Posto isto, pede o Requerente seja julgada procedente a presente ação para declarar a nulidade da marca ....

Requer a citação dos Requeridos, para que, querendo, respondam a presente ação no prazo de 60 dias, sob pena de sofrer os efeitos da revelia.

Requer desde já a dispensa de designação de audiência para tentativa de conciliação.

Requer, também, sejam os Requeridos condenados a pagar honorários sucumbenciais e custas processuais.

Requer a intimação dos atos processuais em nome do advogado subscritor, que receberá intimações na Rua ____________, n. ______, conforme art. 77, V, do CPC.

Requer provar o alegado por todas as formas em direito admitidas, sem exclusão de nenhuma, em especial pelo depoimento pessoal dos Requeridos, oitiva de testemunhas e outras que se fizerem necessárias à instrução do presente feito.

Dá-se à causa o valor de R$.................. (...........................).

Termos em que
pede deferimento

(local), ..., ... de ... de ...

ADVOGADO(A)
OAB/... n. ...

5

AÇÃO DE ADJUDICAÇÃO DE MARCAS E PATENTES

A ação de adjudicação de marcas, patentes e desenho industrial é uma ação que tem por objeto permitir que um bem de propriedade industrial que tenha sido registrado ou patenteado indevidamente por alguém possa ser adjudicado pelo seu verdadeiro autor (art. 6º da Lei n. 9.279/96).

Dessa forma, assim se verificam as teses jurídicas possíveis para adjudicação de patente ou de registro de marca ou desenho industrial:

Teses jurídicas

Adjudicação de patente de invenção ou modelo de utilidade	Art. 49 da Lei n. 9.279/96
Adjudicação de registro de desenho industrial	Art. 112, § 2º, da Lei n. 9.279/96
Adjudicação de registro de marca	Art. 166 da Lei n. 9.279/96

É importante ressaltar que deverá ser demonstrada a real autoria do bem de propriedade industrial, para que seja possível a sua adjudicação.

5.1. PROCEDIMENTO

Trata-se de ação de procedimento especial previsto na Lei n. 9.279/96 e, por estar no mesmo capítulo que trata das ações de nulidade, segue as mesmas regras, assim distribuídas:

Teses jurídicas

Ação de adjudicação de patente	Arts. 56 e 57 da Lei n. 9.279/96
Ação de adjudicação de desenho industrial	Art. 118 c/c arts. 56 e 57 da Lei n. 9.279/96
Ação de adjudicação de marca	Arts. 173 a 175 da Lei n. 9.279/96

No tocante à competência, todas as ações tramitam perante a Justiça Federal, já que o INPI poderá figurar como parte e deverá figurar como interveniente (arts. 57 e 175 da Lei n. 9.279/96).

Considerando que o registro ou a patente já foi concedido pelo INPI, ele deverá figurar como corréu na ação, caso não seja autor.

Como segue as mesmas regras para anulação, em relação ao prazo de propositura da ação, sendo ela sobre patente de modelo de utilidade ou invenção, poderá ser proposta a qualquer tempo durante a vigência da patente (art. 56 da Lei n. 9.279/96); no caso de registro de desenho industrial, deverá ser proposta também durante o tempo de vigência do registro (art. 118 c/c art. 56 da Lei n. 9.279/96); e no caso de marcas, o prazo será de 5 (cinco) anos contados da concessão do registro (art. 174 da Lei n. 9.279/96).

Como se trata de um procedimento especial, apresentamos a seguir a linha processual para compreensão do procedimento:

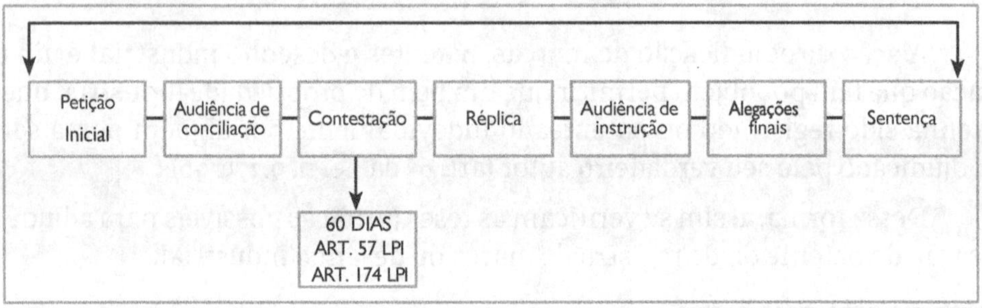

5.2. IDENTIFICAÇÃO DA PEÇA

Para que possamos interpretar corretamente o problema do Exame de Ordem e identificar a peça como sendo uma ação de adjudicação, é necessário obter-se as seguintes informações:

Identificando a peça

Quem é meu cliente?	Criador da invenção, modelo de utilidade, desenho industrial ou marca.
Existe processo? Se sim, qual o último andamento processual?	Não, não existiria um processo judicial em andamento, justamente por se tratar de uma petição inicial.
O que ele deseja?	Reivindicar a autoria da invenção, modelo de utilidade, desenho industrial ou marca, concedido indevidamente a outra pessoa.

5.3. ESTRUTURA DA PEÇA

A seguir observaremos a ficha da técnica com a estrutura para elaboração e propositura da ação de adjudicação:

Endereçamento	
Competência	Justiça Federal do local onde o ato foi praticado (exemplo: registro de uma marca no escritório regional do INPI em SP) (arts. 57 ou 175 da Lei n. 9.279/96)
Preâmbulo	
Partes	Autor – criador do bem reivindicado Réu – pessoa que obteve o direito através do indevido registro ou patente + INPI
Nome da ação	AÇÃO DE ADJUDICAÇÃO (DE MARCA, PATENTE OU DESENHO INDUSTRIAL)
Cabimento	arts. 49 (patente); 112, § 2º (desenho industrial) e 166 (marca), todos da Lei n. 9.279/96.
DOS FATOS	
Fatos	Demonstrar a legitimidade como criador. Demonstrar o registro ou a patente em favor de outrem. Demonstrar a ilegalidade na concessão do registro ou patente. Demonstrar tempestividade.
DO DIREITO	
Fundamento legal	Tese específica (ver tabela de teses jurídicas)
DOS PEDIDOS E REQUERIMENTOS	
Pedidos	Procedência da ação para adjudicar o bem.
Requerimentos	• citação para contestação no prazo de "60 dias"; • condenação em custas processuais e honorários sucumbenciais; • realização ou não de audiência; • intimação de atos processuais; • provas.
Valor da causa	Valor do bem de propriedade industrial.

Apresentamos na sequência um modelo de peça para ação de adjudicação:

Folha 1/3

EXCELENTÍSSIMO SENHOR DOUTOR JUIZ FEDERAL DA .... VARA CÍVEL DA SEÇÃO JUDICIÁRIA DA JUSTIÇA FEDERAL DE ....

.... – ....

......................(nome), (nacionalidade), (estado civil), (profissão), portador da cédula de identidade n. ...., inscrito no CPF sob n. ...., residente e domiciliado na Rua ...., n. ...., bairro ...., ... - ...., e-mail .... neste ato representada por seu procurador devidamente constituído através do incluso Instrumento de Mandato (doc. ....), vem à presença de Vossa Excelência propor a presente AÇÃO DE ADJUDICAÇÃO DE PATENTE, com fundamento no art. 49 da Lei n. 9.279/96, em face de ....(nome), (nacionalidade), (estado civil), (profissão), portador da cédula de identidade n. ...., inscrito no Ministério da Fazenda sob CPF n. ...., residente e domiciliado na Rua ...., n. ...., bairro ...., ... - ...., e-mail ...., e INPI - Instituto Nacional de Propriedade Industrial, autarquia federal, inscrita no CNPJ sob n. ...., com sede na Rua ...., n. ...., bairro ...., ... - ...., e-mail ...., pelos motivos de fato e de direito a seguir expostos:

DOS FATOS

(narrativa dos fatos)

DOS FUNDAMENTOS

Folha 2/3

Pela análise dos fatos verifica-se que o Requerido é titular da patente do medicamento ...., junto ao INPI, conforme certificado juntado aos autos.

Porém, conforme narrativa dos fatos, observou-se que foi o Requerente quem desenvolveu a fórmula de fabricação do medicamento .... e apresentou ao Requerido no sentido de estabelecerem uma parceria futura, mas foi pego de surpresa ao saber que ele se apropriou indevidamente de sua fórmula, patenteando indevidamente o medicamento, contrariando o que dispõe o art. 6º da Lei n. 9.279/96:

> "Ao autor de invenção ou modelo de utilidade será assegurado o direito de obter a patente que lhe garanta a propriedade, nas condições estabelecidas nesta Lei".

Para tal situação, estabelece a Lei n. 9.279/96 que:

"Art. 49. No caso de inobservância do disposto no art. 6º, o inventor poderá, alternativamente, reivindicar, em ação judicial, a adjudicação da patente".

Assim sendo, não restou outra alternativa ao Requerente, senão a propositura da presente ação.

CONCLUSÃO

Posto isto, pede seja julgada procedente a presente ação para a adjudicação da patente do medicamento .... concedida em nome do Requerido ao Requerente, por ser ele o autor de sua fórmula.

Requer a citação dos Requeridos, para que, querendo, responda à pre-

Folha 3/3

sente ação no prazo de 60 dias, sob pena de sofrer os efeitos da revelia.

Requer desde já a dispensa de designação de audiência para tentativa de conciliação.

Requer também sejam os Requeridos condenados a pagar honorários sucumbenciais e custas processuais.

Requer sejam as intimações de atos processuais realizadas em nome do advogado subscritor, que receberá intimação na Rua ___________, n. ______, conforme art. 77, V, do CPC.

Requer provar o alegado por todas as formas em direito admitidas, sem exclusão de nenhuma, em especial pelo depoimento pessoal dos Requeridos, oitiva de testemunhas e outras que se fizerem necessárias à instrução do presente feito.

Dá-se à causa o valor de R$................. (...........................).

Termos em que

pede deferimento

(local), ..., ... de ... de ...

ADVOGADO(A)

OAB/... n. ...

6

AÇÃO DE INDENIZAÇÃO POR VIOLAÇÃO DE PROPRIEDADE INDUSTRIAL

A ação de indenização por violação de propriedade industrial é uma ação típica de responsabilidade civil, em que se tem por objeto a responsabilização do infrator pela prática de ato ilícito demonstrada pelo uso indevido de um bem de propriedade industrial.

Dessa forma, assim se verificam as teses jurídicas possíveis na elaboração de ação de indenização por violação de bem de propriedade industrial:

Teses jurídicas

Uso indevido de patente	Arts. 44 e 207 da Lei n. 9.279/96 e arts. 186 e 927 do CC
Uso indevido de desenho industrial	Arts. 186 e 927 do Código Civil
Uso indevido de marca	Arts. 130, 191 e 207 da Lei n. 9.279/96 e arts. 186 e 927 do CC
Uso indevido de nome empresarial	Arts. 191 e 207 da Lei n. 9.279/96 e arts. 186 e 927 do CC
Uso indevido de título do estabelecimento	Arts. 191 e 207 da Lei n. 9.279/96 e arts. 186 e 927 do CC
Coibir ato de concorrência desleal	Arts. 195 e 207 da Lei n. 9.279/96 e arts. 186 e 927 do CC

Como os direitos de propriedade industrial são assegurados pela Constituição Federal, em todos os casos deve se utilizar os fundamentos previstos no art. 5º, V e XXIX.

Cabe ainda pontuar que, nas hipóteses em que o ato indevido for praticado por alguém que tenha firmado um negócio jurídico com a vítima, deverá ser explorado o art. 251 do Código Civil.

6.1. PROCEDIMENTO

Para essa ação não existe procedimento especial, razão pela qual se aplica o procedimento comum previsto no Código de Processo Civil com todas as suas regras.

Tampouco aqui se faz menção à competência da Justiça Federal para o seu processamento, já que, de acordo com o que preceitua o art. 109 da Constituição Federal, tal competência dependeria da presença do INPI, o que não é necessário nesse caso, já que se trata de uma relação jurídica entre ofensor e ofendido, sem a necessidade de intervenção do Estado.

6.2. IDENTIFICAÇÃO DA PEÇA

Para que possamos interpretar corretamente o problema do Exame de Ordem e identificar a peça como sendo uma ação de indenização por violação de bem de propriedade industrial, é necessário obter-se as seguintes informações:

Identificando a peça

Quem é meu cliente?	Titular do direito violado.
Existe processo? Se sim, qual o último andamento processual?	Não, não existiria um processo judicial em andamento, justamente por se tratar de uma petição inicial.
O que ele deseja?	Que o ofensor seja condenado a reparar os danos causados.

6.3. ESTRUTURA DA PEÇA

A seguir observaremos a ficha da técnica com a estrutura para elaboração e propositura da ação de indenização por violação de bem de propriedade industrial:

Endereçamento	
Competência	Juízo do lugar do ato praticado – uso indevido (art. 53, IV, *a*, do CPC)
Preâmbulo	
Partes	Autor – titular do direito violado Réu – ofensor

Nome da ação	AÇÃO DE INDENIZAÇÃO
Cabimento	art. 318 do CPC
DOS FATOS	
Fatos	Demonstrar titularidade do bem de propriedade industrial. Demonstrar violação do bem de propriedade industrial. Demonstrar os danos experimentados pela violação.
DO DIREITO	
Fundamento legal	Tese específica (ver tabela de teses jurídicas) + eventual tese referente ao negócio jurídico existente entre as partes
DOS PEDIDOS E REQUERIMENTOS	
Pedidos	Procedência da ação para que o ofensor seja condenado a indenizar o titular dos direitos violados.
Requerimentos	• citação; • condenação em custas processuais e honorários sucumbenciais; • realização ou não de audiência; • intimação de atos processuais; • provas.
Valor da causa	Valor dos danos experimentados.

Apresentamos na sequência um modelo de peça para ação de indenização por violação de bem de propriedade industrial:

▼ Folha 1/4

EXCELENTÍSSIMO SENHOR DOUTOR JUIZ DE DIREITO DA .... VARA .... DO FORO DA COMARCA DE .... - ......

..................(nome empresarial), empresa devidamente inscrita no CNPJ sob n. ...., estabelecida na Rua ...., n. ...., bairro ...., ... - ......, e-mail ...., por seu administrador, ...(nome), (nacionalidade), (estado civil), (profissão), portador da cédula de identidade n. ...., inscrito no CPF sob n. ...., residente e domiciliado na Rua ...., n. ...., bairro ...., ... - ...., e-mail .... neste ato representada por seu procurador devidamente constituído através do incluso Instrumento de Mandato (doc. .....), vem à presença de Vossa Excelência propor a presente AÇÃO DE INDENIZAÇÃO com fundamento no art. 318 do CPC, em face de ....(nome), (nacionalidade), (estado civil), (profissão), portador da cédula de identidade n. ...., inscrito no CPF sob n. ...., residente e domiciliado na Rua ...., n. ....., bairro ...., ... - ....., e-mail ...., pelos motivos de fato e de direito a seguir expostos:

DOS FATOS

(narrativa dos fatos)

DOS FUNDAMENTOS

É de se observar, pelos fatos apresentados, que o Requerido utilizou

Folha 2/4

indevidamente a marca do Requerente, tanto na identificação de seu estabelecimento como na identificação de seus produtos.

Não se verificou baixa no faturamento por conta da prática de tal ato, porém, como bem discorrido nos fatos, tal situação associou a imagem da marca do Requerente a um estabelecimento de nível duvidoso e a produtos de qualidade bem inferior, causando, assim, um desgaste na imagem da marca do Requerente.

Estabelece o art. 5º, incisos XXVII e XXIX, da Constituição Federal que:

> "XXVII - aos autores pertence o direito exclusivo de utilização, publicação ou reprodução de suas obras, transmissível aos herdeiros pelo tempo que a lei fixar;
>
> (...)
>
> XXIX - a lei assegurará aos autores de inventos industriais privilégio temporário para sua utilização, bem como proteção às criações industriais, à propriedade das marcas, aos nomes de empresas e a

outros signos distintivos, tendo em vista o interesse social e o desenvolvimento tecnológico e econômico do País".

Em complemento, assim dispõe o legislador Constituinte:

"Art. 5º. (...) V - é assegurado o direito de resposta, proporcional ao agravo, além da indenização por dano material, moral ou à imagem".

A Lei n. 9.279/96, no mesmo sentido, assim dispõe:

"Art. 130 da LPI - Ao titular da marca ou ao depositante é ainda assegurado o direito de: III - zelar pela sua integridade material ou reputação".

Folha 3/4

Por sua vez, o Código Civil estabelece que:

"Art. 186. Aquele que, por ação ou omissão voluntária, negligência ou imprudência, violar direito e causar dano a outrem, ainda que exclusivamente moral, comete ato ilícito".

Assim sendo, o Requerido causou danos reparáveis ao Requerente, segundo previsão do mesmo diploma:

"Art. 927. Aquele que, por ato ilícito (arts. 186 e 187), causar dano a outrem, fica obrigado a repará-lo."

CONCLUSÃO

Posto isto, pede o Requerente seja a presente ação julgada procedente para condenar o Requerido ao pagamento de R$ .... (..................) relativos aos danos morais verificados, consistentes no uso indevido de marca.

Requer a citação do Requerido, para que, querendo, responda à presente ação.

Requer desde já a designação de audiência para tentativa de conciliação.

Requer, também, seja o Requerido condenado a pagar honorários advocatícios e custas processuais.

Requer sejam as intimações de atos processuais realizadas em nome do advogado subscritor, que receberá intimações na Rua ________, n. ________, conforme art. 77, V, do CPC.

Requer provar o alegado por todas as formas em direito admitidas, sem exclusão de nenhuma, em especial pelo depoimento pessoal do Requerido, oitiva de testemunhas e outras que se fizerem necessárias a instrução do presente feito.

Folha 4/4

Dá-se à causa o valor de R$.................. (..........................).

Termos em que
pede deferimento

(local), ..., ... de ... de ...

ADVOGADO(A)
OAB/... n. ...

PARTE IV

MEDIDAS JUDICIAIS NA LEI DE LOCAÇÕES

1

LOCAÇÃO EMPRESARIAL

A relação entre empresários instalados através de contrato de locação é matéria que merece atenção específica do Direito Empresarial, haja vista que a maior parte dos empresários se utiliza de imóveis de terceiros e, em regra, através de relação locatícia, razão pela qual mereceu atenção específica do legislador.

Em relação ao conceito de **locação empresarial**, além de se tratar do imóvel destinado ao exercício de atividade empresarial, acrescentam-se aí os imóveis destinados a residência de empregados, prepostos e sócios.

É que um dos elementos que compõem o estabelecimento empresarial é o seu ponto, portanto, assim denominado de ponto empresarial, e de forma a protegê-lo, uma das regras criadas pelo direito pátrio foi a de proteção do ponto empresarial, o que se faz através dos seguintes instrumentos: renovação compulsória de locação; revisão de aluguel; consignação de aluguel; e a preferência de compra.

Outra preocupação específica é a de instalação de empresários em *Shopping Center*, tipo de relação que possui natureza jurídica complexa e controversa, o que demanda uma reflexão acurada sobre o tema.

A locação de espaços em ***Shopping Centers*** possui natureza atípica, pois, se de um lado existe um locador-empreendedor (dono do *Shopping Center*), de outro está a figura específica do próprio *Shopping*, que nada mais é do que um ente despersonalizado com características de condomínio. Ademais, resta ainda a organização dos lojistas, que é normalmente feita através de uma associação.

As regras de direito material que devem ser abrangidas no contrato de locação em espaços de *shopping center* devem observar a função do empreendimento e os limites para cobrança de valores e despesas. A função do empreendimento, como vimos anteriormente pelos interesses representados pelo *tenant mix*, significa dizer que o sucesso de um é possibilidade de sucesso para todos, consequentemente o fracasso de um pode gerar influência no resultado dos demais. Isso tudo porque é da soma do resultado de cada um dos participantes que resultará no sucesso do empreendimento.

2

RENOVAÇÃO COMPULSÓRIA DE LOCAÇÃO EMPRESARIAL

A renovação compulsória de aluguel é uma medida legal que tem por finalidade gerar um mecanismo de proteção do ponto empresarial. É que, como mencionamos anteriormente, parte da atividade empresarial é exercida através de imóvel alugado, sendo que, para isso, o empresário reúne vários recursos e esforços no sentido de tornar o ponto atrativo. Sendo assim, o legislador determinou que a partir do preenchimento de determinados requisitos, a renovação da locação independeria da vontade do locador, portanto, se efetivaria de forma compulsória.

Uma vez manifestado o interesse do empresário-locatário na renovação do aluguel, o benefício legal será utilizado sempre que o locador se recusar a renovar espontaneamente a locação empresarial e será exercido por meio da ação renovatória de aluguel (art. 51 da Lei n. 8.245/91).

Para se beneficiar da renovação compulsória, o empresário-locatário terá que preencher os seguintes requisitos:

Requisitos para renovação compulsória da locação empresarial

Contrato	Escrito e firmado por prazo determinado.
Tempo de contrato	Tempo mínimo de locação deve ser de 5 (cinco) anos, podendo resultar da soma de vários contratos.
Tempo de atividade	A atividade atualmente explorada no ponto empresarial precisa ser igual ou superior a 3 (três) anos.
Tempestividade	A ação renovatória de aluguel precisa ser proposta no interregno de um ano, no máximo, até seis meses, no mínimo, antes de finalizar o contrato.

Uma vez satisfeitos tais requisitos e havendo a recusa por parte do locador na renovação do aluguel, pode o empresário-locatário propor a medida com o objetivo de manter a locação e poder obter o retorno do investimento realizado para o desenvolvimento do ponto empresarial.

Por outro lado, o próprio legislador criou algumas hipóteses em que a renovação compulsória não seria concedida; sendo assim, trata-se de matéria de contestação a ser eventualmente invocada pelo locador.

Assim sendo, impede a renovação compulsória:

Contestação de renovação compulsória da locação empresarial

Requisitos	Não preenchimento dos requisitos legais.
Proposta	A proposta de aluguel ofertada pelo locatário deve considerar o valor real para o imóvel na época da renovação.
Proposta de terceiro	O locador possuir proposta de terceiro em condições melhores que a do locatário, não coberta por ele.
Proposta	A proposta de aluguel ofertada pelo locatário deve considerar o valor real para o imóvel na época da renovação.
Obras	Não renovação para realização de obras por determinação do poder público.

2.1. AÇÃO RENOVATÓRIA DE LOCAÇÃO EMPRESARIAL

Como vimos anteriormente, uma vez preenchidos os requisitos do art. 51 da Lei n. 8.245/91, pode o empresário-locatário propor ação renovatória de aluguel nas hipóteses em que houver a recusa na renovação espontânea da locação.

A ação tem por objeto propor a renovação judicial da locação que não pode ser superior ao prazo de 5 (cinco) anos, conforme entendimento do Superior Tribunal de Justiça.

2.1.1. Procedimento

Trata-se de ação de procedimento especial previsto nos arts. 71 a 75 da Lei n. 8.245/91, atendendo também as regras gerais de procedimento previstas no art. 58 da citada lei, quais sejam:

Regras gerais

Trâmite processual	O processo não é suspenso por ocasião das férias forenses.
Competência	É competente o juízo do local de situação do imóvel ou o foro de eleição escolhido pelas partes contratualmente.

Regras gerais

Valor da causa	O valor da causa corresponde a 12 (doze) vezes o valor do aluguel, exceto nos casos de ação de despejo de empregado por ocasião da rescisão do contrato de trabalho, quando então corresponderá a 3 (três) vezes o valor do salário do empregado.
Proposta	A proposta de aluguel ofertada pelo locatário deve considerar o valor real para o imóvel na época da renovação.
Citação e intimação	A citação e intimação de atos processuais pode ser realizada via correio com aviso de recebimento, desde que prevista em contrato.

No tocante à elaboração da petição inicial, além dos requisitos gerais do art. 319 do CPC, deve ainda respeitar os requisitos do art. 71 da Lei n. 8.245/91, a saber:

- Prova do preenchimento dos requisitos legais (art. 51 da Lei n. 8.245/91);
- Prova de cumprimento de todas as obrigações do contrato em curso;
- Prova de quitação de impostos e taxas;
- Proposta clara e precisa de renovação;
- Indicação de fiador da locação, com comprovação de que assume os ônus da locação, autorizado pelo cônjuge, se for o caso.

Uma vez satisfeitas todas as condições da ação, já é possível trabalharmos a parte prático-profissional.

2.1.2. Identificação da peça

Para que possamos interpretar corretamente o problema do Exame de Ordem e identificar a peça como sendo uma ação renovatória, é necessário obter-se as seguintes informações:

Identificando a peça

Quem é meu cliente?	Empresário-locatário.
Existe processo? **Se sim, qual o último andamento processual?**	Não, não existiria um processo judicial em andamento, justamente por se tratar de uma petição inicial.
O que ele deseja?	A renovação compulsória da locação empresarial.

2.1.3. Estrutura da peça

A seguir observaremos a ficha da técnica com a estrutura para elaboração e propositura da ação renovatória:

Endereçamento	
Competência	Juízo do local de situação do imóvel ou foro de eleição (art. 58, II, da Lei n. 8.245/91)
Preâmbulo	
Partes	Autor – empresário-locatário Réu – locador
Nome da ação	AÇÃO RENOVATÓRIA
Cabimento	Arts. 51 e 71 da Lei n. 8.245/91 – LL
DOS FATOS	
Fatos	Demonstrar relação locatícia empresarial. Demonstrar recusa na renovação da relação locatícia. Demonstrar preenchimento dos requisitos para locação (art. 51 da Lei n. 8.245/91). Demonstrar requisitos da petição inicial (art. 71 da Lei n. 8.245/91).
DO DIREITO	
Fundamento legal	Arts. 51, 55 e 71 da Lei n. 8.245/91.
DOS PEDIDOS E REQUERIMENTOS	
Pedidos	Procedência da ação para renovação do contrato de locação (especificar período ou prazo).
Requerimentos	• citação; • condenação em custas processuais e honorários sucumbenciais; • realização ou não de audiência; • intimação de atos processuais; • provas.
Valor da causa	12 (doze) vezes o valor do aluguel.

Apresentamos na sequência um modelo de peça para ação renovatória:

Folha 1/4

EXCELENTÍSSIMO SENHOR DOUTOR JUIZ DE DIREITO DA ...... VARA .... DO FORO DA COMARCA DE .... - ....

....................(nome empresarial), empresa devidamente inscrita no CNPJ sob n. ...., estabelecida na Rua ...., n. ....., bairro ...., ... - ....., e-mail ....,

por seu administrador, ...(nome), (nacionalidade), (estado civil), (profissão), portador da cédula de identidade n. ...., inscrito no CPF sob n. ...., residente e domiciliado na Rua ...., n. ...., bairro ...., ... - ...., e-mail .... neste ato representada por seu procurador devidamente constituído através do incluso Instrumento de Mandato (doc. .....), vem à presença de Vossa Excelência propor a presente AÇÃO RENOVATÓRIA DE LOCAÇÃO, com fundamento nos arts. 51 e 71 da Lei n. 8.245/91, em face de .... (nome) ...., (nacionalidade), (estado civil), (profissão), portador da cédula de identidade n. ...., inscrito no CPF sob n. ...., residente e domiciliado na Rua ...., n. ...., bairro ...., ... - ....., e-mail ...., pelos motivos de fato e de direito a seguir expostos:

DOS FATOS

(narrativa dos fatos)

DOS FUNDAMENTOS

Folha 2/4

Pela análise dos fatos, verifica-se que a locação ora em discussão encontra-se totalmente tipificada na condição de locação empresarial, conforme previsão da Lei n. 8.245/91:

> "Art. 55. Considera-se locação não residencial quando o locatário for pessoa jurídica e o imóvel, destinar-se ao uso de seus titulares, diretores, sócios, gerentes, executivos ou empregados".

Sendo locação empresarial, é de se observar pelos fatos apresentados que o Requerente preenche todos os requisitos previstos no art. 51 da Lei n. 8.245/91, como se observa:

> "Art. 51. Nas locações de imóveis destinados ao comércio, o locatário terá direito a renovação do contrato, por igual prazo, desde

que, cumulativamente: I - o contrato a renovar tenha sido celebrado por escrito e com prazo determinado; II - o prazo mínimo do contrato a renovar ou a soma dos prazos ininterruptos dos contratos escritos seja de cinco anos; III - o locatário esteja explorando seu comércio, no mesmo ramo, pelo prazo mínimo e ininterrupto de três anos".

Além disso, preenche o Requerente os demais requisitos previstos no mesmo diploma:

"Art. 71. Além dos demais requisitos exigidos no art. 282 do Código de Processo Civil, a petição inicial da ação renovatória deverá ser instruída com: (...)".

Ademais, cabe salientar que a presente ação está sendo proposta no interregno de tempo determinado pelo legislador no mesmo diploma,

Folha 3/4

assim verificado no art. 51:

"§ 5º Do direito a renovação decai aquele que não propuser a ação no interregno de um ano, no máximo, até seis meses, no mínimo, anteriores à data da finalização do prazo do contrato em vigor".

Logo, em razão da negativa do Requerido na renovação consensual da locação, outra alternativa não restou, senão a propositura da presente ação.

CONCLUSÃO

Posto isto, pede o Requerente seja julgada procedente a presente ação para determinar a renovação contratual pelo prazo de .... (...............................) anos.

Requer a citação do Requerido, para que, querendo, responda à presente ação, sob pena de sofrer os efeitos da revelia.

Requer desde já a designação de audiência para tentativa de conciliação.

Requer, também, seja o Requerido condenado a pagar honorários sucumbenciais e custas processuais.

Requer sejam as intimações de atos processuais realizadas em nome do advogado subscritor, que receberá intimações na Rua ________, n. ______, conforme art. 77, V, do CPC.

Requer provar o alegado por todas as formas em direito admitidas, sem exclusão de nenhuma, em especial pela juntada dos contratos de locação que ora se apresentam e da proposta de renovação devidamente anuída pelo fiador e sua esposa, depoimento pessoal do Requerido, oitiva de testemunhas e outras que se fizerem necessárias à instrução do presente feito.

Dá-se à causa o valor de R$................. (...........................).

Folha 4/4

Termos em que
pede deferimento

(local), ..., ... de ... de ...

ADVOGADO(A)
OAB/... n. ...

3

AÇÃO REVISIONAL DE ALUGUEL

A revisão do valor do aluguel nasce a partir da previsão legal contida no art. 19 da Lei n. 8.245/91, que estabelece que após 3 (três) anos de contrato, não havendo consenso entre as partes, caberá à parte interessada provocar o Poder Judiciário através da ação revisional de aluguel para pleitear o reajuste indicado.

Trata-se de uma ação que permite tanto a elevação do valor da locação por parte do locador como a sua redução por parte do locatário. Importante ressaltar que aqui não se trata de reajuste da locação, já que este decorre da própria natureza da relação e dentro da periodicidade e condições estabelecida em contrato. Então, o fenômeno que suscita a possibilidade da revisão é um fator externo – de mercado –, que faz com que o valor da locação de determinado imóvel, em comparação com outro imóvel de mesmo padrão e na mesma localidade, fique desatualizado.

3.1. PROCEDIMENTO

Trata-se de ação de procedimento especial previsto nos arts. 68 a 70 da Lei n. 8.245/91, atendendo também as regras de procedimento previstas no art. 58 da citada lei, quais sejam:

Regras

Trâmite processual	O processo não é suspenso por ocasião das férias forenses.
Competência	É competente o juízo do local de situação do imóvel ou o foro de eleição escolhido pelas partes contratualmente.
Valor da causa	O valor da causa corresponde a 12 (doze) vezes o valor do aluguel, exceto nos casos de ação de despejo de empregado por ocasião da rescisão do contrato de trabalho, quando então corresponderá a 3 (três) vezes o valor do salário do empregado.
Citação e intimação	A citação e intimação de atos processuais podem ser realizadas via correio com aviso de recebimento, desde que previsto em contrato.

No tocante à elaboração da petição inicial, além dos requisitos gerais do art. 319 do CPC, deve ainda respeitar os requisitos do art. 68 da Lei n. 8.245/91, a saber:

- valor do aluguel pretendido;
- pedido de fixação de aluguel provisório;
  - feito pelo locador não poderá exceder a 80% do pedido principal;
  - feito pelo locatário não poderá ser inferior a 80% do aluguel atual.

Caso haja prazo prefixado para a desocupação do imóvel, não mais é possível a revisão dos valores locatícios, portanto, seria matéria de defesa em uma eventual contestação.

Uma vez satisfeitas todas as condições da ação, já é possível trabalharmos a parte prático-profissional.

3.2. IDENTIFICAÇÃO DA PEÇA

Para que possamos interpretar corretamente o problema do Exame de Ordem e identificar a peça como sendo uma ação revisional de aluguel, é necessário obter-se as seguintes informações:

Identificando a peça

Quem é meu cliente?	Pode ser o locador ou o locatário.
Existe processo? **Se sim, qual o último andamento processual?**	Não, não existiria um processo judicial em andamento, justamente por se tratar de uma petição inicial.
O que ele deseja?	A alteração do valor da locação. Para maior se o autor for o locador e para menor se o autor for o locatário.

3.3. ESTRUTURA DA PEÇA

A seguir, observaremos a ficha da técnica com a estrutura para elaboração e propositura da ação revisional de aluguel:

Endereçamento	
Competência	Juízo do local de situação do imóvel ou foro de eleição (art. 58, II, Lei n. 8.245/91).
Preâmbulo	
Partes	Autor – locador ou locatário Réu – locador ou locatário
Nome da ação	AÇÃO REVISIONAL DE ALUGUEL
Cabimento	Arts. 19 e 68 da Lei n. 8.245/91 – LL
DOS FATOS	
Fatos	Demonstrar relação locatícia empresarial. Demonstrar condições que alteraram os valores locatícios. Demonstrar preenchimento dos requisitos para revisão (art. 19 da LL). Demonstrar requisitos da petição inicial (art. 68 da LL).
DO DIREITO	
Fundamento legal	Arts. 19 e 68 da Lei n. 8.245/91
DOS PEDIDOS E REQUERIMENTOS	
Pedidos	Procedência da ação para majoração ou redução do valor do aluguel. Pedido de fixação de aluguel provisório.
Requerimentos	• citação; • condenação em custas processuais e honorários sucumbenciais; • realização ou não de audiência; • intimação de atos processuais; • provas.
Valor da causa	12 (doze) vezes o valor do aluguel.

Apresentamos na sequência um modelo de peça para ação revisional de aluguel:

Folha 1/3

01	EXCELENTÍSSIMO SENHOR DOUTOR JUIZ DE DIREITO DA .... VARA
02	.... DO FORO DA COMARCA DE .... - ......
03	
04	
05	

......................(nome empresarial), empresa devidamente inscrita no CNPJ sob n. ...., estabelecida na Rua ...., n. ......, bairro ...., ... - ...., e-mail ...., por seu administrador, ...(nome), (nacionalidade), (estado civil), (profissão), portador da cédula de identidade n. ...., inscrito no CPF sob n. ...., residente e domiciliado na Rua ...., n. ....., bairro ...., ... - ....., e-mail .... neste ato representada por seu procurador devidamente constituído através do incluso Instrumento de Mandato (doc. .....), vem à presença de Vossa Excelência propor a presente AÇÃO REVISIONAL DE ALUGUEL, com fundamento nos arts. 19 e 68 da Lei n. 8.245/91, em face de ....(nome), (nacionalidade), (estado civil), (profissão), portador da cédula de identidade n. ...., inscrito no CPF sob n. ...., residente e domiciliado na Rua ...., n. ...., bairro ...., ... - ....., e-mail ...., pelos motivos de fato e de direito a seguir expostos:

DOS FATOS

(narrativa dos fatos)

DOS FUNDAMENTOS

Estabelece o legislador no art. 19 da Lei n. 8.245/91 que:

Folha 2/3

"Não havendo acordo, o locador ou locatário, após três anos de vigência do contrato ou do acordo anteriormente realizado, poderão pedir revisão judicial do aluguel, a fim de ajustá-lo ao preço de mercado".

E como, no caso em tela, não houve acordo espontâneo entre as partes, só restou o meio judicial de que trata o art. 68 da Lei n. 8.245/91:

"Na ação revisional de aluguel, que terá rito sumário, observar-se-á o seguinte: I – além dos requisitos exigidos pelos arts. 276 e 282 do CPC, a petição inicial deverá indicar o valor do aluguel cuja fixação é pretendida".

Como se verificou dos fatos, o aluguel atual é de R$ .... (..........................), ou seja, uma defasagem de ......%, que se explica pelo fato de o contrato encontrar-se há .... anos sem reajuste.

Sendo assim, esgotados todos os meios para solução amigável do litígio, não restou outra alternativa ao Requerente, senão a propositura da presente Ação Revisional de Aluguel.

CONCLUSÃO

Posto isto, é a presente para requerer a procedência do pedido, majorando-se o aluguel para R$ .... (...........................), conforme arts. 68 e ss. da Lei n. 8.245/91.

Requer a fixação de aluguéis provisórios no importe de 80% (oitenta por cento) do valor ora pretendido.

Caso o Requerido não concorde espontaneamente com o valor proposto, desde já requer a designação de audiência e, caso reste infrutífera, a

Folha 3/3

posterior realização de prova pericial de forma a se comprovar o valor do aluguel do imóvel comparado ao mercado.

Requer-se a citação do Requerido no endereço declinado, para que responda aos termos da presente ação, sob pena de sofrer os efeitos da revelia.

Requer seja o Requerido condenado a arcar com honorários sucumbenciais e demais custas processuais.

Requer-se, finalmente, se digne Vossa Excelência determinar que as intimações de atos processuais sejam publicadas em nome do advogado subscrito, que receberá intimações na Rua ______, n. ______, conforme art. 77, V, do CPC.

Requer provar o alegado por todos os meios de prova em direito admitidos, em especial pelo depoimento pessoal do Requerido, oitiva de testemunhas, juntada de documentos, perícia e outros que se fizerem necessários à instrução do presente feito.

Dá-se à causa o valor de R$.................. (............................).

Termos em que
pede deferimento

(local), ..., ... de ... de ...

ADVOGADO(A)
OAB/... n. ...

4

AÇÃO DE CONSIGNAÇÃO DE ALUGUEL E ACESSÓRIOS DA LOCAÇÃO

A consignação de aluguel e acessórios da locação tem cabimento sempre que o locatário pretender o pagamento, mas que por uma razão determinada for impedido de fazê-lo. Assim sendo, a ação de consignação objetiva evitar a constituição em mora do locatário e ao mesmo tempo impedir que se configure o descumprimento de obrigação contratual.

As hipóteses que ensejam um pedido de consignação estão previstas no art. 335 do Código Civil, da seguinte forma:

Hipóteses de consignação
• Se o credor não puder receber.
• Se o credor não quiser receber.
• Se o credor se recusar a dar quitação.
• Se o credor exigir o recebimento em condições diversas das pactuadas.
• Se houver dúvida quanto a quem seja o credor.

Também temos que ressaltar que existe mais de uma forma possível de consignação, podendo ela ser extrajudicial ou judicial. A consignação extrajudicial é feita diretamente em banco oficial (art. 539, § 1º, do CPC), sem a necessidade de ação judicial, exceto nos casos de recusa no recebimento manifestada pelo credor, em relação ao depósito bancário.

Já a consignação judicial requer atenção de nossa parte, já que existem duas ações próprias para tal finalidade, uma prevista no Código de Processo Civil (art. 539) e outra à qual aqui nos referimos.

A ação de consignação prevista na Lei n. 8.245/91 é específica para aluguel e acessórios da locação; portanto, todos os demais objetos deverão seguir o rito do Código de Processo Civil.

4.1. PROCEDIMENTO

Trata-se de ação de procedimento especial prevista no art. 67 da Lei n. 8.245/91, atendendo também as regras gerais de procedimento previstas no art. 58 da citada lei, quais sejam:

Regras gerais

Trâmite processual	O processo não é suspenso por ocasião das férias forenses.
Competência	É competente o juízo do local de situação do imóvel ou o foro de eleição escolhido pelas partes contratualmente.
Valor da causa	O valor da causa corresponde a 12 (doze) vezes o valor do aluguel, exceto nos casos de ação de despejo de empregado por ocasião da rescisão do contrato de trabalho, quando então corresponderá a 3 (três) vezes o valor do salário do empregado.
Citação e intimação	A citação e intimação de atos processuais podem ser realizadas via correio com aviso de recebimento, desde que previsto em contrato.

No tocante à elaboração da petição inicial, além dos requisitos gerais do art. 319 do CPC, deve ainda respeitar os requisitos do art. 67, I, da Lei n. 8.245/91, a saber:

- especificar o valor do aluguel devido;
- especificar o valor dos acessórios da locação devidos, se for o caso;
- pleitear autorização para depósito dos valores.

Uma vez satisfeitas todas as condições da ação, já é possível trabalharmos a parte prático-profissional.

4.2. IDENTIFICAÇÃO DA PEÇA

Para que possamos interpretar corretamente o problema do Exame de Ordem e identificar a peça como sendo uma ação de consignação de aluguel e acessórios da locação, é necessário obter-se as seguintes informações:

Identificando a peça

Quem é meu cliente?	Locatário.
Existe processo? Se sim, qual o último andamento processual?	Não, não existiria um processo judicial em andamento, justamente por se tratar de uma petição inicial.
O que ele deseja?	Consignar os valores locatícios e/ou acessórios da locação para evitar a configuração da mora e o descumprimento de obrigação contratual.

4.3. ESTRUTURA DA PEÇA

A seguir observaremos a ficha da técnica com a estrutura para elaboração e propositura da ação de consignação de aluguel e acessórios da locação:

Endereçamento	
Competência	Juízo do local de situação do imóvel ou foro de eleição (art. 58, II, da Lei n. 8.245/91)
Preâmbulo	
Partes	Autor – locatário Réu – locador
Nome da ação	AÇÃO DE CONSIGNAÇÃO DE ALUGUEL E ACESSÓRIOS DA LOCAÇÃO
Cabimento	Art. 67 da Lei n. 8.245/91 – LL
DOS FATOS	
Fatos	Demonstrar relação locatícia empresarial. Demonstrar hipótese de impedimento de cumprimento da obrigação. Demonstrar requisitos da petição inicial (art. 67 da LL).
DO DIREITO	
Fundamento legal	Art. 335 do Código Civil e art. 67 da Lei n. 8.245/91
DOS PEDIDOS E REQUERIMENTOS	
Pedidos	Pedido de autorização de depósito judicial no prazo de 24 horas. Procedência da ação para declarar a quitação da obrigação. Pedido de autorização de depósito dos valores futuros, se for o caso.
Requerimentos	• citação para levantamento do depósito ou contestação; • condenação em custas processuais e honorários sucumbenciais; • realização ou não de audiência; • intimação de atos processuais; • provas.
Valor da causa	12 (doze) vezes o valor do aluguel.

Apresentamos na sequência um modelo de peça para ação de consignação de aluguel e acessórios da locação:

Folha 1/3

EXCELENTÍSSIMO SENHOR DOUTOR JUIZ DE DIREITO DA ...... VARA .... DO FORO DA COMARCA DE .... - ......

......................(nome empresarial), empresa devidamente inscrita no CNPJ sob n. ...., estabelecida na Rua ...., n. ......, bairro ...., ... - ....., e-mail ...., por seu administrador, ...(nome), (nacionalidade), (estado civil), (profissão), portador da cédula de identidade n. ...., inscrito no CPF sob n. ...., residente e domiciliado na Rua ...., n. ......, bairro ...., ... - ...., e-mail .... neste ato representada por seu procurador devidamente constituído através do incluso Instrumento de Mandato (doc. .....), vem à presença de Vossa Excelência propor a presente AÇÃO DE CONSIGNAÇÃO DE ALUGUEL E ACESSÓRIOS DA LOCAÇÃO, com fundamento no art. 67 da Lei n. 8.245/91, em face de ....(nome), (nacionalidade), (estado civil), (profissão), portador da cédula de identidade n. ...., inscrito no CPF sob n. ...., residente e domiciliado na Rua ...., n. ...., bairro ...., ... - ....., e-mail ....,pelos motivos de fato e de direito a seguir expostos:

DOS FATOS

(narrativa dos fatos)

DOS FUNDAMENTOS

Folha 2/3

Conforme se verificou dos fatos narrados, o Requerente tentou efetuar o pagamento ao Requerido que se recusa a receber os valores locatícios, compreendidos esses no importe mensal de R$ .... (.....................), como se verifica do contrato acostado.

Em razão dessa recusa, clara está a hipótese de incidência, assim prevista no Código Civil:

"Art. 335. A consignação tem lugar:
I - se o credor não puder, ou, sem justa causa, recusar receber o pagamento, ou dar quitação na devida forma".

Assim sendo, evitando a constituição em mora, bem como a configuração de descumprimento contratual, preceitua o art. 67 da Lei n. 8.245/91:

"Art. 67. Na ação que objetivar o pagamento dos aluguéis e acessórios da locação mediante consignação, será observado o seguinte:
I - a petição inicial, além dos requisitos exigidos pelo art. 282 do Código de Processo Civil, deverá especificar os aluguéis e acessórios da locação com indicação dos respectivos valores".

Considerando a recusa de receber do Requerido e para não ser constituído em mora, justifica-se, assim, a adoção da presente medida judicial.

CONCLUSÃO

Posto isto, é a presente para requerer a autorização para depósito judicial no valor de R$ ...... (................) a título de aluguel no prazo de 24 horas a partir da determinação de citação do Requerido.

Assim sendo, pede que ao final a presente ação seja julgada procedente, com a declaração de quitação das obrigações locatícias do Requerente em

Folha 3/3

relação ao Requerido.

Requer-se a citação do Requerido no endereço declinado, para que responda aos termos da presente ação, sob pena de sofrer os efeitos da revelia, ou que levante o depósito ofertado como conforme de quitação da obrigação.

Requer desde já a autorização para realização dos depósitos futuros, nas mesmas datas de vencimento contratual, anteriormente demonstrado.

Requer seja o Requerido condenado a arcar com honorários sucumbenciais e demais custas processuais.

Requer-se, finalmente, se digne Vossa Excelência determinar que as intimações de atos processuais sejam publicadas em nome do advogado subscrito, que receberá intimações na Rua ______, n.__, conforme art. 77, V, do CPC.

Requer provar o alegado por todos os meios de prova em direito admitidos, em especial pelo depoimento pessoal do Requerido, oitiva de testemunhas, juntada de documentos, perícia e outros que se fizerem necessários à instrução do presente feito.

Dá-se à causa o valor de R$ .... (.......................), sem prejuízo de outros que possam ser apurados no curso da ação.

Termos em que
pede deferimento

(local), ..., ... de ... de ...

ADVOGADO(A)
OAB/... n. ...

5

AÇÃO DE DESPEJO

O despejo do locatário a pedido do locador é possível sempre que houver uma hipótese de ruptura da relação locatícia, e, independentemente de qual seja o motivo, o único meio judicial possível para isso é através da ação de despejo.

Constituem meios de ruptura da relação locatícia as seguintes hipóteses:

Teses jurídicas para ruptura da relação locatícia e despejo

Por extinção de usufruto	Art. 7º da Lei n. 8.245/91
Por alienação do imóvel	Art. 8º da Lei n. 8.245/91
Por acordo mútuo	Art. 9º, I, da Lei n. 8.245/91
Por prática de infração legal ou contratual	Art. 9º, II, da Lei n. 8.245/91
Por falta de pagamento de aluguel e acessórios	Art. 9º, III, da Lei n. 8.245/91
Por obra urgente determinada pelo Poder Público	Art. 9º, IV, da Lei n. 8.245/91
Por denúncia vazia	Art. 57 da Lei n. 8.245/91
Por extinção do contrato de trabalho	Art. 47, II, da Lei n. 8.245/91

Nesta última hipótese, cumpre esclarecer que quem é o locatário é a empresa que locou o imóvel para servir de residência a seu empregado, sendo que, findo o contrato de trabalho, o empregado deverá restituir o imóvel, sob pena de sofrer ação de despejo movida pela empresa-locatária e, consequentemente, titular do exercício de posse do imóvel.

5.1. PROCEDIMENTO

Trata-se de ação de procedimento especial previsto nos arts. 59 a 66 da Lei n. 8.245/91, atendendo também as regras de procedimento previstas no art. 58 da citada lei, quais sejam:

Regras

Trâmite processual	O processo não é suspenso por ocasião das férias forenses.
Competência	É competente o juízo do local de situação do imóvel ou o foro de eleição escolhido pelas partes contratualmente.
Valor da causa	O valor da causa corresponde a 12 (doze) vezes o valor do aluguel, exceto nos casos de ação de despejo de empregado por ocasião da rescisão do contrato de trabalho, quando então corresponderá a 3 (três) vezes o valor do salário do empregado.
Citação e intimação	A citação e intimação de atos processuais pode ser realizada via correio com aviso de recebimento, desde que prevista em contrato.

No tocante à elaboração da petição inicial, além dos requisitos gerais do art. 319 do CPC, deve ainda respeitar os requisitos específicos, de acordo com a modalidade de despejo (tese jurídica), previstos nos arts. 60 a 62 da Lei n. 8.245/91.

Uma vez satisfeitas todas as condições da ação, já é possível trabalharmos a parte prático-profissional.

5.2. IDENTIFICAÇÃO DA PEÇA

Para que possamos interpretar corretamente o problema do Exame de Ordem e identificar a peça como sendo uma ação de despejo, é necessário obter-se as seguintes informações:

Identificando a peça

Quem é meu cliente?	Locador ou a empresa-locatária no caso de imóveis destinados aos empregados.
Existe processo? Se sim, qual o último andamento processual?	Não, não existiria um processo judicial em andamento, justamente por se tratar de uma petição inicial.
O que ele deseja?	A ruptura da relação locatícia e a desocupação do imóvel.

5.3. ESTRUTURA DA PEÇA

A seguir observaremos a ficha da técnica com a estrutura para elaboração e propositura da ação de despejo:

Endereçamento	
Competência	Juízo do local de situação do imóvel ou foro de eleição (art. 58, II, Lei n. 8.245/91)
Preâmbulo	
Partes	Autor – locador ou empresa-locatária (ver quadro de identificação da peça) Réu – locatário ou empregado
Nome da ação	AÇÃO DE DESPEJO
Cabimento	Arts. 5º e 59 da Lei n. 8.245/91 – LL
DOS FATOS	
Fatos	Demonstrar existência de relação locatícia. Demonstrar hipótese de cabimento para ruptura da relação locatícia. Demonstrar requisitos da petição inicial (arts. 60 a 62 da LL).
DO DIREITO	
Fundamento legal	Arts. 5º e 59 da Lei n. 8.245/91
DOS PEDIDOS E REQUERIMENTOS	
Pedidos	Procedência da ação para declarar a ruptura da relação locatícia e a concessão de prazo para desocupação do imóvel, sob pena de despejo. Pedido de cobrança de alugueres, se for o caso. Pedido de liminar para desocupação imediata, se for o caso.
Requerimentos	• citação; • requerimento de notificação de sublocatários, se for o caso; • condenação em custas processuais e honorários sucumbenciais; • realização ou não de audiência; • intimação de atos processuais; • provas.
Valor da causa	12 (doze) vezes o valor do aluguel.

Apresentamos na sequência um modelo de peça para ação de despejo:

Folha 1/3

EXCELENTÍSSIMO SENHOR DOUTOR JUIZ DE DIREITO DA ..... VARA CÍVEL DO FORO DA COMARCA DE .... - ....

...., empresa devidamente inscrita no

Ministério da Fazenda sob CPF n. ...., estabelecida neste Município, na Rua ...., n. ...., bairro ...., e-mail ...., neste ato representada por seu administrador ...., (nacionalidade), (estado civil), (profissão), portador da cédula de identidade n. ...., inscrito no CPF sob n. ...., residente e domiciliado neste Município, na Rua ...., n. ......, bairro ...., e-mail ...., por seu procurador devidamente constituído nos termos do incluso Instrumento de Mandato (doc. ....), vem à presença de Vossa Excelência, com fundamento legal nos arts. 5º e 59 da Lei n. 8.245/91, propor AÇÃO DE DESPEJO em face de ...., (nacionalidade), (estado civil), (profissão), portadora da cédula de identidade n. ...., inscrita no CPF sob n. ...., residente e domiciliada neste Município, na Rua ...., n. ...., bairro ...., e-mail ...., pelos motivos de fato e de direito que passa a expor:

DOS FATOS

(narrativa dos fatos)

DO DIREITO

Folha 2/3

Conforme a dicção do art. 57 da Lei n. 8.245/91:

"O contrato de locação por prazo indeterminado pode ser denunciado por escrito, pelo locador, concedidos ao locatário 30 (trinta dias) para a desocupação".

O objetivo do dispositivo ora transcrito é viabilizar ao proprietário destinar o uso de sua propriedade da forma que bem lhe convenha, respeitando o tempo de contrato assinalado entre as partes.

Acrescenta ainda o legislador no mesmo diploma legal anteriormente citado que:

"Art. 5º Seja qual for o fundamento do término da locação, a ação do locador para reaver o imóvel é a de despejo".

E, em complemento, afirma:

"Art. 59. Com as modificações constantes deste Capítulo, as ações de despejo terão o rito ordinário".

Assim sendo, tendo sido o locatário devidamente notificado do fim da relação locatícia e mesmo depois de decorridos 30 (trinta) dias, permanece no imóvel e recusa-se a desocupá-lo espontaneamente, não restando outra alternativa, senão a propositura da presente ação.

DO PEDIDO E DOS REQUERIMENTOS

Diante do exposto, desde já requer a procedência da presente demanda para declarar a ruptura da relação locatícia e decretar o despejo da requerida, com a concessão do prazo legal para a desocupação do imóvel.

Folha 3/3

Requer a citação da requerida para que, querendo, contestar a presente ação, sob pena de revelia.

Requer desde já a designação de audiência de tentativa de conciliação.

Requer seja a requerida condenada a arcar com as custas processuais e honorários sucumbenciais.

Requer sejam as intimações de atos processuais realizadas em nome do advogado subscritor, que receberá intimações na Rua ____________, n. ___, conforme art. 77, V, do CPC.

Requer provar o alegado por todos os meios de prova em direito admitidos, em especial pela juntada do contrato de locação e notificação premonitória, que ora se juntam, depoimento da requerida, oitiva de testemunhas e outros que se fizerem necessários à instrução do presente feito.

Dá-se à causa o valor de R$ .... (.......................).

Termos em que

pede deferimento

(local), ..., ... de ... de ...

ADVOGADO(A)

OAB/... n. ...

PARTE V

MEDIDAS JUDICIAIS OBRIGACIONAIS

1

AÇÃO DE OBRIGAÇÃO DE FAZER E NÃO FAZER

A ação de obrigação de fazer ou não fazer tem por objeto exigir o cumprimento de uma obrigação por parte de alguém ou, então, exigir que determinada pessoa se abstenha da prática de determinado ato.

Essas obrigações, positiva e negativa, possuem como previsão geral o Código Civil e o Código de Processo Civil, nos seguintes termos:

Teses gerais

Obrigação de fazer	Arts. 247 a 249 do Código Civil; art. 497 do CPC
Obrigação de não fazer	Arts. 250 e 251 do Código Civil; art. 497 do CPC

Ocorre, porém, que a obrigação nasce de um negócio jurídico específico, então, para cada caso em concreto, além das teses jurídicas gerais anteriormente verificadas, devem-se aplicar as teses específicas do negócio de origem.

Para melhor compreendermos, observe o caso a seguir, exigido no Exame de Ordem:

PEÇA PRÁTICO-PROFISSIONAL – XXVIII EUOAB

A sociedade empresária Refrigeração Canhoba S/A arrendou o imóvel onde está localizado um de seus estabelecimentos, situado em Capela/SE, para a sociedade Riachuelo, Salgado & Cia Ltda. A arrendatária atua no mesmo ramo de negócio da arrendadora. O contrato, celebrado em 13 de janeiro de 2015, tem duração de cinco anos e estabeleceu, como foro de eleição, a cidade de

Capela/SE. Não há previsão, no contrato, quanto à vedação ou à possibilidade de concorrência por parte do arrendador. Em 22 de novembro de 2017, Tobias Barreto, administrador e representante legal da arrendatária, procura você e narra-lhe o seguinte: durante os dois primeiros anos do contrato, o arrendador absteve-se de fazer concorrência ao arrendatário em Capela e nos municípios de Aquidabã e Rosário do Catete, áreas de atuação do arrendatário e responsáveis pela totalidade do seu faturamento. No entanto, a partir de março de 2017, os sócios de Riachuelo, Salgado & Cia Ltda. perceberam a atuação ofensiva de dois representantes comerciais, X e Y, que passaram a captar clientes desta sociedade, tendo como preponente a sociedade arrendadora. Os representantes comerciais começaram a divulgar informações falsas sobre os produtos comercializados pelo arrendatário, bem como as entregas não estavam sendo feitas, ou eram realizadas com atraso. Um dos sócios da arrendatária conseguiu obter o depoimento informal de clientes procurados por esses representantes, que agiam a mando da arrendadora, oferecendo generosas vantagens para que deixassem de negociar com ela. Desde a atuação dos dois representantes comerciais, o faturamento da arrendatária paulatinamente passou a decrescer. O auge da crise ocorreu em junho de 2017, quando a arrendadora alugou um imóvel no centro de Capela e passou a divulgar, entre os clientes e nos anúncios em material impresso, descontos, vantagens e promoções para desviar a clientela da arrendatária. Com essas medidas, o faturamento de Riachuelo, Salgado & Cia Ltda. despencou, sofrendo, entre julho e outubro de 2017, um prejuízo acumulado de R$ 290.000,00 (duzentos e noventa mil reais). A intenção da arrendatária é que a arrendadora se abstenha de praticar os atos anticoncorrenciais, desfazendo as práticas narradas, sob pena de ter que desfazê-los à sua custa, ressarcindo o arrendatário dos prejuízos. Há urgência na obtenção de provimento jurisdicional para cessação das práticas desleais de concorrência. Considerando que a comarca de Capela/SE possui três varas sem nenhuma especialização e que, conforme seu estatuto, a sociedade empresária Refrigeração Canhoba S/A é representada por seu diretor-presidente, Sr. Paulo Pastora, elabore a peça processual adequada. (Valor: 5,00) Obs.: a peça deve abranger todos os fundamentos de Direito que possam ser utilizados para dar respaldo à pretensão. A simples menção ou transcrição do dispositivo legal não confere pontuação.

Observe que estamos diante de um caso em que a arrendadora do estabelecimento pratica atos de concorrência desleal contra a arrendatária e, por conta disso, pede-se a adoção de medida judicial para que ela se abstenha (obrigação de não fazer) da prática de tais atos, e cumula, ainda, pedidos de ressarcimento de prejuízos (indenização) e provimento de urgência (tutela de urgência).

Para discussão da tese jurídica cabível nesse caso concreto, é necessário que se explorem como fundamentos os arts. 195 e 207 da Lei n. 9.279/96 (concorrência desleal), o art. 1147 do Código Civil (vedação à concorrência), o art. 300 do Código de Processo Civil (tutela de urgência), além do art. 251, apontado em nossa tabela de teses jurídicas gerais.

Uma vez que não existe procedimento especial para tal finalidade, utiliza-se o procedimento comum previsto no art. 318 do CPC, com os requisitos da petição inicial previstos no art. 319 do mesmo CPC.

Uma vez satisfeitas todas as condições da ação, já é possível trabalharmos a parte prático-profissional.

1.1. IDENTIFICAÇÃO DA PEÇA

Para que possamos interpretar corretamente o problema do Exame de Ordem e identificar a peça como sendo uma ação de obrigação de fazer ou não fazer, é necessário obter-se as seguintes informações:

Identificando a peça

Quem é meu cliente?	Parte que quer exigir o cumprimento de uma obrigação ou solicitar que o outro se abstenha da prática de determinado ato.
Existe processo? Se sim, qual o último andamento processual?	Não, não existiria um processo judicial em andamento, justamente por se tratar de uma petição inicial.
O que ele deseja?	Cumprimento de determinada obrigação ou abstenção de determinado ato.

Lembramos que, como se trata de uma ação de conhecimento, deve-se distinguir a sua utilização de outros dois instrumentos cabíveis em situações de obrigação de fazer ou não fazer, quais sejam, ação monitória e ação de execução.

Enquanto a ação de obrigação de fazer ou não fazer de que aqui se trata depende da fase de conhecimento para a prova do direito em discussão, a ação monitória depende de prova escrita da obrigação sem eficácia de título executivo, e a ação de execução depende da existência de título executivo extrajudicial. Para tanto, observe o seguinte esquema:

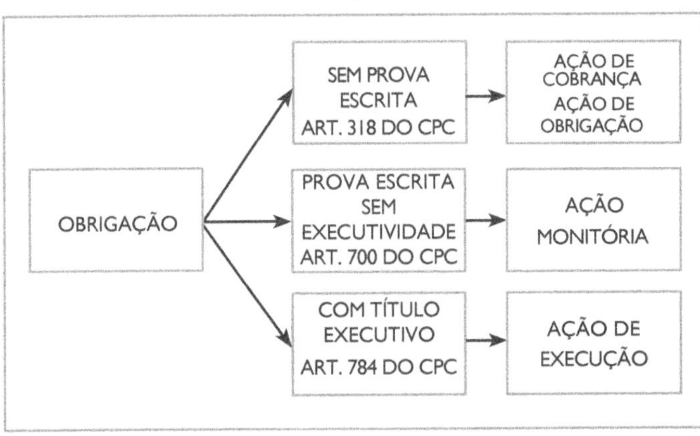

1.2. ESTRUTURA DA PEÇA

A seguir observaremos a ficha da técnica com a estrutura para elaboração e propositura da ação de obrigação de fazer ou não fazer:

Endereçamento	
Competência	Juízo do local onde a obrigação deva ser satisfeita (art. 53, III, *d*, do CPC)
Preâmbulo	
Partes	Autor – parte prejudicada Réu – parte que descumpriu a obrigação ou praticou o ato
Nome da ação	AÇÃO DE OBRIGAÇÃO DE FAZER (OU NÃO FAZER)
Cabimento	Art. 318 do CPC
DOS FATOS	
Fatos	Demonstrar o negócio jurídico entre as partes. Demonstrar o descumprimento da obrigação ou a prática de ato do qual deveria se abster.
DO DIREITO	
Fundamento legal	Tese geral (conforme tabela anterior) + tese específica do negócio jurídico
DOS PEDIDOS E REQUERIMENTOS	
Pedidos	Pedido de cumprimento da obrigação ou abstenção da prática de determinado ato. Pedido de tutela de urgência, se for o caso. Pedido de indenização, se for o caso. Pedido de fixação de multa no caso de não cumprimento da determinação judicial.
Requerimentos	• citação; • condenação em custas processuais e honorários sucumbenciais; • realização ou não de audiência; • intimação de atos processuais; • provas.
Valor da causa	Valor da obrigação ou proveito econômico.

Apresentamos na sequência um modelo de peça para ação de obrigação de fazer ou não fazer:

Folha 1/3

EXCELENTÍSSIMO SENHOR DOUTOR JUIZ DE DIREITO DA ...... VARA
.... DO FORO DA COMARCA DE .... - ......

..................., (nacionalidade), (estado civil), (profissão), portador da cédula de identidade n. ...., inscrito no CPF sob n. ...., residente e domiciliado na Rua ...., n. ...., bairro ...., ... - ....., e-mail ....neste ato representada por seu procurador devidamente constituído através do incluso Instrumento de Mandato (doc. ....), vem à presença de Vossa Excelência propor a presente AÇÃO DE OBRIGAÇÃO DE FAZER com fundamento no art. 318 do Código de Processo Civil, em face de ....(nome), (nacionalidade), (estado civil), (profissão), portador da cédula de identidade n. ...., inscrito no CPF sob n...................., residente e domiciliado na Rua ...., n. ....., bairro ...., ... - ...., e-mail .... e ....(nome), (nacionalidade), (estado civil), (profissão), portador da cédula de identidade n. ...., inscrito no CPF sob n. ...., residente e domiciliado na Rua ...., n. ....., bairro ...., ... - ....., e-mail ...., pelos motivos de fato e de direito a seguir expostos:

DOS FATOS

(narrativa dos fatos)

DOS FUNDAMENTOS

Folha 2/3

Conforme se verificou dos fatos narrados, o autor adquiriu quotas da capital social da sociedade ...., tornando-se assim sócio dos réus.

Ocorre, porém, que, apesar de ter assinado o instrumento de alteração do contrato social e entregado aos réus juntamente com todos os documentos necessários ao registro e publicação, nenhuma providência foi tomada, conforme se comprova através da inclusa certidão da Junta Comercial.

Nesse sentido, estabelece o legislador no Código Civil que:

"Art. 247. Incorre na obrigação de indenizar perdas e danos o devedor que recusar a prestação a ele só imposta, ou só por ele exequível".

Porém, em razão da recusa dos réus no cumprimento da obrigação, prevê o Código de Processo Civil que:

"Art. 497. Na ação que tenha por objeto a prestação de fazer ou de não fazer, o juiz, se procedente o pedido, concederá a tutela específica ou determinará providências que assegurem a obtenção de tutela pelo resultado prático equivalente".

Dessa forma, não restou outra alternativa ao autor senão a propositura da presente ação.

CONCLUSÃO

Posto isto, pede desde já a citação dos réus, para que cumpram a obrigação ou contestem a ação, sob pena de sofrer os efeitos da revelia.

Folha 3/3

Pede, também, seja fixada multa diária a ser arcada pelos réus na hipótese de não cumprimento da determinação judicial.

Alternatvamente, por se tratar de obrigação infungível, desde já requer sejam os réus condenados a arcar com indenização no importe de R$ ...., referente ao capital despendido para aquisição das quotas sociais, caso não cumpram a obrigação.

Requer desde já a designação de audiência para tentativa de conciliação.

Requer, também, sejam os réus condenados a pagar honorários advocatícios e custas processuais.

Requer sejam as intimações de atos processuais realizadas em nome do advogado subscritor, que receberá intimações na Rua ________, n. ______, conforme art. 77, V, do CPC.

Requer provar o alegado por todas as formas em direito admitidas, sem exclusão de nenhuma, em especial pelo depoimento pessoal dos réus, e outras que se fizerem necessárias.

Dá-se à causa o valor de R$ .... (.......................).

Termos em que
pede deferimento

(local), ..., ... de ... de ...

ADVOGADO(A)
OAB/... n. ...

2

AÇÃO DE CANCELAMENTO DE PROTESTO

A ação de cancelamento de protesto é o instrumento judicial hábil para se cancelar um protesto quando indevido ou quando decorrer de obrigação cuja quitação se extraiu através de decisão judicial.

Dessa forma, assim temos as teses possíveis para cancelamento de protesto:

Teses gerais

Por determinação judicial sem pagamento da dívida	Art. 26, § 3º, da Lei n. 9.492/97
Por determinação judicial com pagamento da dívida	Art. 26, § 4º, da Lei n. 9.492/97

Ocorre, porém, que a obrigação nasce de um negócio jurídico específico, então, para cada caso em concreto, além das teses jurídicas gerais, devem-se aplicar as teses específicas do negócio de origem.

Uma vez que não existe procedimento especial para tal finalidade, utiliza-se o procedimento comum previsto no art. 318 do CPC, com os requisitos da petição inicial previstos no art. 319 do mesmo CPC.

Uma vez satisfeitas todas as condições da ação, já é possível trabalharmos a parte prático-profissional.

2.1. IDENTIFICAÇÃO DA PEÇA

Para que possamos interpretar corretamente o problema do Exame de Ordem e identificar a peça como sendo uma ação de cancelamento de protesto, é necessário obter-se as seguintes informações:

Identificando a peça

Quem é meu cliente?	Pessoa que pretende cancelar o registro de protesto.
Existe processo? Se sim, qual o último andamento processual?	Não, não existiria um processo judicial em andamento, justamente por se tratar de uma petição inicial.
O que ele deseja?	Cancelar o registro de protesto e/ou reabilitar o seu nome.

2.2. ESTRUTURA DA PEÇA

A seguir observaremos a ficha da técnica com a estrutura para elaboração e propositura da ação de cancelamento de protesto:

Endereçamento	
Competência	Juízo do local onde a obrigação deveria ser satisfeita (art. 53, III, *d*, do CPC)
Preâmbulo	
Partes	Autor – parte protestada Réu – credor que determinou o protesto
Nome da ação	AÇÃO DE CANCELAMENTO DE PROTESTO
Cabimento	Art. 318 do CPC
DOS FATOS	
Fatos	Demonstrar o negócio jurídico entre as partes. Demonstrar o protesto do título. Demonstrar que a obrigação já foi quitada judicialmente ou que era indevida por declaração judicial.
DO DIREITO	
Fundamento legal	Tese geral (conforme tabela anterior) + tese específica do negócio jurídico
DOS PEDIDOS E REQUERIMENTOS	
Pedidos	Pedido de procedência para cancelamento de protesto. Pedido de expedição de mandado judicial para cancelamento do protesto. Pedido de indenização, se for o caso (casos de protesto indevido).
Requerimentos	• citação; • condenação em custas processuais e honorários sucumbenciais; • realização ou não de audiência; • intimação de atos processuais; • provas.
Valor da causa	Valor da obrigação protestada.

Apresentamos na sequência um modelo de peça para ação de cancelamento de protesto:

Folha 1/3

EXCELENTÍSSIMO SENHOR DOUTOR JUIZ DE DIREITO DA ..... VARA .... DO FORO DA COMARCA DE .... - .....

................., (nacionalidade), (estado civil), (profissão), portador da cédula de identidade n. ...., inscrito no CPF sob n. ...., residente e domiciliado na Rua ...., n. ...., bairro ...., ... - ..., e-mail ....neste ato representada por seu procurador devidamente constituído através do incluso Instrumento de Mandato (doc. .....), vem à presença de Vossa Excelência propor a presente AÇÃO DE CANCELAMENTO DE PROTESTO com fundamento no art. 318 do Código de Processo Civil, em face de ....(nome), (nacionalidade), (estado civil), (profissão), portador da cédula de identidade n. ...., inscrito no CPF sob n. ...., residente e domiciliado na Rua ...., n. ....., bairro ...., ... - ...., e-mail ...., pelos motivos de fato e de direito a seguir expostos:

DOS FATOS

(narrativa dos fatos)

DOS FUNDAMENTOS

Conforme se verificou dos fatos narrados, o autor adquiriu produtos para revenda junto ao réu, sendo emitida uma duplicata no valor de R$ .... (................) para materializar a obrigação, com vencimento para .../.../.....

Ocorre que, conforme noticiado, na data do vencimento não foi possível o autor quitar a obrigação, tendo quitado a dívida apenas no dia

Folha 2/3

...../...../....., ou seja, 15 (quinze) dias depois, mediante depósito bancário, cujo comprovante ora se junta.

Porém, por descontrole do réu, como o título permaneceu em seu poder, providenciou indevidamente o protesto junto ao cartório, conforme certidão ora acostada, contrariando a Lei n. 5.474/68, que autoriza o protesto somente nos seguintes casos:

"Art. 13. A duplicata é protestável por falta de aceite, de devolução ou de pagamento".

Nesse sentido, como a duplicata já estava quitada quando do protesto, estabelece o legislador através da Lei n. 9.492/97 que:

"Art. 26. O cancelamento do registro do protesto será solicitado diretamente ao Tabelionato de Protesto de Títulos, por qualquer interessado, mediante apresentação do documento protestado, cuja cópia ficará arquivada.

(...)

§ 4º Quando a extinção da obrigação decorrer de processo judicial, o cancelamento do registro do protesto poderá ser solicitado com a apresentação da certidão expedida pelo juízo processante, com a menção do trânsito em julgado, que substituirá o título ou o documento de dívida protestado".

Dessa forma, não restou outra alternativa ao autor, senão a propositura da presente ação.

CONCLUSÃO

Assim sendo, pede seja a presente ação julgada procedente para determinar o cancelamento do referido protesto, com a respectiva ex-

Folha 3/3

pedição de mandado de cancelamento endereçado ao Tabelionato de Protesto de Títulos.

Requer a citação do réu, para que, querendo, conteste a presente ação, sob pena de sofrer os efeitos da revelia.

Requer desde já a designação de audiência para tentativa de conciliação.

Requer, também, seja o réu condenado a pagar honorários advocatícios e custas processuais.

Requer sejam as intimações de atos processuais realizadas em nome do advogado subscritor, que receberá intimações na Rua ________, n. ___, conforme art. 77, V, do CPC.

Requer provar o alegado por todas as formas em direito admitidas, sem exclusão de nenhuma, em especial pelo depoimento pessoal dos réus, e outras que se fizerem necessárias.

Dá-se à causa o valor de R$ .... (......................).

Termos em que
pede deferimento

(local), ..., ... de ... de ...

ADVOGADO(A)
OAB/... n. ...

3

AÇÃO DE INEXIGIBILIDADE DE DÍVIDA OU DE TÍTULO DE CRÉDITO

A ação de inexigibilidade de dívida ou de título de crédito é uma ação de cunho declaratório de nulidade e que tem por finalidade descaracterizar um negócio jurídico existente entre as partes ou a descaracterização do título que materializou essa obrigação. Dessa forma, através dessa ação é possível atacarmos a obrigação em si, em torno de eventuais vícios que cercam o negócio jurídico (gerais e específicos) ou vícios em relação aos requisitos de validade do título que materializou a obrigação.

Em relação ao negócio jurídico, em si, frisamos que para a sua validade é necessário observar os requisitos do negócio jurídico previstos no art. 104 do CC, a saber:

- agente capaz;
- objeto possível e lícito;
- forma prescrita ou não defesa em lei.

Já em relação aos vícios do negócio jurídico, temos que observar a ocorrência de uma das possibilidades que levam à sua nulidade:

Teses para vícios do negócio jurídico

Erro ou ignorância	Art. 138 do CC
Dolo	Art. 145 do CC
Coação	Art. 151 do CC
Estado de perigo	Art. 156 do CC

Teses para vícios do negócio jurídico	
Lesão	Art. 157 do CC
Fraude contra credores	Art. 158 do CC
Lesão	Art. 157 do CC
Simulação	Art. 167 do CC

Em relação ao negócio jurídico, é importante observar-se a tempestividade de anulação de 4 (quatro) anos, prevista no art. 178 do CC.

Já os títulos de crédito, por sua, vez, terão sua validade confirmada sempre que respeitarem os requisitos para sua validade, a saber:

Teses para vícios dos títulos - Requisitos de validade dos títulos de crédito	
Cheque	Art. 887 do CC; Arts. 1º e 2º da Lei n. 7.357/85
Duplicata	Art. 887 do CC; Art. 2º da Lei n. 5.474/68
Letra de câmbio	Art. 887 do CC; Art. 1º do Decreto n. 57.663/66
Nota promissória	Art. 887 do CC; Art. 75 do Decreto n. 57.663/66

De qualquer forma, em relação aos títulos de crédito é necessário observar o que dispõe a Súmula 387 do STF:

> Súmula 387 do STF – A cambial emitida ou aceita com omissões, ou em branco, pode ser completada pelo credor de boa-fé antes da cobrança ou do protesto.

Assim, na hipótese de verificação de uma das teses possíveis que afirmem a invalidade do negócio jurídico ou do título, é possível propor a ação de inexigibilidade de dívida.

Uma vez satisfeitas todas as condições da ação, já é possível trabalharmos a parte prático-profissional.

3.1. IDENTIFICAÇÃO DA PEÇA

Para que possamos interpretar corretamente o problema do Exame de Ordem e identificar a peça como sendo uma ação de inexigibilidade de dívida, é necessário obter-se as seguintes informações:

Identificando a peça

Quem é meu cliente?	Suposto devedor da obrigação.
Existe processo? Se sim, qual o último andamento processual?	Não, não existiria um processo judicial em andamento, justamente por se tratar de uma petição inicial.
O que ele deseja?	Declarar a nulidade do negócio jurídico e do título para tornar a dívida inexigível.

3.2. ESTRUTURA DA PEÇA

A seguir observaremos a ficha da técnica com a estrutura para elaboração e propositura da ação de inexigibilidade de dívida:

Endereçamento	
Competência	Juízo do local onde a obrigação deveria ser satisfeita (art. 53, III, *d*, do CPC)
Preâmbulo	
Partes	Autor – pretenso devedor da obrigação Réu – credor da obrigação
Nome da ação	AÇÃO DE INEXIGIBILIDADE DE DÍVIDA
Cabimento	Art. 318 do CPC
DOS FATOS	
Fatos	Demonstrar o negócio jurídico entre as partes. Demonstrar o vício do negócio jurídico ou o vício do título de crédito.
DO DIREITO	
Fundamento legal	Tese geral (conforme tabelas anteriores) + tese específica do negócio jurídico
DOS PEDIDOS E REQUERIMENTOS	
Pedidos	Pedido de procedência para declarar nula a obrigação e/ou o título de crédito, com a consequente inexigibilidade da dívida.
Requerimentos	• citação; • condenação em custas processuais e honorários sucumbenciais; • realização ou não de audiência; • intimação de atos processuais; • provas.
Valor da causa	Valor da obrigação.

Apresentamos na sequência um modelo de peça para ação de inexigibilidade de dívida:

Folha 1/3

EXCELENTÍSSIMO SENHOR DOUTOR JUIZ DE DIREITO DA .... VARA .... DO FORO DA COMARCA DE .... - ....

................., (nacionalidade), (estado civil), (profissão), portador da cédula de identidade n. ...., inscrito no CPF sob n. ...., residente e domiciliado na Rua ...., n. ....., bairro ...., ... - ..., e-mail ....neste ato representada por seu procurador devidamente constituído através do incluso Instrumento de Mandato (doc. .....), vem à presença de Vossa Excelência propor a presente AÇÃO DE INEXIGIBILIDADE DE DÍVIDA com fundamento no art. 318 do Código de Processo Civil, em face de .... (nome)........, (nacionalidade), (estado civil), (profissão), portador da cédula de identidade n. ...., inscrito no CPF sob n. ...., residente e domiciliado na Rua ...., n. ....., bairro ...., ... - ...., e-mail ...., pelos motivos de fato e de direito a seguir expostos:

DOS FATOS

(narrativa dos fatos)

DOS FUNDAMENTOS

Conforme se verificou dos fatos narrados, a ré emitiu uma duplicata de n. ...., no valor de R$ .... (.............), com vencimento para ...../......../..........

Ocorre que, conforme noticiado, nunca foi realizado qualquer negócio jurídico entre as partes, tratando-se, portanto, de emissão de duplicata

Folha 2/3

simulada para atender exclusivamente os interesses da ré, sendo que o autor tomou conhecimento, haja vista que o referido título foi endossado em favor de ...., que por sua vez lhe cobrou o valor previsto na cártula.

Como não havia realizado nenhum negócio jurídico com qualquer umas das partes previstas no título, notificou formalmente a ré e a endossatária, comunicando a inexistência de negócio jurídico, conforme comprova o documento acostado.

A endossatária por sua vez informou que, diante dos fatos, restituiu o título a endossante, resolvendo a pendência entre elas, mas restando a pendência do autor em relação a ré.

Estabelece a Lei n. 5.474/68, art. 2º, que uma duplicata só pode ser emitida nos casos:

> "Art. 2º No ato de emissão da fatura, dela poderá ser extraída uma duplicata para circulação com efeito comercial, não sendo admitida qualquer outra espécie de título de crédito para documentar o saque do vendedor pela importância faturada ao comprador".

Nesse sentido, como não houve negócio jurídico entre as partes, impossível seria a emissão do título, tratando-se de negócio simulado, como estabelece o Código Civil:

> "Art. 167. É nulo o negócio jurídico simulado, mas subsistirá o que se dissimulou, se válido for na substância e na forma".

Dessa forma, não restou outra alternativa ao autor senão a propositura da presente ação.

CONCLUSÃO

Assim sendo, pede seja a presente ação julgada procedente para

Folha 3/3

determinar a declaração de nulidade da duplicata emitida pela ré, bem como declarar inexigível a obrigação em questão por nula de pelo direito.

Requer a citação da ré, para que, querendo, conteste a presente ação, sob pena de sofrer os efeitos da revelia.

Requer desde já a designação de audiência para tentativa de conciliação.

Requer, também, seja a ré condenada a pagar honorários advocatícios e custas processuais.

Requer sejam as intimações de atos processuais realizadas em nome do advogado subscritor, que receberá intimações na Rua ________, n. ________, conforme art. 77, V, do CPC.

Requer provar o alegado por todas as formas em direito admitidas, sem exclusão de nenhuma, em especial pelo depoimento pessoal dos réus, e outras que se fizerem necessárias.

Dá-se à causa o valor de R$ .... (.......................).

Termos em que
pede deferimento

(local), ..., ... de ... de ...

ADVOGADO(A)
OAB/... n. ...

4

AÇÃO PAULIANA

A ação pauliana, também conhecida como ação revocatória, é a medida judicial cabível para que o credor quirografário declare a nulidade de negócio jurídico praticado pelo devedor insolvente ou em conluio com uma ou mais pessoas.

Essa ação tem por finalidade viabilizar a eventual solvência de obrigação que o credor quirografário firmou com o devedor. Portanto, trata-se de uma medida que tem por objeto evitar ou atenuar os efeitos de eventual fraude praticada contra credor.

Ela é de legitimidade apenas do credor quirografário, já que o credor com garantias (real ou pessoal) deve executar as respectivas garantias como forma de solvência de seu crédito.

Dessa forma, existem algumas teses possíveis que permitem a anulação do negócio jurídico fraudulento praticado pelo devedor, a saber:

Teses para fraude contra credores

Transmissão gratuita de bens	Arts. 158 e 161 do CC
Remissão de dívidas	Arts. 158 e 161 do CC
Garantia insuficiente	Arts. 158, §1º, e 161 do CC
Insolvência notória	Arts. 159 e 161 do CC

Assim sendo, uma vez anulado o negócio jurídico fraudulento praticado pelo devedor insolvente, aplicam-se em benefício do credor quirografário os efeitos previstos no art. 165 do Código Civil.

Então, na hipótese de verificação de uma das teses possíveis que afirmem a invalidade do negócio jurídico, é possível propor a ação pauliana.

Uma vez satisfeitas todas as condições da ação, já é possível trabalharmos a parte prático-profissional.

4.1. IDENTIFICAÇÃO DA PEÇA

Para que possamos interpretar corretamente o problema do Exame de Ordem e identificar a peça como sendo uma ação pauliana, é necessário se obter as seguintes informações:

Identificando a peça

Quem é meu cliente?	Credor quirografário.
Existe processo? Se sim, qual o último andamento processual?	Não, não existiria um processo judicial em andamento, justamente por se tratar de uma petição inicial.
O que ele deseja?	Declarar a nulidade do negócio jurídico praticado fraudulentamente pelo devedor, sozinho ou em conluio com uma ou mais pessoas.

4.2. ESTRUTURA DA PEÇA

A seguir observaremos a ficha da técnica com a estrutura para elaboração e propositura da ação pauliana:

Endereçamento	
Competência	Juízo do local onde a obrigação deveria ser satisfeita (art. 53, III, *d*, do CPC)
Preâmbulo	
Partes	Autor – credor quirografário Réu – devedor que pratica fraude e terceiro(s), quando for o caso
Nome da ação	AÇÃO PAULIANA
Cabimento	Art. 318 do CPC
DOS FATOS	
Fatos	Demonstrar o negócio jurídico entre as partes. Demonstrar a insolvência do devedor. Demonstrar a fraude praticada pelo devedor insolvente.
DO DIREITO	
Fundamento legal	Ver quadro de teses possíveis.

DOS PEDIDOS E REQUERIMENTOS	
Pedidos	Pedido de procedência para declarar a nulidade do negócio jurídico praticado pelo devedor e a restituição do bem ao seu patrimônio, se for o caso.
Requerimentos	• citação; • condenação em custas processuais e honorários sucumbenciais; • realização ou não de audiência; • intimação de atos processuais; • provas.
Valor da causa	Valor da obrigação.

Apresentamos na sequência um modelo de peça para ação pauliana:

Folha 1/3

EXCELENTÍSSIMO SENHOR DOUTOR JUIZ DE DIREITO DA .... VARA .... DO FORO DA COMARCA DE .... - ......

..................., (nacionalidade), (estado civil), (profissão), portador da cédula de identidade n. ...., inscrito no CPF sob n. ...., residente e domiciliado na Rua ...., n. ......, bairro ...., ... - ....., e-mail ....neste ato representado por seu procurador devidamente constituído através do incluso Instrumento de Mandato (doc. ......), vem à presença de Vossa Excelência propor a presente AÇÃO PAULIANA com fundamento no art. 318 do Código de Processo Civil, em face de ....(nome), (nacionalidade), (estado civil), (profissão), portador da cédula de identidade n. ...., inscrito no CPF sob n. ...., residente e domiciliado na Rua ...., n. ...., bairro ...., ... - ....., e-mail .... e de ....(nome), (nacionalidade), (estado civil), (profissão), portador da cédula de identidade n. ...., inscrito no CPF sob n. ...., residente e domiciliado na Rua ...., n. ...., bairro ....,

.... – ....., e-mail ...., pelos motivos de fato e de direito a seguir expostos:

DOS FATOS

(narrativa dos fatos)

DOS FUNDAMENTOS

Folha 2/3

É de se observar pelos fatos apresentados que o Réu, quando já insolvente, em conluio com o corréu, praticou ato gratuito de transferência patrimonial, infringindo o Código Civil, como se observa:

> *"Art. 158. Os negócios de transmissão gratuita de bens ou remissão de dívida, se os praticar o devedor já insolvente, ou por eles reduzido à insolvência, ainda quando o ignore, poderão ser anulados pelos credores quirografários, como lesivos dos seus direitos".*

Assim sendo, uma vez que o réu e o corréu praticaram tal ato em conjunto, devem figurar em conjunto no polo passivo da presente demanda, segundo previsão do mesmo diploma:

> *"Art. 161. A ação, nos casos dos arts. 158 e 159, poderá ser intentada contra o devedor insolvente, a pessoa que com ele celebrou a estipulação considerada fraudulenta, ou terceiros adquirentes que hajam procedido de má-fé".*

De forma a se garantir a solvência do crédito, estabelece o mesmo legislador civil que:

> *"Art. 165. Anulados os negócios fraudulentos, a vantagem resultante reverterá em proveito do acervo sobre que se tenha de efetuar o concurso de credores".*

Dessa forma, não restou outra alternativa ao autor senão a propositura da presente ação.

CONCLUSÃO

Folha 3/3

Posto isto, pede o autor seja a presente ação julgada procedente para declarar a nulidade no negócio jurídico praticado entre as partes, restituindo-se, assim, o bem ao patrimônio do réu.

Requer a citação do réu, para que, querendo, conteste a presente ação, sob pena de sofrer os efeitos da revelia.

Requer desde já a designação de audiência para tentativa de conciliação.

Requer, também, seja o réu condenado a pagar honorários advocatícios e custas processuais.

Requer sejam as intimações de atos processuais realizadas em nome do advogado subscritor, que receberá intimações na Rua ____________, n. ______, conforme art. 77, V, do CPC.

Requer provar o alegado por todas as formas em direito admitidas, sem exclusão de nenhuma, em especial pelo depoimento pessoal dos réus, e outras que se fizerem necessárias.

Dá-se à causa o valor de R$ .... (......................).

Termos em que
pede deferimento

(local), ..., ... de ... de ...

ADVOGADO(A)
OAB/... n. ...

5

AÇÃO DE CONSIGNAÇÃO EM PAGAMENTO

A consignação de pagamento tem cabimento sempre que o devedor, ou terceiro, pretender o pagamento de determinado valor ou a entrega de determinada coisa, mas que por uma razão determinada seja impedido de fazê-lo. Assim sendo, a ação de consignação em pagamento objetiva evitar a constituição em mora do devedor e ao mesmo tempo não permitir que se configure o descumprimento de determinada obrigação.

As hipóteses que ensejam um pedido de consignação estão previstas no art. 335 do Código Civil da seguinte forma:

Hipóteses de consignação
• Se o credor não puder receber.
• Se o credor não quiser receber.
• Se o credor se recusar a dar quitação.
• Se o credor exigir o recebimento em condições diversas das pactuadas.
• Se houver dúvida quanto a quem seja o credor.

Também temos que ressaltar que existe mais de uma forma possível de consignação, podendo ela ser extrajudicial ou judicial. A consignação extrajudicial é feita diretamente em banco oficial (art. 539, §1º, do CPC), sem a necessidade de ação judicial, exceto nos casos de recusa no recebimento manifestada pelo credor, em relação ao depósito bancário, quando então será necessária a propositura de ação judicial.

Já a consignação judicial requer atenção de nossa parte, já que existem duas ações próprias para tal finalidade, uma prevista no Código de Processo Civil (art. 539), nosso objeto de estudo neste momento, e outra de consignação de aluguel e acessórios da locação (art. 67 da Lei n. 8.245/91), tratada anteriormente.

A ação de consignação prevista na Lei n. 8.245/91 é específica para aluguel e acessórios da locação, portanto, todos os demais objetos de consignação deverão seguir o rito do Código de Processo Civil de que aqui se trata.

Trata-se de ação de procedimento especial previsto nos arts. 539 a 549 do CPC, e a petição inicial, além dos requisitos próprios do art. 319, deverá ainda respeitar os requisitos específicos do art. 542, quais sejam:

Requerimentos específicos
• Requerer o depósito do valor ou da coisa devida no prazo de 5 dias do deferimento.
• Requerer a citação do réu para levantar o depósito ou contestar a ação.

Como se trata de uma ação de procedimento especial, apresentamos a seguir a linha processual do tempo do procedimento judicial:

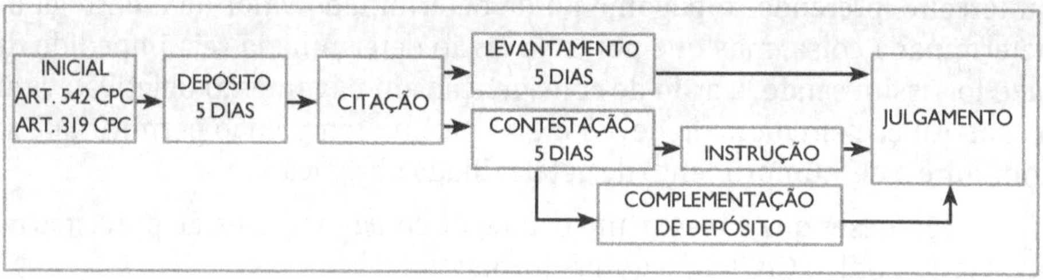

A eventual contestação da ação de consignação em pagamento é de cognição restrita, limitando-se à arguição das seguintes matérias (art. 544 do CPC):

- Ausência de recusa no recebimento da quantia ou coisa;
- Justa causa para recusa;
- Depósito efetuado fora do prazo ou local convencionado;
- Depósito em valor insuficiente.

Uma vez satisfeitas todas as condições da ação, já é possível trabalharmos a parte prático-profissional.

5.1. IDENTIFICAÇÃO DA PEÇA

Para que possamos interpretar corretamente o problema do Exame de Ordem e identificar a peça como sendo uma ação de consignação em pagamento, é necessário se obter as seguintes informações:

Identificando a peça

Quem é meu cliente?	Devedor ou terceiro.
Existe processo? Se sim, qual o último andamento processual?	Não, não existiria um processo judicial em andamento, justamente por se tratar de uma petição inicial.
O que ele deseja?	Consignar valores ou coisa para evitar a configuração da mora e o descumprimento de obrigação contratual.

5.2. ESTRUTURA DA PEÇA

A seguir observaremos a ficha da técnica com a estrutura para elaboração e propositura da ação de consignação em pagamento:

Endereçamento	
Competência	Juízo do local de pagamento (art. 540 do CPC)
Preâmbulo	
Partes	Autor – devedor ou terceiro Réu – credor
Nome da ação	AÇÃO DE CONSIGNAÇÃO EM PAGAMENTO
Cabimento	Art. 539 do CPC
DOS FATOS	
Fatos	Demonstrar relação obrigacional entre as partes. Demonstrar hipótese de impedimento de cumprimento da obrigação. Demonstrar requisitos da petição inicial (art. 542 do CPC).
DO DIREITO	
Fundamento legal	Arts. 334 e 335 do Código Civil e art. 539 do CPC + fundamento específico do negócio jurídico entre as partes
DOS PEDIDOS E REQUERIMENTOS	
Pedidos	Pedido de autorização de depósito judicial em 5 dias. Pedido alternativo para que o réu escolha a coisa a ser depositada, em cinco dias, quando o objeto for indeterminado. Procedência da ação para declarar a quitação da obrigação. Pedido de autorização de depósito de valores futuros.
Requerimentos	• citação para levantamento do depósito (ou da coisa) ou contestação; • condenação em custas processuais e honorários sucumbenciais; • realização ou não de audiência; • intimação de atos processuais; • provas.
Valor da causa	Valor da obrigação ou da coisa.

Apresentamos na sequência um modelo de peça para ação de consignação em pagamento:

▾ Folha 1/4

EXCELENTÍSSIMO SENHOR DOUTOR JUIZ DE DIREITO DA .... VARA .... DO FORO DA COMARCA DE .... - ...

..................(nome empresarial), empresa devidamente inscrita no CNPJ sob n. ...., estabelecida na Rua ...., n. ...., bairro ...., ... - ...., e-mail ...., por seu administrador, ...(nome), (nacionalidade), (estado civil), (profissão), portador da cédula de identidade n. ...., inscrito no CPF sob n. ...., residente e domiciliado na Rua ...., n. ...., bairro ...., ... - ...., e-mail ...., neste ato representada por seu procurador devidamente constituído através do incluso Instrumento de Mandato (doc. .....), vem à presença de Vossa Excelência propor a presente AÇÃO DE CONSIGNAÇÃO EM PAGAMENTO com fundamento no art. 539 do Código de Processo Civil, em face de ....(nome), (nacionalidade), (estado civil), (profissão), portador da cédula de identidade n. ...., inscrito no CPF sob n. ...., residente e domiciliado na Rua ...., n. ...., bairro ...., ... - ...., e-mail ...., pelos motivos de fato e de direito a seguir expostos:

DOS FATOS

(narrativa dos fatos)

Folha 2/4

DOS FUNDAMENTOS

Conforme se verificou dos fatos narrados, o Requerente tentou efetuar o pagamento ao Requerido, que se recusa a receber os valores referentes à prestação de serviços, compreendidos esses no importe mensal de R$ ..... (.......................), como se verifica do contrato acostado.

Em razão dessa recusa, clara está a hipótese de incidência, assim prevista no Código Civil:

> "Art. 335. A consignação tem lugar:
> I - se o credor não puder, ou, sem justa causa, recusar receber o pagamento, ou dar quitação na devida forma".

Assim sendo, evitando a constituição em mora, bem como a configuração de descumprimento contratual, preceitua o art. 539 do Código de Processo Civil:

> "Art. 539. Nos casos previstos em lei, poderá o devedor ou terceiro requerer, com efeito de pagamento, a consignação da quantia ou coisa devida".

Dessa forma, complementa o legislador civil que:

> "Art. 334. Considera-se pagamento, e extingue a obrigação, o depósito judicial ou em estabelecimento bancário da coisa devida, nos casos e formas legais".

E, em complemento, o Código de Processo Civil determina:

Folha 3/4

> "Art. 540. Requerer-se-á a consignação no lugar do pagamento, cessando para o devedor, à data do depósito, os juros e os riscos, salvo se a demanda for julgada improcedente".

Considerando a recusa em receber do Requerido e para não ser constituído em mora, justifica-se, assim, a adoção da presente medida judicial.

CONCLUSÃO

Posto isto, é a presente para requerer a autorização para depósito judicial no valor de R$ ...... (................) a título de pagamento no prazo de 5 (cinco) dias, a contar a partir da autorização judicial.

Assim sendo, pede que ao final a presente ação seja julgada procedente, com a declaração de quitação das obrigações do Requerente em relação ao Requerido.

Requer-se a citação do Requerido no endereço declinado, para que responda aos termos da presente ação, sob pena de sofrer os efeitos da revelia, ou que levante o depósito ofertado como conforme de quitação da obrigação.

Requer desde já a autorização para realização dos depósitos futuros, nas mesmas datas de vencimento contratual, anteriormente demonstrado.

Requer seja o Requerido condenado a arcar com honorários sucumbenciais e demais custas processuais.

Requer-se, finalmente, digne-se Vossa Excelência determinar que as intimações de atos processuais sejam publicadas em nome do advogado subscrito, que receberá intimações na Rua ____________, n.____, conforme art. 77, V, do CPC.

Requer provar o alegado por todos os meios de prova em direito admitidos, em especial pelo depoimento pessoal do Requerido, oitiva de testemunhas, juntada de documentos, perícia e outros que se fizerem

Folha 4/4

necessários à instrução do presente feito.

Dá-se à causa o valor de R$ .... (.....................).

Termos em que

pede deferimento

(local), ..., ... de ... de ...

ADVOGADO(A)

OAB/... n. ...

6

EMBARGOS DE TERCEIRO

Os embargos de terceiro constituem meio judicial a ser utilizado por terceiro, portanto parte estranha a um processo judicial, e têm por finalidade evitar ou desconstituir a constrição patrimonial de um bem que possua ou sobre o qual tenha direito.

O primeiro cuidado que se deve ter é que, por ser uma medida judicial de terceiro, não se pode confundir com a medida de oposição, já que possui como autor também um terceiro estranho ao processo judicial em andamento.

Dessa forma, assim se verifica a estrutura dos dois instrumentos:

EMBARGOS DE TERCEIRO – Art. 674 do CPC	
Objeto	Desconstituir ou evitar a constrição de seu patrimonial.
Utilizado em que tipo de processo	Processo de conhecimento. Cumprimento de sentença. Processo de execução.
Natureza jurídica	Ação.
OPOSIÇÃO – Art. 682 do CPC	
Objeto	Requerer o direito controvertido entre autor e réu.
Utilizado em que tipo de processo	Processo de conhecimento.
Natureza jurídica	Ação.

Claro está, portanto, que na oposição discute-se o direito propriamente dito, e aqui, nos embargos de terceiro, discute-se tão somente a constrição patrimonial que se pretende evitar ou desfazer.

Assim sendo, a tese jurídica a ser invocada para a medida gravita em torno da propriedade (art. 1.228 do CC), posse (art. 1.196 do CC ou outro no mesmo sentido) ou direitos sobre determinado bem (exemplo: herança).

Trata-se de uma ação de procedimento especial previsto nos arts. 674 a 681 do CPC e que deve respeitar os requisitos próprios do art. 319, além das regras processuais específicas, a saber:

Regras processuais específicas
• Pode ser oposto em processo de conhecimento a qualquer tempo antes do trânsito em julgado da sentença.
• Pode ser oposto em cumprimento de sentença em até 5 dias depois da adjudicação do bem, desde que antes da assinatura da carta de arrematação.
• Pode ser oposto em processo de execução em até 5 dias depois da adjudicação do bem, desde que antes da assinatura da carta de arrematação.
• Fazer prova de propriedade, posse ou direito sobre o bem, oferecendo documentos ou rol de testemunhas.
• Fazer prova da condição de terceiro.
• Distribuição por dependência aos autos principais.

Uma vez satisfeitas todas as condições da ação, já é possível trabalharmos a parte prático-profissional.

6.1. IDENTIFICAÇÃO DA PEÇA

Para que possamos interpretar corretamente o problema do Exame de Ordem e identificar a peça como sendo embargos de terceiro, é necessário se obter as seguintes informações:

Identificando a peça	
Quem é meu cliente?	Terceiro que teve o bem sob ameaça de constrição ou constrito.
Existe processo? Se sim, qual o último andamento processual?	Sim, e o último ato processual foi a constrição de um bem de sua posse ou propriedade, ou ainda o conhecimento de que será indicado a penhora ou qualquer outro ato constritivo.
O que ele deseja?	Evitar ou desconstituir a constrição patrimonial.

Como se trata de procedimento especial, apresentamos a seguir a linha processual do tempo para verificarmos a possibilidade de interposição da medida:

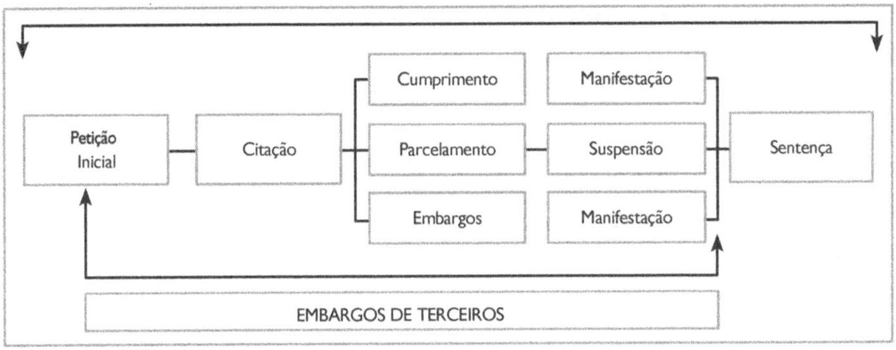

6.2. ESTRUTURA DA PEÇA

A seguir observaremos a ficha da técnica com a estrutura para elaboração e propositura de embargos de terceiro:

Endereçamento	
Competência	Juízo da causa (art. 675 do CPC) – são distribuídos por dependência aos autos principais
Preâmbulo	
Partes	Embargante – terceiro Embargados – em regra é o autor do processo principal, exceto quando o réu indicar o bem de terceiro a penhora
Nome da ação	EMBARGOS DE TERCEIRO
Cabimento	Art. 674 do CPC
DOS FATOS	
Fatos	Demonstrar a ameaça ou a constrição de seu patrimônio nos autos principais. Demonstrar a condição de terceiro legitimado. Demonstrar a condição de proprietário ou possuidor do bem. Demonstrar tempestividade.
DO DIREITO	
Fundamento legal	Arts. 1.196 e 1.228 do CC, ou outro que demonstre o direito sobre o bem; arts. 674, 675, 676 e 677 do CPC, e, se for o caso, Súmulas 84 e 134 do STJ.
DOS PEDIDOS E REQUERIMENTOS	
Pedidos	Pedido de suspensão do processo principal. Pedido de procedência dos embargos para desfazer ou coibir o ato de constrição patrimonial sobre seu bem.
Requerimentos	• citação do réu na pessoa do advogado; • condenação em custas processuais e honorários sucumbenciais; • intimação de atos processuais; • provas.
Valor da causa	Valor do bem.

Apresentamos na sequência um modelo de peça para embargos de terceiro:

Folha 1/3

EXCELENTÍSSIMO DOUTOR JUIZ DE DIREITO DA ..... VARA .... DO FORO DA COMARCA DE .... NO ESTADO DE - ....

Distribuição por dependência aos autos do processo n. ....

..............................., (nacionalidade), (estado civil), (profissão), portador da cédula de identidade n. ...., inscrito no CPF sob n. ...., residente e domiciliado na Rua ...., n. ......, bairro ...., cidade .... - ......, por seu advogado, nos autos do processo em epígrafe da AÇÃO DE EXECUÇÃO que .... move em face de ...., vem à presença de Vossa Excelência, com fundamento no art. 674 do Código de Processo Civil, opor EMBARGOS DE TERCEIRO, em face de ...., (nacionalidade), (estado civil), (profissão), portador da cédula de identidade n. ...., inscrito no CPF sob n. ...., residente e domiciliado na Rua ...., n. ....., e-mail ...., pelas razões de fato e de direito a seguir expostas:

DOS FATOS

(narrativa dos fatos)

DOS FUNDAMENTOS

Folha 2/3

Como se verificou pelos fatos narrados e pelas provas apresentadas, é o embargante o legítimo proprietário do bem, cuja penhora foi lavrada nos autos em razão de o bem encontrar-se na posse do executado.

Tal propriedade vem assim garantida no Código Civil:

"Art. 1.228. O proprietário tem a faculdade de usar, gozar e dispor da coisa, e o direito de reavê-la do poder de quem quer que injustamente a possua ou detenha".

E estabelece o legislador no Código de Processo Civil que:

"Art. 674. Quem, não sendo parte no processo, sofrer constrição ou ameaça de constrição sobre bens que possua ou sobre os quais tenha direito incompatível com o ato constritivo, poderá requerer seu desfazimento ou sua inibição por meio de embargos de terceiro".

Assim sendo, considerando a qualidade de terceiro do embargante e conferida a sua propriedade em relação ao bem constrito nos autos, claro está o cabimento da presente medida, para que se desfaça o ato de constrição.

CONCLUSÃO

Diante do exposto, requer-se:

a) a imediata suspensão do processo de execução para que nenhum prejuízo reste ao patrimônio do embargante;

b) que sejam julgados procedentes os presentes embargos, para fins de se desfazer o ato de constrição patrimonial, liberando-se o bem

Folha 3/3

de propriedade do embargante;

c) determinar a citação do embargado na pessoa de seu advogado, para que, querendo, conteste os presentes embargos;

d) a condenação do embargado em custas processuais e honorários sucumbenciais a serem arbitrados em juízo.

e) sejam as intimações de atos processuais em nome do advogado subscritor, que receberá intimações na Rua ______________, n. __________, conforme art. 77, V, do CPC.

Requer provar o alegado por todos os meios de prova em direito admitidos, em especial pela juntada dos documentos e outros que se fizerem necessários.

Dá-se à causa o valor de R$ .... (.....................).

Termos em que
pede deferimento

(local), ..., ... de ... de ...

ADVOGADO(A)
OAB/... n. ...

7

AÇÃO MONITÓRIA

A ação monitória é um dos instrumentos possíveis para se compelir o devedor ao cumprimento de uma obrigação. Além da ação monitória, que serve para obrigações pecuniárias, de entrega de coisa ou de fazer e não fazer, o devedor poderia ser compelido ao cumprimento da obrigação através de uma ação de cobrança para uma obrigação pecuniária, uma ação de obrigação de dar, fazer ou não fazer, ou entregar coisa, ou ainda através de uma ação de execução.

Logo, o primeiro passo aqui é diferenciarmos os meios possíveis da seguinte forma:

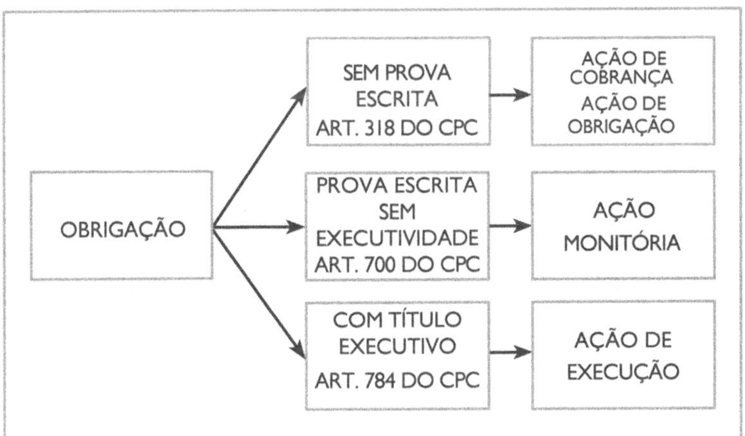

Em relação ao documento que possa ser utilizado para cobrança, temos o seguinte cenário:

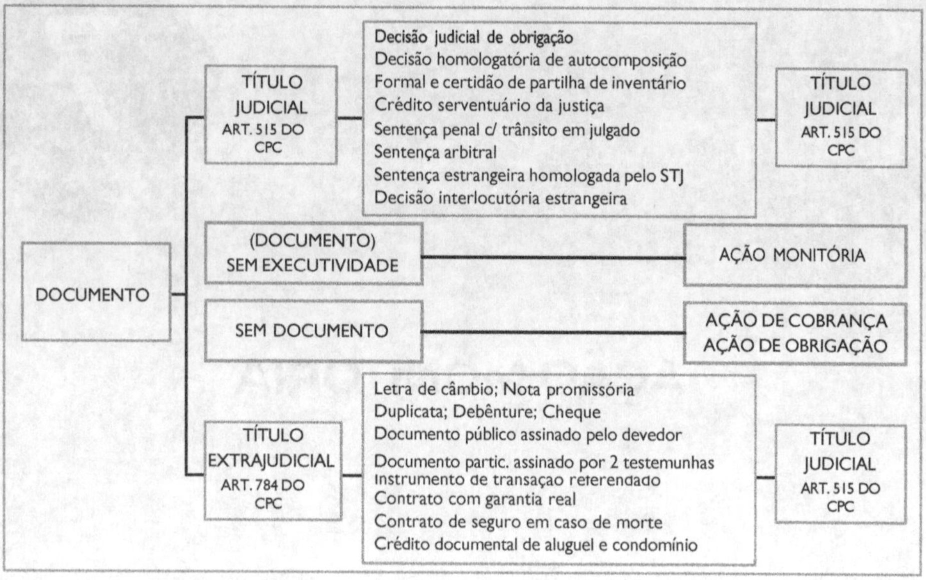

Dessa forma, é de se perceber que a ação monitória é um meio intermediário, em que já não se necessita do processo de conhecimento para produzir prova da obrigação, porém, o documento que prova a obrigação não possui força executiva, de forma que não se permite a utilização da ação de execução.

Trata-se de ação de procedimento especial previsto nos arts. 700 a 702 do CPC, e a petição inicial, além dos requisitos próprios do art. 319, deverá ainda conter:

- o valor da importância devida com a memória de cálculo;
- o conteúdo patrimonial em discussão ou o proveito econômico;
- o valor da coisa reclamada.

Esses requisitos anteriores servirão de base para atribuição do valor da causa.

Como se trata de uma ação de procedimento especial, apresentamos a seguir a linha processual do tempo do procedimento judicial:

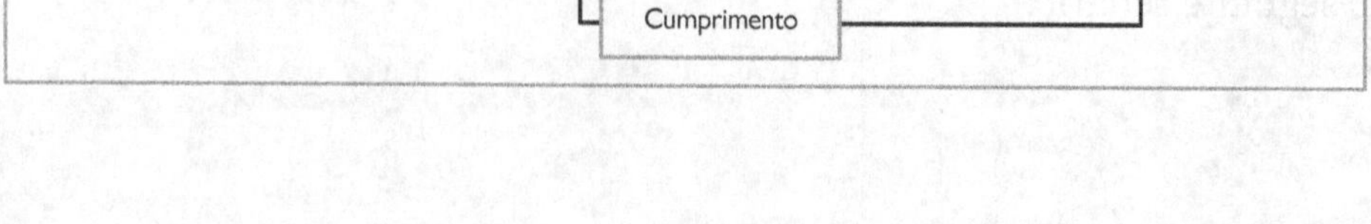

Uma vez satisfeitas todas as condições da ação, já é possível trabalharmos a parte prático-profissional.

7.1. IDENTIFICAÇÃO DA PEÇA

Para que possamos interpretar corretamente o problema do Exame de Ordem e identificar a peça como sendo uma ação monitória, é necessário se obter as seguintes informações:

Identificando a peça

Quem é meu cliente?	Credor da obrigação.
Existe processo? Se sim, qual o último andamento processual?	Não, não existiria um processo judicial em andamento, justamente por se tratar de uma petição inicial.
O que ele deseja?	Obter o cumprimento da obrigação ou a conversão do documento escrito em título executivo.

7.2. ESTRUTURA DA PEÇA

A seguir observaremos a ficha da técnica com a estrutura para elaboração e propositura da ação monitória:

Endereçamento	
Competência	Juízo do local onde a obrigação deveria ser satisfeita (53, III, *d*, do CPC)
Preâmbulo	
Partes	Autor – credor Réu – devedor
Nome da ação	AÇÃO MONITÓRIA
Cabimento	Art. 700 do CPC
DOS FATOS	
Fatos	Demonstrar relação obrigacional entre as partes. Demonstrar inadimplemento da obrigação. Demonstrar requisitos da petição inicial. Demonstrar a existência de prova documental.
DO DIREITO	
Fundamento legal	Art. 700 do CPC + fundamento específico do negócio jurídico entre as partes.
DOS PEDIDOS E REQUERIMENTOS	
Pedidos	Pedido de expedição de mandado monitório para cumprimento da obrigação.

Requerimentos	• citação para cumprimento da obrigação ou apresentação de embargos monitórios. • condenação em custas processuais e honorários sucumbenciais, caso não haja cumprimento no prazo. • intimação de atos processuais. • provas.
Valor da causa	Valor da obrigação ou da coisa.

Apresentamos na sequência um modelo de peça para ação monitória:

Folha 1/3

EXCELENTÍSSIMO SENHOR DOUTOR JUIZ DE DIREITO DA ..... VARA ...... DO FORO DA COMARCA DE .... - ......

....................(nome), (estado civil), (profissão), (nacionalidade), portador da cédula de identidade n. ...., inscrito no CPF sob n. ...., residente e domiciliado na Rua ...., n. ...., bairro ...., ... - ...., e-mail ...., neste ato representado por seu procurador constituído através do incluso Instrumento de Mandato, vem, à presença de Vossa Excelência propor a presente AÇÃO MONITÓRIA com fundamento no art. 700 do CPC, em face de ....(nome), (estado civil), (profissão), (nacionalidade) portador da cédula de identidade n. ...., inscrito no CPF sob n. ...., residente e domiciliado na Rua ...., n. ...., bairro ......, ... - ....., e-mail ...., pelos motivos de fato e de direito a seguir expostos:

DOS FATOS

(narrativa dos fatos)

DO DIREITO

Estabelece o art. 700 do Código de Processo Civil que:

"A ação monitória pode ser proposta por aquele que afirmar, com base em prova escrita sem eficácia de título executivo, ter direito de exigir do devedor capaz: I - o pagamento de quantia em dinhei-

Folha 2/3

ro; (...)".

Por outro lado, conforme se verificou dos autos, é o autor credor de um cheque no valor de R$ ...., mas que, por sua vez, não foi executado no prazo previsto no art. 59 da Lei n. 7.357/85:

"Prescreve em 6 meses, contados da expiração do prazo de apresentação, a ação que o art. 47 desta Lei assegura ao portador".

O Superior Tribunal de Justiça, por sua vez, já referendou a utilização de ação monitória em casos de cheques prescritos, como se vê:

"Súmula 531 do STJ - Em ação monitória fundada em cheque prescrito ajuizada contra o emitente, é dispensável a menção ao negócio jurídico subjacente à emissão da cártula".

Desta forma, decorrido tal prazo, o autor não possui mais um título executivo, mas o cheque se materializa em prova escrita de dívida capaz de instruir o presente pedido, não restando outra alternativa ao autor senão a propositura da presente ação.

DO PEDIDO

Diante do exposto, requer a Vossa Excelência:

a) seja expedido mandado monitório determinando ao Requerido o cumprimento da obrigação para o pagamento do valor atualizado de R$ ...., conforme memória de cálculos que ora se junta.

b) a citação do requerido para cumprimento da obrigação ou apresentação de embargos monitórios, sob pena de constituição

▼ Folha 3/3

de título executivo.

c) caso a obrigação não se dê dentro do prazo de cumprimento do mandado monitório, requer a condenação do Requerido ao pagamento das custas e honorários sucumbenciais.

Requer provar o alegado por todos os meios de prova em direito admitidos, sem exclusão de nenhum.

Dá-se à causa o valor de R$ .... (......................).

Termos em que
pede deferimento

(local), ..., ... de ... de ...

ADVOGADO(A)
OAB/... n. ...

8

EMBARGOS MONITÓRIOS

Os embargos monitórios constituem meio de defesa em ação monitória, diferentemente dos embargos à execução, que possuem natureza de ação. Dessa forma, os embargos monitórios possuem a mesma estrutura de uma contestação, embora com nome próprio.

Essa afirmação de que constitui efetivo meio de defesa vem disciplinada pelo próprio legislador no §1º do art. 702 do Código de Processo Civil, que disciplina a possibilidade de utilização de qualquer meio de defesa previsto no procedimento comum, assim verificado:

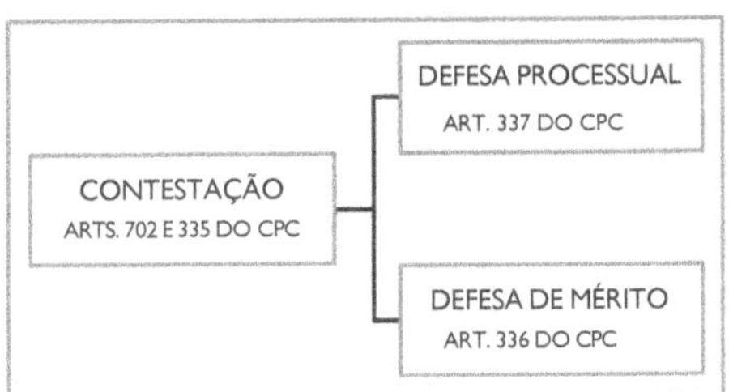

Os embargos podem ser opostos dentro dos próprios autos, no prazo de 15 (quinze) dias, de forma que, a partir de sua oposição, suspendem-se os efeitos do mandado monitório (§4º do art. 702 do CPC).

Como tramitam nos autos de uma ação de procedimento especial, apresentamos a seguir a linha processual do tempo do procedimento judicial:

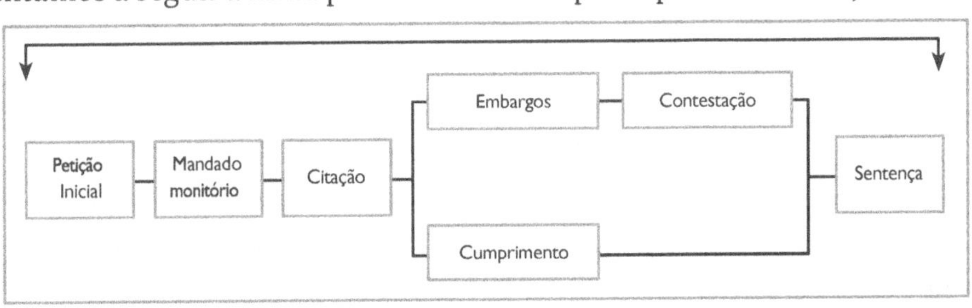

Uma vez satisfeitas todas as condições da medida judicial, já é possível trabalharmos a parte prático-profissional.

8.1. IDENTIFICAÇÃO DA PEÇA

Para que possamos interpretar corretamente o problema do Exame de Ordem e identificar a peça como sendo embargos monitórios, é necessário se obter as seguintes informações:

Identificando a peça

Quem é meu cliente?	Devedor da obrigação.
Existe processo? **Se sim, qual o último andamento processual?**	Sim, e o último ato processual praticado foi a citação em uma ação monitória.
O que ele deseja?	Discutir a obrigação e/ou aspectos processuais (preliminares).

8.2. ESTRUTURA DA PEÇA

A seguir observaremos a ficha da técnica com a estrutura para elaboração e propositura de embargos monitórios:

Endereçamento	
Competência	Juízo da ação (art. 702 do CPC)
Preâmbulo	
Partes	Embargante – devedor réu da ação Embargado – credor autor da ação
Nome da ação	EMBARGOS MONITÓRIOS
Cabimento	Art. 702 do CPC
DOS FATOS	
Fatos	Apresentar síntese da inicial Demonstrar matérias de defesa cabíveis
DO DIREITO	
Fundamento legal	Art. 702 e ss. do CPC c/c art. 336 do CPC + fundamento específico do direito material em discussão; e, eventualmente preliminares (art. 337 do CPC)
DOS PEDIDOS E REQUERIMENTOS	
Pedidos	Pedido de procedência dos embargos para desconstituir a obrigação
Requerimentos	• intimação do embargado para apresentação de defesa; • condenação em custas processuais e honorários sucumbenciais, caso não haja cumprimento no prazo; • intimação de atos processuais; • provas.

Apresentamos na sequência um modelo de peça para embargos monitórios:

Folha 1/3

EXCELENTÍSSIMO SENHOR DOUTOR JUIZ DE DIREITO DA .... VARA .... DO FORO DA COMARCA DE .... - ......

Processo autuado sob n. ....

..................(embargante), neste ato representado por seu procurador constituído através do incluso Instrumento de Mandato, nos autos do processo em epígrafe da AÇÃO MONITÓRIA que lhe move ....(embargado)...., vem à presença de Vossa Excelência, oferecer EMBARGOS MONITÓRIOS com fundamento no art. 702 do Código de Processo Civil, pelos motivos de fato e de direito a seguir expostos:

DOS FATOS

(narrativa dos fatos)

DO DIREITO

Conforme se verificou dos fatos, o embargado moveu a presente ação monitória para receber cheque emitido pelo embargante, no valor de R$.................., cuja prescrição já havia se verificado.

Ocorre, contudo, que o embargante omitiu de Vossa Excelência que o

Folha 2/3

cheque não havia sido cobrado no prazo oportuno, uma vez que as partes realizaram uma novação, em que a nova obrigação que ora se comprova pelo contrato incluso ainda não venceu.

Estabelece o Código Civil que:

"Art. 360. Dá-se a novação:

I - quando o devedor contrai com o credor nova dívida para extinguir e substituir a anterior".

Ora, se foi extinta a dívida anterior, não poderia o embargado utilizar-se da presente ação monitória, sendo que, em favor do embargante, milita a seguinte previsão do Código de Processo Civil:

"Art. 702 CPC. Independentemente de prévia segurança do juízo, o réu poderá opor, nos próprios autos, no prazo previsto no art. 701, embargos à ação monitória.

§ 1º Os embargos podem se fundar em matéria passível de alegação como defesa no procedimento comum".

Logo, a presente defesa afirma o descabimento da ação proposta.

DO PEDIDO

Diante do exposto, requer a Vossa Excelência:

a) sejam acolhidos os presentes embargos monitórios para extinguir a presente ação, ante a ausência de objeto de cabimento.

b) a intimação do embargado para apresentação de defesa, sob pena de acolhimento imediato dos embargos monitórios.

c) a condenação do embargado ao pagamento das custas e

Folha 3/3

honorários sucumbenciais.

d) sejam as intimações de atos processuais realizadas em nome do advogado subscritor, que receberá intimações na Rua __________, n. ______, conforme art. 77, V, do CPC.

Requer provar o alegado por todos os meios de prova em direito admitidos, em especial pela juntada sem exclusão de nenhum.

Termos em que

pede deferimento

(local), ..., ... de ... de ...

ADVOGADO(A)

OAB/... n. ...

9

AÇÃO DE ANULAÇÃO E SUBSTITUIÇÃO DE TÍTULO DE CRÉDITO

A ação de anulação e substituição de título de crédito, também tratada de ação de desapossamento de título de crédito, é uma ação que tem por objeto anular um título de crédito emitido e que tenha sido extraviado, furtado ou roubado de seu titular, para que se possa a partir daí viabilizar a emissão de um novo título de crédito.

Dessa forma, assim se verificam as hipóteses de desapossamento que autorizariam a propositura da ação:

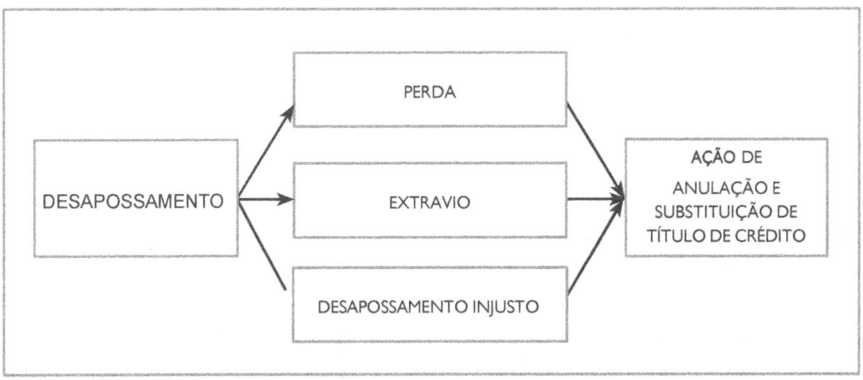

Trata-se de uma ação de procedimento comum, porém, para que se verifique tal possibilidade, temos que nos atentar ao direito material específico para sua sustentação, previsto no art. 909 do Código Civil. Porém, os títulos de crédito possuem previsão em lei especial, a saber:

- Cheque – Lei n. 7.357/85;
- Duplicata – Lei n. 5.474/68;
- Nota promissória e Letra de câmbio – Decreto n. 57.663/66.

Então, como se nota, apesar de os títulos possuírem previsão em lei especial, a aplicação do dispositivo mencionado se dá em razão da previsão do art. 903 do Código Civil, assim demonstrado:

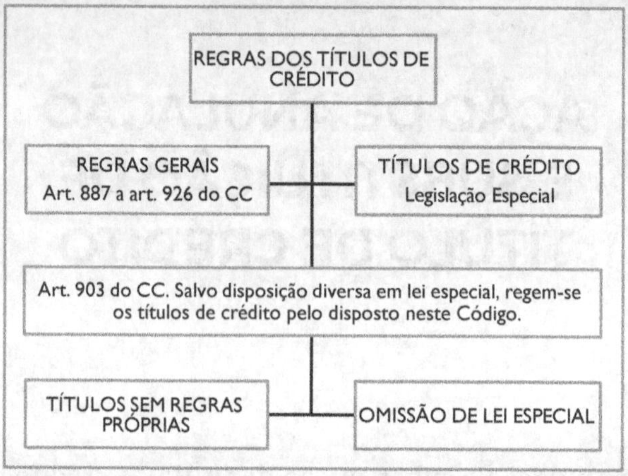

Caso haja, para um determinado título de crédito, previsão específica para os casos de desapossamento, esse fundamento deverá ser utilizado, em conjunto com os anteriores apresentados.

Uma vez satisfeitas todas as condições da ação, já é possível trabalharmos a parte prático-profissional.

9.1. IDENTIFICAÇÃO DA PEÇA

Para que possamos interpretar corretamente o problema do Exame de Ordem e identificar a peça como sendo uma ação de anulação e substituição de título de crédito, é necessário se obter as seguintes informações:

Identificando a peça

Quem é meu cliente?	Credor desapossado.
Existe processo? Se sim, qual o último andamento processual?	Não, não existiria um processo judicial em andamento, justamente por se tratar de uma petição inicial.
O que ele deseja?	Declarar a nulidade do título desapossado e pleitear a emissão de um novo título nas mesmas condições.

9.2. ESTRUTURA DA PEÇA

A seguir observaremos a ficha da técnica com a estrutura para elaboração e propositura da ação de anulação e substituição de título de crédito:

Endereçamento	
Competência	Juízo do local onde a obrigação (título) deveria ser satisfeita (art. 53, III, *d*, do CPC)
Preâmbulo	
Partes	Autor – credor desapossado Réu – devedor
Nome da ação	AÇÃO DE ANULAÇÃO E SUBSTITUIÇÃO DE TÍTULO DE CRÉDITO
Cabimento	Art. 318 do CPC
DOS FATOS	
Fatos	Demonstrar o negócio jurídico entre as partes. Demonstrar a emissão do título de crédito. Demonstrar o desapossamento do título.
DO DIREITO	
Fundamento legal	Arts. 909 e 903 do Código Civil + tese jurídica específica do título e/ou do negócio jurídico existente entre as partes
DOS PEDIDOS E REQUERIMENTOS	
Pedidos	Pedido de procedência para declarar a nulidade do título e pedido sucessivo de emissão de novo título de crédito, bem como pedido para que o réu se abstenha de pagar o título para quem quer que seja.
Requerimentos	• citação; • condenação em custas processuais e honorários sucumbenciais; • realização ou não de audiência; • intimação de atos processuais; • provas.
Valor da causa	Valor do título.

Apresentamos na sequência um modelo de peça para ação de anulação e substituição de título de crédito:

Folha 1/3

EXCELENTÍSSIMO SENHOR DOUTOR JUIZ DE DIREITO DA .... VARA .... DO FORO DA COMARCA DE .... - .....

..................., (nacionalidade), (estado civil), (profissão), portador da cédula de identidade n. ...., inscrito no CPF sob n. ...., residente e domiciliado na Rua ...., n. ...., bairro ...., ... - ...., e-mail .... neste ato representada por seu procurador devidamente constituído através do incluso Instrumento de Mandato (doc. .....), vem, à presença de Vossa Excelência propor a presente AÇÃO DE ANULAÇÃO E SUBSTITUIÇÃO DE TÍTULO DE CRÉDITO com fundamento no art. 318 do Código de Processo Civil em face de ....(nome), (nacionalidade), (estado civil), (profissão), portador da cédula de identidade n. ...., inscrito no CPF sob n. ...., residente e domiciliado na Rua ...., n. ......, bairro ...., ... - ...., e-mail ...., pelos motivos de fato e de direito a seguir expostos:

DOS FATOS

(narrativa dos fatos)

DOS FUNDAMENTOS

Conforme se verificou dos fatos narrados, o autor recebeu do réu uma nota promissória no valor de R$ ...., com vencimento

Folha 2/3

para o dia ..../.../......, título esse que foi furtado de seu estabelecimento empresarial, conforme comprova o incluso boletim de ocorrência.

Procurado o réu para que substituísse espontaneamente o respectivo título, recebeu uma negativa em sua solicitação.

Para situações como essa, estabelece o Código Civil que:

> "Art. 909. O proprietário que perder ou extraviar título, ou for injustamente desapossado dele, poderá obter novo título em juízo, bem como impedir sejam pagos a outrem capital e rendimentos".

Cumpre esclarecer que o Decreto n. 57.663/66, que rege o título em questão, é omisso quanto ao desapossamento de título, razão pela qual se aplica a regra citada do Código Civil, em especial pelo que dispõe o seu art. 903

"Salvo disposição diversa em lei especial, regem-se os títulos de crédito pelo disposto neste Código".

Dessa forma, não restou outra alternativa ao autor senão a propositura da presente ação.

CONCLUSÃO

Posto isto, pede seja julgada procedente a presente ação, para declarar a nulidade da referida nota promissória, bem como determinar que o réu se abstenha de efetuar o pagamento para quem quer que seja.

Requer, outrossim, seja determinada a imediata substituição da nota promissória com outra emitida nas mesmas condições da anterior.

Requer a citação do réu, para que, querendo, conteste a presente ação, sob pena de sofrer os efeitos da revelia.

Folha 3/3

Requer desde já a designação de audiência para tentativa de conciliação.

Requer, também, seja o réu condenado a pagar honorários advocatícios e custas processuais.

Requer sejam as intimações de atos processuais realizadas em nome do advogado subscritor, que receberá intimações na Rua ________, n. ______, conforme art. 77, V, do CPC.

Requer provar o alegado por todas as formas em direito admitidas, sem exclusão de nenhuma, em especial pela juntada do incluso boletim de ocorrência, e outras que se fizerem necessárias.

Dá-se à causa o valor de R$ .... (.......................).

Termos em que
pede deferimento

(local), ..., ... de ... de ...

ADVOGADO(A)
OAB/... n. ..

10

AÇÃO DE BUSCA E APREENSÃO EM ALIENAÇÃO FIDUCIÁRIA DE BEM MÓVEL

A ação de busca e apreensão em **alienação fiduciária** de bem móvel é a medida judicial a ser utilizada pelo proprietário do bem, também denominado no contrato de alienação fiduciária em garantia como **agente fiduciário**, para retomada do bem. Nessa espécie contratual, um devedor, também denominado **fiduciante**, entrega a propriedade resolúvel do bem móvel quem está adquirindo ao agente fiduciário como garantia do pagamento do financiamento recebido para aquisição do bem, cuja propriedade lhe será entregue quando da quitação do financiamento.

Trata-se de um contrato com várias teses jurídicas específicas para sua regulação, a saber:

Teses jurídicas aplicáveis à alienação fiduciária em garantia de bens móveis	
Regras processuais e contratuais	Decreto-Lei n. 911/69
Regras contratuais	Art. 66-B da Lei n. 4.728/65
Regras contratuais	Arts. 1.361 a 1.368-B do Código Civil
Regras contratuais e processuais	Súmulas 72 e 245 do STJ

É importante observarmos que, no caso de bens imóveis, a alienação fiduciária será regulada pela Lei n. 9.514/97, a ser tratada oportunamente.

Retomando a discussão em torno dos bens móveis, durante o prazo contratual, caso venha o fiduciante a ficar inadimplente, é possível o vencimento antecipado do saldo devedor, a partir do momento em que o devedor é constituído em mora.

Uma vez constituído em mora, já é possível então a utilização da ação de busca e apreensão para retomada do bem. Trata-se de uma ação de procedimento especial, cujas regras são disciplinadas pelo próprio Decreto-Lei n. 911/69, conforme indicado no quadro de teses.

Para que seja possível a utilização da ação, é necessário que a mora seja comprovada por carta enviada ao devedor-fiduciante (art. 2º, § 2º, DL n. 911/69; Súmulas 72 e 245 do STJ).

Como se trata de uma ação para retomada do bem, uma vez comprovada a mora do devedor, é possível formular na ação pedido de concessão de liminar para apreensão imediata do bem. Como se trata de um procedimento especial com mecanismo próprio de solução provisória, não se aplica nesse tipo de ação a utilização de tutelas provisórias previstas no Código de Processo Civil.

Apresentamos a seguir a linha processual do tempo para melhor compreensão da ação:

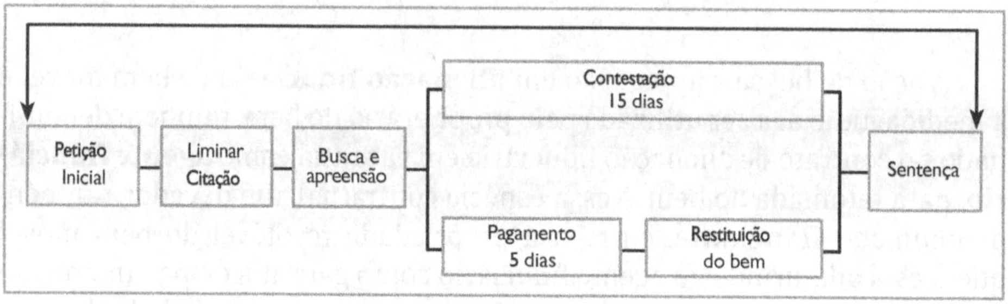

Uma vez satisfeitas todas as condições da ação, já é possível trabalharmos a parte prático-profissional.

10.1. IDENTIFICAÇÃO DA PEÇA

Para que possamos interpretar corretamente o problema do Exame de Ordem e identificar a peça como sendo uma ação de busca e apreensão em alienação fiduciária em garantia de bem móvel, é necessário se obter as seguintes informações:

Identificando a peça	
Quem é meu cliente?	Agente fiduciário – credor.
Existe processo? Se sim, qual o último andamento processual?	Não, não existiria um processo judicial em andamento, justamente por se tratar de uma petição inicial.
O que ele deseja?	Retomada do bem móvel ou recebimento do crédito correspondente.

10.2. ESTRUTURA DA PEÇA

A seguir observaremos a ficha da técnica com a estrutura para elaboração e propositura da ação de busca e apreensão em alienação fiduciária em garantia de bem móvel:

Endereçamento	
Competência	Juízo do local de residência do réu (art. 46 do CPC)
Preâmbulo	
Partes	Autor – agente fiduciário-credor Réu – devedor-fiduciante ou terceiro que estiver na posse do bem
Nome da ação	AÇÃO DE BUSCA E APREENSÃO
Cabimento	Art. 3º do DL n. 911/69
DOS FATOS	
Fatos	Demonstrar o negócio jurídico entre as partes. Demonstrar o inadimplemento do fiduciante. Demonstrar a constituição em mora do devedor.
DO DIREITO	
Fundamento legal	Utilizar teses previstas na tabela de teses jurídicas anteriormente apresentada.
DOS PEDIDOS E REQUERIMENTOS	
Pedidos	Pedido de procedência para se determinar a apreensão do bem ou o pagamento do valor devido atualizado. Pedido de concessão de medida liminar para apreensão imediata do bem.
Requerimentos	• citação para contestação ou pagamento; • intimação para cumprimento da medida liminar; • condenação em custas processuais e honorários sucumbenciais; • intimação de atos processuais; • provas.
Valor da causa	Valor da dívida atualizada.

Apresentamos na sequência um modelo de peça para ação de busca e apreensão em alienação fiduciária em garantia de bem móvel:

Folha 1/3

EXCELENTÍSSIMO SENHOR DOUTOR JUIZ DE DIREITO DA .... VARA
.... DO FORO DA COMARCA DE .... - ......

.....................(nome empresarial), empresa devidamente inscrita no CNPJ sob n. ...., estabelecida na Rua ...., n. ......, bairro ...., ... - ....., e-mail ...., por seu administrador, ...(nome), (nacionalidade), (estado civil), (profissão), portador da cédula de identidade n. ...., inscrito no CPF sob n. ...., residente e domiciliado na Rua ...., n. ...., bairro ...., ... - ....., e-mail ...., neste ato representada por seu procurador devidamente constituído através do incluso Instrumento de Mandato (doc. .....), vem à presença de Vossa Excelência propor a presente AÇÃO DE BUSCA E APREENSÃO com fundamento no art. 3º do Decreto-Lei n. 911/69, em face de .... (nome), (nacionalidade), (estado civil), (profissão), portador da cédula de identidade n. ...., inscrito no CPF sob n. ...., residente e domiciliado na Rua ...., n. ...., bairro ...., ... - ....., e-mail ...., pelos motivos de fato e de direito a seguir expostos:

DOS FATOS

(narrativa dos fatos)

DOS FUNDAMENTOS

Folha 2/3

Conforme se verificou dos fatos narrados, o autor é credor do réu através do contrato de alienação fiduciária em garantia, porém, desde a parcela vencida em ...../...../......., ele não efetuou nenhum pagamento.

Em ....../....../...... o autor enviou ao réu comunicando o inadimplemento, razão pela qual, desde aquela data, encontra-se configurada a mora. Sobre a configuração da mora, assim se posicionou o Superior Tribunal de Justiça:

"Súmula 72 - A comprovação da mora é imprescindível à busca e apreensão do bem alienado fiduciariamente".

Estabelece o Código Civil que:

"Art. 1.363. Antes de vencida a dívida, o devedor, a suas expensas e risco, pode usar a coisa segundo sua destinação, sendo obrigado, como depositário:

(...)

II - a entregá-la ao credor, se a dívida não for paga no vencimento".

Ocorre, porém, que até o presente momento o réu não restituiu o bem e continua a utilizá-lo indevidamente.

Para situações como essa, estabelece o Decreto-Lei n. 911/69 que:

"Art. 3º O proprietário fiduciário ou o credor poderá, desde que comprovada a mora, na forma estabelecida pelo § 2º do art. 2º, ou o inadimplemento, requerer contra o devedor ou o terceiro a busca e apreensão do bem alienado fiduciariamente, a qual será concedida liminarmente, podendo ser apreciada em plantão judiciário".

Folha 3/3

Dessa forma, não restou outra alternativa ao autor senão a propositura da presente ação.

CONCLUSÃO

Posto isto, pede seja julgada procedente a presente ação, para determinar a restituição do bem ao autor, bem como seja declarada a consolidação de sua propriedade.

Requer seja determinada a concessão de medida liminar para a imediata busca e apreensão do bem.

Requer a citação do réu, para que, querendo, conteste a presente ação, sob pena de sofrer os efeitos da revelia ou efetue o pagamento do valor atualizado.

Requer, também, seja o réu condenado a pagar honorários advocatícios e custas processuais.

Requer sejam as intimações de atos processuais realizadas em nome do advogado subscritor, que receberá intimações na Rua ________, n.

_______, conforme art. 77, V, do CPC.

Requer provar o alegado por todas as formas em direito admitidas, sem exclusão de nenhuma, em especial pela juntada da carta de comprovação da mora, e outras que se fizerem necessárias.

Dá-se à causa o valor de R$ .... (......................).

Termos em que
pede deferimento

(local), ..., ... de ... de ...

ADVOGADO(A)
OAB/... n. ...

11

AÇÃO DE REINTEGRAÇÃO DE POSSE EM ALIENAÇÃO FIDUCIÁRIA DE BEM IMÓVEL

A ação de reintegração de posse em **alienação fiduciária** de bem imóvel é a medida judicial a ser utilizada pelo proprietário do bem, também denominado no contrato de alienação fiduciária em garantia, como **agente fiduciário**, para retomada do bem. Nessa espécie contratual, um devedor, também denominado **fiduciante**, entrega a propriedade resolúvel do bem imóvel que está adquirindo ao agente fiduciário, como garantia do pagamento do financiamento recebido para aquisição do bem, cuja propriedade lhe será entregue quando da quitação do financiamento.

Trata-se de um contrato com várias teses jurídicas específicas para sua regulação:

Teses jurídicas aplicáveis à alienação fiduciária em garantia de bens imóveis	
Regras contratuais e processuais	Lei n. 9.514/97
Regras contratuais	Arts. 66-A e 66-B da Lei n. 4.728/65
Regras contratuais	Arts. 1.361 a 1.368-B do Código Civil
Regras contratuais e processuais	Súmulas 72 e 245 do STJ
Regras processuais	Arts. 560 a 568 do Código de Processo Civil

Sendo assim, durante o prazo contratual, caso venha o fiduciante a ficar inadimplente, é possível o vencimento antecipado do saldo devedor, e, a partir do momento em que o devedor é constituído em mora, consolida-se a propriedade em favor do agente fiduciário, na forma do art. 26 da Lei n. 9.514/97.

Uma vez consolidada a propriedade, já é possível então a utilização da ação de reintegração de posse para retomada do bem. Trata-se de uma ação de procedimento especial, cujas regras são disciplinadas pela Lei n. 9.514/97, e, por força do que dispõe o art. 32, aplica-se subsidiariamente o disposto nos arts. 560 a 568 do Código de Processo Civil.

Como se trata de um procedimento especial com mecanismo próprio de solução provisória, não se aplica nesse tipo de ação a utilização de tutelas provisórias previstas no Código de Processo Civil. Apresentamos a seguir a linha processual do tempo para melhor compreensão da ação:

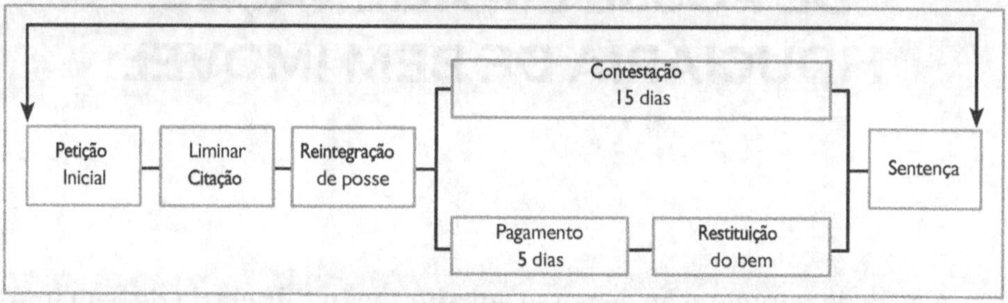

Uma vez satisfeitas todas as condições da ação, já é possível trabalharmos a parte prático-profissional.

11.1. IDENTIFICAÇÃO DA PEÇA

Para que possamos interpretar corretamente o problema do Exame de Ordem e identificar a peça como sendo uma ação de reintegração de posse em alienação fiduciária em garantia de bem imóvel, é necessário se obter as seguintes informações:

Identificando a peça

Quem é meu cliente?	Agente fiduciário; credor; cessionário; adquirente do imóvel em leilão.
Existe processo? Se sim, qual o último andamento processual?	Não, não existiria um processo judicial em andamento, justamente por se tratar de uma petição inicial.
O que ele deseja?	Retomada do bem imóvel ou recebimento do crédito correspondente.

11.2. ESTRUTURA DA PEÇA

A seguir observaremos a ficha da técnica com a estrutura para elaboração e propositura da ação de reintegração de posse em alienação fiduciária em garantia de bem imóvel:

Endereçamento	
Competência	Juízo do local de situação do imóvel (art. 47 do CPC)
Preâmbulo	
Partes	Autor – Agente fiduciário; credor; cessionário; adquirente do imóvel em leilão Réu – devedor-fiduciante ou terceiro que estiver na posse do bem
Nome da ação	AÇÃO DE REINTEGRAÇÃO DE POSSE
Cabimento	Arts. 30 e 32 da Lei n. 9.514/97 c/c art. 560 do CPC
DOS FATOS	
Fatos	Demonstrar o negócio jurídico entre as partes. Demonstrar o inadimplemento do fiduciante. Demonstrar a consolidação da propriedade em favor do autor. Demonstrar que o fiduciante ou terceiro permanece na posse.
DO DIREITO	
Fundamento legal	Utilizar teses previstas na tabela de teses jurídicas anteriormente apresentada.
DOS PEDIDOS E REQUERIMENTOS	
Pedidos	Pedido de procedência para se determinar a reintegração do bem ou o pagamento do valor devido atualizado. Pedido de concessão de medida liminar para restituição imediata do bem.
Requerimentos	• citação para contestação ou pagamento; • intimação para cumprimento da medida liminar; • condenação em custas processuais e honorários sucumbenciais; • intimação de atos processuais; • provas.
Valor da causa	Valor da dívida atualizada.

Apresentamos na sequência um modelo de peça para ação de reintegração de posse em alienação fiduciária em garantia de bem imóvel:

▾ Folha 1/4

01	EXCELENTÍSSIMO SENHOR DOUTOR JUIZ DE DIREITO DA .... VARA
02	.... DO FORO DA COMARCA DE .... - ......
03	

.................(nome empresarial), empresa devidamente inscrita no CNPJ sob n. ...., estabelecida na Rua ...., n. ....., bairro ...., ... - ...., e-mail ...., por seu administrador, ...(nome), (nacionalidade), (estado civil), (profissão), portador da cédula de identidade n. ...., inscrito no CPF sob n. ...., residente e domiciliado na Rua ...., n. ...., bairro ...., ... - ...., e-mail ...., neste ato representada por seu procurador devidamente constituído através do incluso Instrumento de Mandato (doc. ......), vem à presença de Vossa Excelência propor a presente AÇÃO DE REINTEGRAÇÃO DE POSSE com fundamento no art. 30 da Lei n. 9.514/97 combinado com art. 560 do Código de Processo Civil, em face de ....(nome), (nacionalidade), (estado civil), (profissão), portador da cédula de identidade n. ...., inscrito no CPF sob n. ...., residente e domiciliado na na Rua ...., n. ....., bairro ...., ... - ...., e-mail ...., pelos motivos de fato e de direito a seguir expostos:

DOS FATOS

(narrativa dos fatos)

▾ Folha 2/4

DOS FUNDAMENTOS

Conforme se verificou dos fatos narrados, o autor é credor do réu através do contrato de alienação fiduciária em garantia, porém, desde a parcela vencida em ..../...../......., ele não efetuou nenhum pagamento.

Em ...../...../....... o autor, através do ..... Cartório de Registro de Imóveis, notificou o réu, que, mesmo após o prazo de 15 (quinze) dias da notificação, quedou-se inerte, consolidando, assim, a propriedade em favor do autor.

Sobre isso, estabelece a Lei n. 9.514/97 que:

"Art. 30 É assegurada ao fiduciário, seu cessionário ou sucessores, inclusive o adquirente do imóvel por força do público leilão de que tratam os §§ 1º e 2º do art. 27, a reintegração na posse do imóvel, que será concedida liminarmente, para desocupação em 60 (sessenta) dias, desde que comprovada, na forma do disposto no art. 26, a consolidação da propriedade em seu nome".

Em complemento, estabelece a citada Lei que:

Art. 32 "Na hipótese de insolvência do fiduciante, fica assegurada ao fiduciário a restituição do imóvel alienado fiduciariamente, na forma da legislação pertinente".

Sobre a restituição do bem, prevê o Código de Processo Civil que:

"Art. 560. O possuidor tem direito a ser mantido na posse em caso de turbação e reintegrado em caso de esbulho".

Claro está o direito do autor na posse, conforme lhe faculta o parágrafo único

Folha 3/4

do art. 23 da Lei n. 9.514/97:

"Com a constituição da propriedade fiduciária, dá-se o desdobramento da posse, tornando-se o fiduciante possuidor direto e o fiduciário possuidor indireto da coisa móvel".

Dessa forma, não restou outra alternativa ao autor senão a propositura da presente ação.

CONCLUSÃO

Posto isto, pede seja julgada procedente a presente ação, para determinar a restituição do bem ao autor, bem como seja declarada a consolidação de sua propriedade.

Requer seja determinada a concessão de medida liminar para a imediata reintegração de posse do bem, concedendo ao réu o prazo de 60 (sessenta) dias para desocupação, sob pena de execução forçada da medida.

Requer a citação do réu, para que, querendo, conteste a presente ação, sob pena de sofrer os efeitos da revelia ou efetue o pagamento do valor atualizado.

Requer, também, seja o réu condenado a pagar honorários advocatícios e custas processuais.

Requer sejam as intimações de atos processuais realizadas em nome do advogado subscritor, que receberá intimações na Rua __________, n. _______, conforme art. 77, V, do CPC.

Requer provar o alegado por todas as formas em direito admitidas, sem exclusão de nenhuma, em especial pela juntada da intimação do réu pelo Cartório de Registro de Imóveis, e outras que se fizerem necessárias.

Dá-se à causa o valor de R$ .... (......................).

Folha 4/4

Termos em que
pede deferimento

(local), ..., ... de ... de ...

ADVOGADO(A)
OAB/... n. ...

12

CUMPRIMENTO DE SENTENÇA

O cumprimento de sentença é o mecanismo para execução de um título judicial. Possui procedimento próprio previsto nos arts. 513 a 538 do Código de Processo Civil, e subsidiariamente utilizam-se as regras previstas para o processo de execução (art. 513 do CPC).

Para tal finalidade, consideram-se título executivo judicial (art. 515 do CPC):

- as decisões proferidas no processo civil que reconheçam a exigibilidade de obrigação de pagar quantia, de fazer, de não fazer ou de entregar coisa;
- a decisão homologatória de autocomposição judicial;
- a decisão homologatória de autocomposição extrajudicial de qualquer natureza;
- o formal e a certidão de partilha, exclusivamente em relação ao inventariante, aos herdeiros e aos sucessores a título singular ou universal;
- o crédito de auxiliar da justiça, quando custas, emolumentos ou honorários tiverem sido aprovados por decisão judicial;
- a sentença penal condenatória transitada em julgado;
- a sentença arbitral;
- a sentença estrangeira homologada pelo Superior Tribunal de Justiça;
- a decisão interlocutória estrangeira, após a concessão do exequatur à carta rogatória pelo Superior Tribunal de Justiça.

Esse mecanismo comporta as seguintes espécies, que, portanto, indicam as suas respectivas teses jurídicas:

Teses jurídicas aplicáveis ao cumprimento de sentença	
Cumprimento provisório de pagar quantia certa	Art. 520 do CPC; art. 515 do CPC
Cumprimento definitivo de pagar quantia certa	Art. 523 do CPC; art. 515 do CPC
Cumprimento de obrigação de prestar alimentos	Art. 528 do CPC; art. 515 do CPC
Cumprimento contra a Fazenda Pública	Art. 534 do CPC; art. 515 do CPC
Cumprimento de obrigação de fazer ou não fazer	Art. 536 do CPC; art. 515 do CPC
Cumprimento de entregar coisa	Art. 538 do CPC; art. 515 do CPC
Cumprimento de sentença arbitral	Art. 31 da Lei n. 9.307/96; arts. 513 e 515, VII, do CPC
Cumprimento de decisão interlocutória ou sentença estrangeira homologada no Brasil	Arts. 513 e 515, VIII e IX, do CPC; art. 961 do CPC; e art. 109, X, da CF

A observação a ser feita sobre tais teses é que as duas últimas modalidades apresentadas não possuem processo judicial em andamento, razão pela qual terão estrutura de petição inicial.

Logo, em razão dessa pluralidade de estrutura, devemos observar o seguinte:

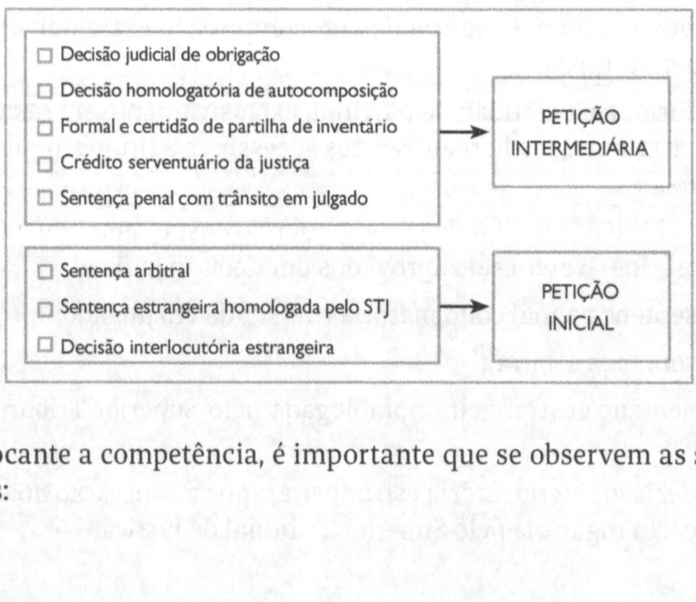

No tocante a competência, é importante que se observem as seguintes hipóteses:

Competências

De decisões originárias de tribunais	No próprio tribunal prolator da decisão - Art. 516, I, do CPC
De sentenças cíveis	Juiz da causa - Art. 516, II, do CPC
De sentenças penais	Juízo cível competente - Art. 516, III, do CPC
De sentenças arbitrais	Juízo cível competente - Art. 516, III, do CPC
De decisões estrangeiras	Justiça federal - Art. 961, §3º, do CPC; art. 109, X, da CF

Além disso, nosso sistema judicial dividiu os títulos executivos em judiciais (cumprimento de sentença) e extrajudiciais (ação de execução), assim verificado:

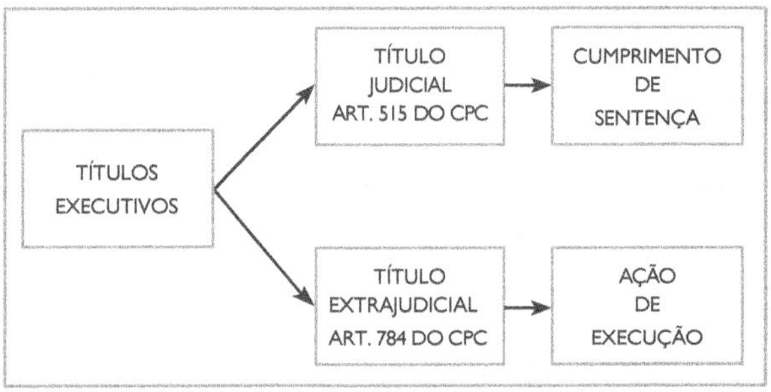

O pedido de cumprimento de sentença deve atender os seguintes requisitos:

- só pode ser promovido em face de um coobrigado, caso ele conste do título executivo;
- se for obrigação condicional, o pedido deverá ser instruído com prova de cumprimento da condição;
- comprovação do título judicial nos casos de sentença arbitral, sentença penal e sentença estrangeira com a respectiva homologação.

Como se trata de um procedimento especial, apresentamos a seguir a linha processual do tempo para melhor compreensão da medida:

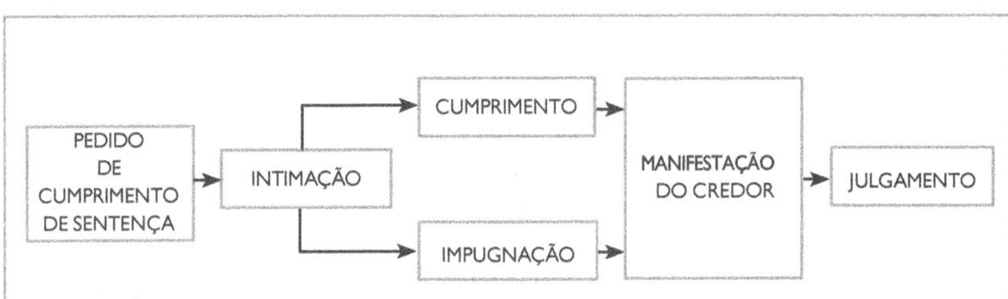

Uma vez satisfeitas todas as condições da medida, já é possível trabalharmos a parte prático-profissional.

12.1. IDENTIFICAÇÃO DA PEÇA

Para que possamos interpretar corretamente o problema do Exame de Ordem e identificar a peça como sendo um pedido de cumprimento de sentença, é necessário se obter as seguintes informações:

Identificando a peça

Quem é meu cliente?	Credor.
Existe processo? **Se sim, qual o último andamento processual?**	Sim, existe um processo judicial em andamento nos casos de sentença cível ou penal. Não, não existe um processo nos casos de sentença arbitral ou decisão estrangeira devidamente homologada.
O que ele deseja?	Exigir o cumprimento da obrigação.

12.2. ESTRUTURA DA PEÇA

A seguir observaremos a ficha da técnica com a estrutura para elaboração e propositura de um pedido de cumprimento de sentença:

Endereçamento	
Competência	Ver tabela de competência anteriormente apresentada
Preâmbulo	
Partes	Exequente – credor da obrigação Executado – devedor da obrigação. É possível se incluir um coobrigado no polo passivo, desde que ele conste do título judicial
Nome da ação	PEDIDO DE CUMPRIMENTO DE SENTENÇA
Cabimento	Art. 520 ou art. 523 ou art. 528 ou art. 534 ou art. 536 ou art. 538 do CPC; ou art. 31 da Lei n. 9.307/96 c/c arts. 513 e 515, VII, do CPC
DOS FATOS	
Fatos	Demonstrar o negócio jurídico entre as partes. Demonstrar o inadimplemento do devedor. Demonstrar o cumprimento da condição, se for o caso. Comprovar o título judicial nos casos de sentença arbitral ou decisão estrangeira.
DO DIREITO	
Fundamento legal	Utilizar teses previstas na tabela de teses jurídicas anteriormente apresentada.
DOS PEDIDOS E REQUERIMENTOS	
Pedido	Pedido de procedência para se determinar o cumprimento da obrigação
Requerimentos	• intimação para cumprimento da obrigação (especificar qual); • pedido de fixação de multa pelo não cumprimento, se for o caso; • intimação de atos processuais; • provas.

Valor da causa (*)	Valor da obrigação ou proveito econômico Observação – (*) só colocar valor da causa nas hipóteses de cumprimento de sentença na forma de petição inicial – sentença arbitral ou decisão estrangeira.

Apresentamos na sequência um modelo de peça para um pedido de cumprimento de sentença:

Folha 1/3

EXCELENTÍSSIMO DOUTOR JUIZ DE DIREITO DA ...ª VARA ..... DO FORO DA COMARCA DE .... NO ESTADO DE - UF ou ...

Processo autuado sob n. ......

........................., por seu procurador, nos autos do processo em epígrafe da AÇÃO INDENIZATÓRIA que move em face de ...., em trâmite perante esta Vara e Cartório respectivo, vem à presença de Vossa Excelência, com fundamento no art. 523 do Código de Processo Civil, requerer o CUMPRIMENTO DA SENTENÇA prolatada às fls..............., nos termos a seguir aduzidos:

Por condenação constante dos autos, foi a executada condenada a pagar a exequente o valor correspondente a 10 (dez) salários mínimos, não pagos até o presente momento.

Assim sendo, segue memória discriminativa de cálculo, que atualizado até esta data se resume da seguinte forma:

Condenação - 10 salários mínimos R$ ....

Custas judiciais: R$ ....

Total atualizado até ...../.../.......... R$ ....

▼ Folha 2/3

Portanto, o valor do débito atualizado importa no montante de R$ .... (...).

Uma vez já transitado em julgado a sentença a quo, faz-se o presente pedido de cumprimento de sentença em caráter definitivo, consoante determina o CPC:

"Art. 523. No caso de condenação em quantia certa, ou já fixada em liquidação, e no caso de decisão sobre parcela incontroversa, o cumprimento definitivo da sentença far-se-á a requerimento do exequente, sendo o executado intimado para pagar o débito, no prazo de 15 (quinze) dias, acrescido de custas, se houver".

Por se tratar de obrigação prevista em decisão judicial, estabelece o Código de Processo Civil que:

"Art. 515. São títulos executivos judiciais, cujo cumprimento dar-se-á de acordo com os artigos previstos neste título:
I - as decisões proferidas no processo civil que reconheçam a exigibilidade de obrigação de pagar quantia, de fazer, de não fazer ou de entregar coisa".

Assim sendo, como não houve o cumprimento espontâneo da obrigação, não restou outra alternativa a não ser a propositura do presente pedido.

Assim, com fundamento no art. 523 do Código de Processo Civil, requer Vossa Excelência se digne em determinar a intimação da executada na pessoa de seu advogado, para que pague o débito no prazo de 15 (quinze) dias, sob pena de incidência dos acréscimos previstos no § 1º do citado artigo.

Desde já requer a penhora on-line da conta corrente da executada,

▼ Folha 3/3

caso não haja o cumprimento espontâneo da obrigação.

Requer sejam as intimações de atos processuais realizadas em nome do advogado subscritor, que receberá intimações na Rua __________, n. ______, conforme art. 77, V, do CPC.

Requer provar o alegado por todas as formas em direito admitidas, sem exclusão de nenhuma, em especial pela juntada da intimação do réu pelo Cartório de Registro de Imóveis, e outras que se fizerem necessárias.

Termos em que
pede deferimento

(local), ..., ... de ... de ...

ADVOGADO(A)
OAB/... n. ...

Cumprimento de sentença arbitral

Apresentamos na sequência um modelo de peça para cumprimento de sentença arbitral que é feito na forma de petição inicial:

Folha 1/3

EXCELENTÍSSIMO SENHOR DOUTOR JUIZ DE DIREITO DA .... VARA .... DO FORO DA COMARCA DE .... - ....

............................., (nacionalidade), (estado civil), (profissão), portador da cédula de identidade n. ...., inscrito no CPF sob n. ...., residente e domiciliado na Rua ...., n. ....., bairro ...., ... - ....., e-mail .... por seu procurador, vem à presença de Vossa Excelência, com fundamento no art. 31 da Lei n. 9.307/96 c/c arts. 513 e 515, VII, do CPC, requerer o CUMPRIMENTO DE SENTENÇA ARBITRAL, em face de ...., (nacionalidade), (estado civil), (profissão), portador da cédula de identidade n. ...., inscrito no CPF sob n. ...., residente e domiciliado na Rua ...., n. ...., bairro ...., ... - ...., e-mail ...., nos termos a seguir aduzidos:

DOS FATOS

(narrativa dos fatos)

DO DIREITO

Por condenação constante da sentença arbitral que ora se junta, foi a executada condenada a pagar à exequente o valor correspondente a 10 (dez) salários mínimos, não pagos até o presente momento.

Assim sendo, segue memória discriminativa de cálculo, que atualizado

▼ Folha 2/3

até esta data se resume da seguinte forma:

Condenação - 10 salários mínimos R$ ....

Custas judiciais: R$ ....

Total atualizado até ...../...../........... R$ ....

Portanto, o valor do débito atualizado importa no montante de R$ .... (..).

A sentença arbitral é título executivo judicial, consoante determina a Lei n. 9.307/96:

"Art. 31. A sentença arbitral produz, entre as partes e seus sucessores, os mesmos efeitos da sentença proferida pelos órgãos do Poder Judiciário e, sendo condenatória, constitui título executivo".

No mesmo sentido, estabelece o Código de Processo Civil que:

"Art. 515. São títulos executivos judiciais, cujo cumprimento dar-se-á de acordo com os artigos previstos neste título:

(...)

VII - a sentença arbitral".

E sobre o seu cumprimento, estabelece o Código de Processo Civil que:

"Art. 523. No caso de condenação em quantia certa, ou já fixada em liquidação, e no caso de decisão sobre parcela incontroversa, o cumprimento definitivo da sentença far-se-á a requerimento do exequente, sendo o executado intimado para pagar o débito, no prazo de 15 (quinze) dias, acrescido de custas, se houver".

Folha 3/3

Assim sendo, como não houve o cumprimento espontâneo da obrigação, não restou outra alternativa a não ser a propositura do presente pedido.

Assim, com fundamento no art. 523 do Código de Processo Civil, requer Vossa Excelência se digne em determinar a intimação da executada na pessoa de seu advogado, para que pague o débito no prazo de 15 (quinze) dias, sob pena de incidência dos acréscimos previstos no § 1º do citado artigo.

Desde já requer a penhora on-line da conta corrente da executada, caso não haja o cumprimento espontâneo da obrigação.

Requer sejam as intimações de atos processuais realizadas em nome do advogado subscritor, que receberá intimações na Rua __________, n. __________, conforme art. 77, V, do CPC.

Requer provar o alegado por todas as formas em direito admitidas, sem exclusão de nenhuma, em especial pela juntada da intimação do réu pelo Cartório de Registro de Imóveis, e outras que se fizerem necessárias.

Dá-se à causa o valor de R$ .... (......................).

Termos em que
pede deferimento

(local), ..., ... de ... de ...

ADVOGADO(A)
OAB/... n. ...

13

IMPUGNAÇÃO AO CUMPRIMENTO DE SENTENÇA

A impugnação ao cumprimento de sentença é o meio de defesa a ser utilizado pelo devedor executado para obstar, no todo ou em parte, o pedido de cumprimento de sentença, e verificamos assim as hipóteses de cabimento:

Hipóteses de cabimento de impugnação ao pedido de cumprimento de sentença	
Cumprimento de pagar quantia certa	Art. 525 do CPC
Cumprimento contra a Fazenda Pública	Art. 535 do CPC
Cumprimento de obrigação de fazer ou não fazer	Art. 536, § 4º, c/c art. 525 do CPC
Cumprimento de entregar coisa	Art. 538, § 3º, c/c art. 525 do CPC
Cumprimento de sentença arbitral	Art. 33, § 3º, da Lei n. 9.307/96; arts. 513 e 525 e ss. do CPC

Em matéria de defesa, é possível o executado alegar:

- falta ou nulidade da citação se, na fase de conhecimento, o processo correu à revelia;
- ilegitimidade de parte;
- inexequibilidade do título ou inexigibilidade da obrigação;
- penhora incorreta ou avaliação errônea;
- excesso de execução ou cumulação indevida de execuções;
- incompetência absoluta ou relativa do juízo da execução;

- qualquer causa modificativa ou extintiva da obrigação, como pagamento, novação, compensação, transação ou prescrição, desde que supervenientes à sentença.

Já nos casos específicos de impugnação ao cumprimento de sentença arbitral, poderá ser alegada qualquer uma das matérias previstas no art. 32 da Lei n. 9.307/96.

Como se trata de um procedimento especial, apresentamos a seguir a linha processual do tempo para melhor compreensão da medida:

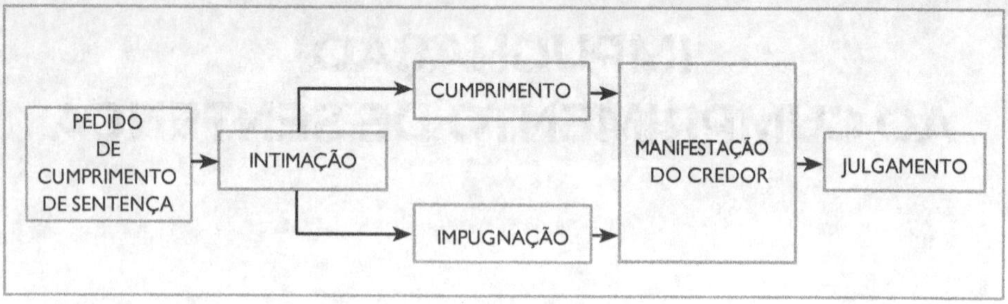

Uma vez satisfeitas todas as condições da medida, já é possível trabalharmos a parte prático-profissional.

13.1. IDENTIFICAÇÃO DA PEÇA

Para que possamos interpretar corretamente o problema do Exame de Ordem e identificar a peça como sendo impugnação ao pedido de cumprimento de sentença, é necessário se obter as seguintes informações:

Identificando a peça

Quem é meu cliente?	Executado – devedor.
Existe processo? **Se sim, qual o último andamento processual?**	Sim, existe um processo judicial onde tramita o pedido de cumprimento de sentença, e o último ato foi a intimação para cumprimento ou impugnação ao pedido.
O que ele deseja?	Contestar no todo ou em parte o pedido de cumprimento de sentença.

13.2. ESTRUTURA DA PEÇA

A seguir observaremos a ficha da técnica com a estrutura para elaboração de impugnação ao pedido de cumprimento de sentença:

Endereçamento	
Competência	Juiz da causa (art. 525 do CPC)

Preâmbulo	
Partes	Impugnante – executado Impugnado – exequente
Nome da ação	IMPUGNAÇÃO AO PEDIDO DE CUMPRIMENTO DE SENTENÇA
Cabimento	Ver tabela de hipóteses de cabimento
DOS FATOS	
Fatos	Demonstrar o negócio jurídico entre as partes. Demonstrar o não cumprimento da obrigação. Expor as razões do não cumprimento da obrigação.
DO DIREITO	
Fundamento legal	Utilizar teses previstas anteriormente apresentadas + fundamento específico de causa impeditiva, modificativa ou extintiva do direito pleiteado
DOS PEDIDOS E REQUERIMENTOS	
Pedidos	Pedido de acolhimento da impugnação. Pedido de suspensão do cumprimento de sentença.
Requerimentos	• intimação de atos processuais; • provas.

Apresentamos na sequência um modelo de peça para impugnação ao pedido de cumprimento de sentença:

Folha 1/3

EXCELENTÍSSIMO DOUTOR JUIZ DE DIREITO DA ..... VARA ....
DO FORO DA COMARCA DE .... NO ESTADO DE - UF ou ....

Processo autuado sob n. ....

...., por seu procurador, nos autos do processo em epígrafe da AÇÃO INDENIZATÓRIA que lhe move ....

......................................, em trâmite perante esta Vara e Cartório respectivo, vem à presença de Vossa Excelência, com fundamento no art. 525 do Código de Processo Civil, IMPUGNAR o pedido de cumprimento de sentença, nos termos a seguir aduzidos.

Por condenação constante dos autos, foi a ora impugnante condenada a pagar à impugnada o valor correspondente a 10 (dez) salários mínimos.

Tão logo houve a prolação da sentença, a impugnante entrou em contato com a impugnada e fizeram acordo (termo anexo) no sentido de se quitar a obrigação através de cestas básicas que seriam fornecidas mensalmente, no importe de R$ 100,00 (cem reais) cada uma, abatendo-se do saldo devedor que seria mensalmente atualizado e corrigido anualmente através do mesmo índice que reajuste o salário mínimo.

Claro está que se operou entre as partes uma novação, como se observa da previsão do Código Civil:

Folha 2/3

> "Art. 360. Dá-se a novação:
> I - quando o devedor contrai com o credor nova dívida para extinguir e substituir a anterior".

Assim sendo, é de se observar que em razão do adimplemento da obrigação, conforme transação anunciada, possível é o oferecimento de impugnação, como observa o legislador:

> "Art. 525 do CPC. Transcorrido o prazo previsto no art. 523 sem o pagamento voluntário, inicia-se o prazo de 15 (quinze) dias para que o executado, independentemente de penhora ou nova intimação, apresente, nos próprios autos, sua impugnação".

Logo, a impugnante já entregou à impugnada oito cestas básicas, restando o saldo devedor em aberto, ainda não vencido, conforme planilha que ora se junta (doc. ....).

No mesmo dispositivo citado, prevê o legislador que:

> "§ 1º Na impugnação, o executado poderá alegar:
> (...)
> III - inexequibilidade do título ou inexigibilidade da obrigação".

Posto isto, é a presente para que se declare suspenso o pedido de cumprimento de sentença, até que se cumpra a obrigação na forma convencionada entre as partes.

Requer sejam as intimações de atos processuais realizadas em nome do advogado subscritor, que receberá intimações na Rua ______, n. ____, conforme art. 77, V, do CPC.

Requer provar o alegado por todos os meios em direito admitidos, em

Folha 3/3

especial pela juntada do termo de transação firmado entre as partes.

Termos em que

pede deferimento

(local), ..., ... de ... de ...

ADVOGADO(A)

OAB/... n. ...

14

AÇÃO DE EXECUÇÃO

A ação de execução é o meio próprio para cobrança de obrigação prevista em título executivo extrajudicial. Sendo assim, difere das ações de cobrança e monitória, justamente pela existência do título executivo, e também difere do pedido de cumprimento de sentença, em razão da natureza extrajudicial do título, como se verifica no esquema a seguir:

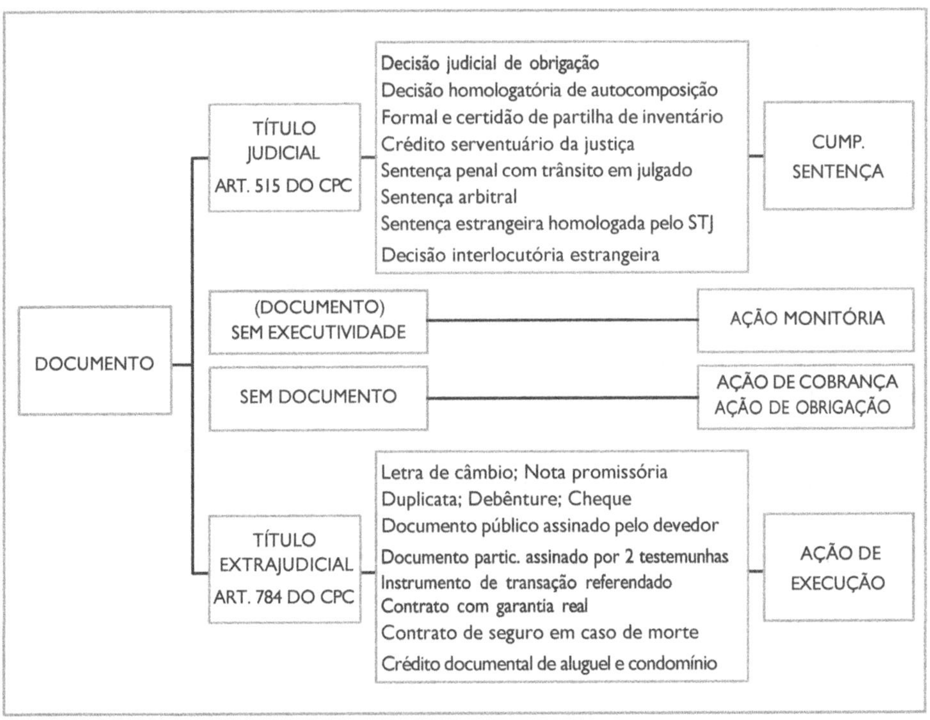

Então, como já existe um título executivo extrajudicial, consiste em verdadeiro meio de se buscar a satisfatividade do direito, através de uma de suas modalidades, que variam de acordo com a natureza da obrigação, a saber:

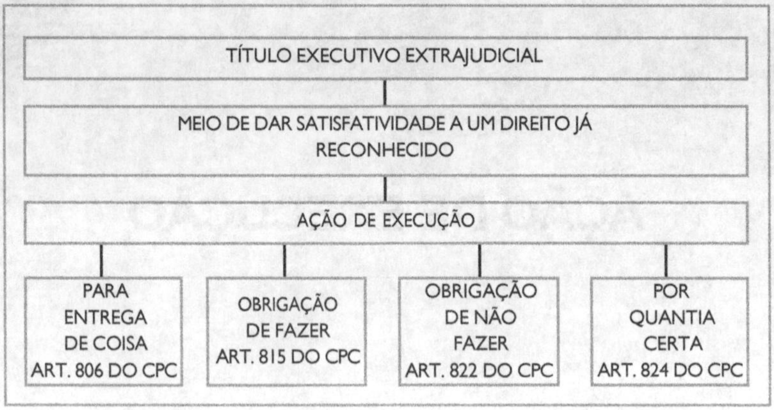

Para que seja possível a utilização da ação de execução, é necessário que se cumpram os seguintes requisitos:

- Obrigação certa – definida em título;
- Obrigação líquida – com valores definidos ou objeto individualizado;
- Obrigação exigível – já vencida e sem condições pendentes;
- Existência de título executivo – previsto no rol do art. 784 do CPC ou em lei especial;
- Indicação da espécie de execução;
- Intimação de terceiro, quando for o caso (art. 799 do CPC).

Ainda com relação aos títulos de crédito, que se materializam em títulos executivos extrajudiciais, é importante ressaltar que a sua executividade depende da observância dos respectivos prazos prescricionais, a ser verificado em lei própria.

Como existe uma variedade de títulos executivos extrajudiciais, além dos previstos no art. 784 do CPC, e considerando a necessidade de se fundamentar a executividade de cada um desses títulos e de se observarem os respectivos prazos prescricionais, apresentamos a seguir tabela com as demais previsões legais:

Previsão legal dos títulos executivos extrajudiciais – Títulos de crédito	
Cheque	Lei n. 7.357/85
Duplicata	Lei n. 5.474/68
Nota promissória	Decreto n. 57.663/66
Letra de câmbio	Decreto n. 57.663/66
Debêntures	Lei n. 6.404/76
Cédula de crédito bancário	Lei n. 10.931/2004
Cédula de produto rural	Lei n. 8.929/94
Cédula de crédito rural	Decreto-Lei n. 167/67
Nota promissória rural	Decreto-Lei n. 167/67
Duplicata rural	Decreto-Lei n. 167/67
Certificado de recebíveis imobiliários	Lei n. 9.514/97
Letra de crédito imobiliário	Lei n. 10.931/2004
Cédula de crédito imobiliário	Lei n. 10.931/2004
Letra hipotecária	Lei n. 7.684/88
Cédula de crédito industrial	Decreto-Lei n. 413/69
Nota de crédito industrial	Decreto-Lei n. 413/69
Nota e cédula de crédito à exportação	Lei n. 6.313/75
Nota e cédula de crédito comercial	Lei n. 6.840/80

14.1. LEGITIMIDADE E PROCESSAMENTO

A legitimidade ativa (art. 778 do CPC) para executar título executivo extrajudicial pertence em regra ao credor, porém, existem pessoas que possuem legitimação extraordinária para figurar no polo ativo:

- Credor da obrigação (legitimidade ordinária);
- Ministério Público;
- Espólio, herdeiros e sucessores do credor falecido;
- Cessionário ou endossatário beneficiado por ato de transferência;
- Sub-rogado por ato de sub-rogação legal ou convencional.

Já em relação à legitimidade passiva (art. 779 do CPC) para figurar na ação de execução, temos o devedor como principal legitimado, mas temos pessoas que podem figurar no polo passivo da ação de execução por legitimação extraordinária. Então temos as seguintes possibilidades:

- Devedor da obrigação (legitimidade ordinária);
- Espólio, herdeiros e sucessores do devedor falecido;
- Novo devedor que sucedeu o antigo por assunção de dívida;
- Coobrigado ao débito (fiador, avalista ou endossante).

Como se trata de processo próprio, com procedimento específico, assim se verifica o processamento da ação de execução:

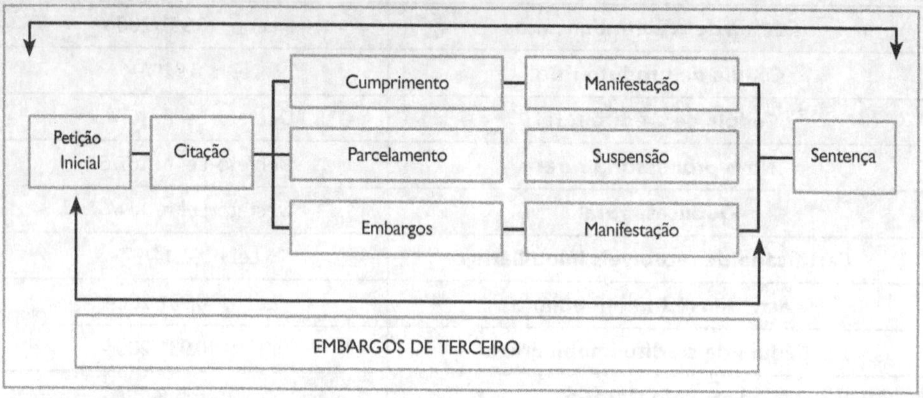

14.2. IDENTIFICAÇÃO DA PEÇA

Para que possamos interpretar corretamente o problema do Exame de Ordem e identificar a peça como sendo uma ação de execução, é necessário se obter as seguintes informações:

Identificando a peça

Quem é meu cliente?	Credor ou qualquer pessoa que possua legitimação extraordinária.
Existe processo? Se sim, qual o último andamento processual?	Não, não existe um processo em andamento.
O que ele deseja?	Exigir o cumprimento da obrigação.

14.3. ESTRUTURA DA PEÇA

A seguir observaremos a ficha da técnica com a estrutura para elaboração e propositura de uma ação de execução:

Endereçamento	
Competência	Domicílio do executado, domicílio de eleição ou de situação do bem (art. 781 do CPC)

Preâmbulo	
Partes	Exequente – credor da obrigação Executado – devedor da obrigação
Nome da ação	AÇÃO DE EXECUÇÃO (acrescentar a modalidade)
Cabimento	De acordo com a modalidade: arts. 806 ou 815 ou 822 ou 824 do CPC
DOS FATOS	
Fatos	Demonstrar o negócio jurídico entre as partes. Demonstrar o inadimplemento do devedor. Demonstrar o cumprimento da condição, se for o caso. Comprovar o título executivo extrajudicial. Apresentar liquidação e atualização da dívida, quando for o caso.
DO DIREITO	
Fundamento legal	Utilizar o fundamento da modalidade + fundamento específico do negócio jurídico existente entre as partes
DOS PEDIDOS E REQUERIMENTOS	
Pedidos	Pedido de procedência da ação para "pagar quantia determinada"; "cumprir obrigação de fazer"; "se abster de obrigação de não fazer"; "entregar coisa certa ou incerta"
Requerimentos	• citação para cumprimento da obrigação ou apresentar embargos; • atualização da dívida com correção monetária e juros, quando for o caso; • pedido de penhora de bens ou fixação de multa, de acordo com a modalidade de execução; • condenação em honorários sucumbenciais e custas processuais; • intimação de atos processuais; • provas.
Valor da causa	Valor da obrigação ou proveito econômico.

Apresentamos na sequência um modelo de peça para uma ação de execução por quantia certa:

Folha 1/3

EXCELENTÍSSIMO SENHOR DOUTOR JUIZ DE DIREITO DA .. VARA
.... DA COMARCA DE .... - ....

.............................., (nacionalidade), (estado civil), (profissão), portador da cédula de identidade n. ...., inscrito no CPF sob n. ...., residente e domiciliado na Rua ...., n. ...., bairro ...., cidade ...., Estado ...., e-mail ...., por seu procurador (doc. ....), vem à presença de Vossa Excelência, com fundamento no art. 824 do Código de Processo Civil, propor AÇÃO DE EXECUÇÃO POR QUANTIA CERTA em face de ...., (nacionalidade), (estado civil), (profissão), portador da cédula de identidade n. ...., inscrito no CPF sob n. ...., residente e domiciliado na Rua ...., n. ...., bairro ...., cidade ...., Estado ...., e-mail ...., pelos motivos de fato e de direito a seguir expostos:

DOS FATOS

(narrativa dos fatos)

DO DIREITO

Preceitua o art. 824 do Código de Processo Civil que:

"A execução por quantia certa realizar-se pela expropriação de bens

Folha 2/3

do executado, ressalvadas as execuções especiais".

O título executivo no caso é o próprio cheque devidamente assinado pelo executado, senão vejamos:

"Art. 784. São títulos executivos extrajudiciais: ....
I - (...) o cheque..."

E, como houve o inadimplemento da cártula, estabelece o legislador processual ainda que:

"Art. 789. O devedor responde com todos os seus bens presentes e futuros para o cumprimento de suas obrigações, salvo as restrições estabelecidas em lei".

No caso em tela, mesmo após duas apresentações da cártula junto ao banco, restou infrutífera a obrigação em razão da não existência de saldo bancário, o que por si só justifica a propositura da presente ação de execução, com eventual expropriação de bens do executado.

DOS PEDIDOS

Assim, com fundamento no art. 829 do Código de Processo Civil, requer Vossa Excelência se digne em determinar a citação do executado, para que pague o débito em 3 (três) dias, acrescido de correção monetária e juros, conforme memória de cálculos juntada, ou nomeie bens a penhora suficientes para o cumprimento da obrigação.

Na hipótese de não cumprimento espontâneo da obrigação, requer desde já determine Vossa Excelência a penhora de bens do executado,

Folha 3/3

consoante determina o art. 789 do Código de Processo Civil.

Requer seja o executado condenado a pagar custas processuais e honorários advocatícios.

Requer sejam as intimações de atos processuais realizadas em nome do advogado subscritor, que receberá intimações na Rua ________, n. ______, conforme art. 77, V, do CPC.

Requer provar o alegado por todos os meios de prova em direito admitidos, em especial pela juntada do cheque e outros que se façam necessários à instrução do presente feito.

Dá-se à causa o valor de R$ .... (......................).

Termos em que
pede deferimento

(local), ..., ... de ... de ...

ADVOGADO(A)
OAB/... n. ...

15

EMBARGOS À EXECUÇÃO

Os embargos à execução constituem efetivo meio de defesa do executado em ação de execução, porém, cabe ressaltar aqui que eles possuem natureza jurídica de ação, por isso muitas vezes denominados de ação de embargos à execução (arts. 914 e 918, II, do CPC).

A medida judicial tramita por dependência aos autos principais, e, por isso mesmo, deverão ser instruídos com as peças relevantes dos autos principais, já que após seu julgamento poderão subir ao tribunal em grau de recurso, destacando-se dos autos principais.

Em princípio, parece ser uma medida judicial de cognição restrita, porém, ao analisarmos as matérias de defesa enumeradas pelo legislador no art. 917 do Código de Processo Civil, percebemos tratar-se de matérias de cognição ampla, como verificamos a seguir:

- inexequibilidade do título ou inexigibilidade da obrigação;
- penhora incorreta ou avaliação errônea;
- excesso de execução ou cumulação indevida de execuções;
- retenção por benfeitorias necessárias ou úteis, nos casos de execução para entrega de coisa certa;
- incompetência absoluta ou relativa do juízo da execução;
- qualquer matéria que lhe seria lícito deduzir como defesa em processo de conhecimento.

Os embargos devem ser opostos no prazo de 15 (quinze) dias a partir da citação da ação de execução, e como se trata de processo próprio, com procedimento específico, assim se verifica o processamento dos embargos:

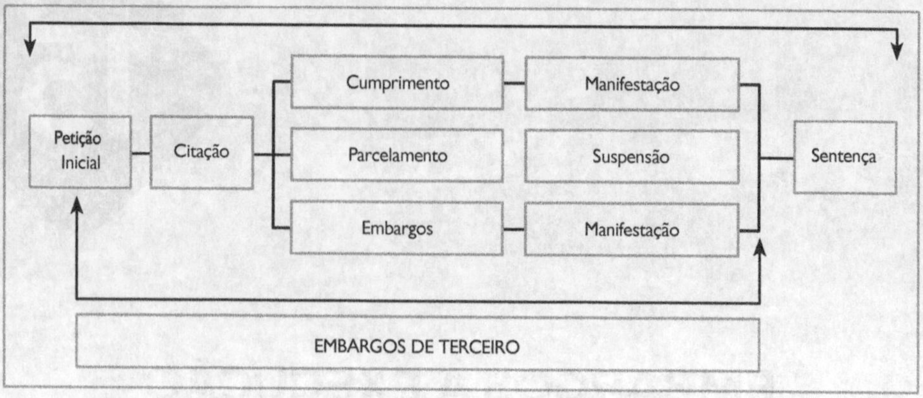

15.1. IDENTIFICAÇÃO DA PEÇA

Para que possamos interpretar corretamente o problema do Exame de Ordem e identificar a peça como sendo embargos à execução, é necessário se obter as seguintes informações:

Identificando a peça

Quem é meu cliente?	Devedor ou qualquer pessoa que possua legitimação extraordinária.
Existe processo? Se sim, qual o último andamento processual?	Sim, existe uma ação de execução em curso e o último ato processual foi a citação.
O que ele deseja?	Questionar o cumprimento da obrigação dentro da ação de execução.

15.2. ESTRUTURA DA PEÇA

A seguir observaremos a ficha da técnica com a estrutura para elaboração e propositura de embargos à execução:

Endereçamento	
Competência	Juiz da causa (art. 914, § 1º, do CPC)
Preâmbulo	
Partes	Embargante – devedor da obrigação Embargado – credor da obrigação
Nome da ação	EMBARGOS À EXECUÇÃO
Cabimento	Art. 914 do CPC
DOS FATOS	
Fatos	Demonstrar o negócio jurídico entre as partes. Demonstrar a cobrança da obrigação. Demonstrar a impossibilidade de prosseguimento da execução.

DO DIREITO	
Fundamento legal	Arts. 914 e 917 do CPC + fundamento específico que se relacione com o impedimento de se prosseguir com a ação de execução.
DOS PEDIDOS E REQUERIMENTOS	
Pedidos	Pedido de procedência ou acolhimento dos embargos para extinção da ação de execução. Pedido de suspensão da ação de execução.
Requerimentos	• intimação do embargado; • condenação em honorários sucumbenciais e custas processuais; • intimação de atos processuais; • provas.
Valor da causa	Valor da obrigação ou proveito econômico.

Apresentamos na sequência um modelo de peça para embargos à execução:

Folha 1/3

EXCELENTÍSSIMO SENHOR DOUTOR JUIZ DE DIREITO DA .. VARA CÍVEL DO FORO DA COMARCA DE ..... - ....

Distribuição por dependência aos autos do processo n. .....

................................(devedor), (nacionalidade), (estado civil), (profissão), portadora da cédula de identidade n. ...., residente e domiciliada no Município de .... - ......, e-mail ...., inscrita no CPF sob n. ...., por seus procuradores devidamente constituídos através do incluso Instrumento de Mandato (doc. 01), nos autos do processo em epígrafe da AÇÃO DE EXECUÇÃO POR QUANTIA CERTA que lhe move ...., em trâmite perante esta Vara e Cartório respectivo, vem, à presença de Vossa Excelência, com fundamento no art. 914 do Código de Processo Civil, oferecer EMBARGOS À EXECUÇÃO, pelos motivos que se segue:

DOS FATOS

(narrativa dos fatos)

DO DIREITO

Folha 2/3

Como se verificou anteriormente, depois de a executada ter quitado 40% (quarenta por cento) do saldo devedor, não mais conseguiu pagar e procurou a embargada para renegociar a dívida através do incluso instrumento de confissão de dívida, com vencimento para .... de .... de ...., portanto, ainda não vencido.

Nesse sentido, estabelece o Código Civil que:

"Art. 360. Dá-se a novação:
I - quando o devedor contrai com o credor nova dívida para extinguir e substituir a anterior".

Assim, é possível concluir-se que a Nota Promissória objeto da presente execução foi substituída pelo instrumento de confissão de dívida que faz alusão expressa a ela, o que por si só inviabiliza a execução proposta, consoante determina o inciso I do art. 917 do Código de Processo Civil:

"Nos embargos à execução, o executado poderá alegar:
I - inexequibilidade do título ou inexigibilidade da obrigação".

Logo, ausente a exigibilidade na execução, que se consubstancia como um de seus requisitos, impossível é o prosseguimento da presente ação.

DOS PEDIDOS E DOS REQUERIMENTOS

Posto isto, desde já pede a suspensão do processo de execução e a procedência dos presentes embargos para extinguir a ação de execução proposta por ausência de objeto, haja vista a novação realizada entre as partes.

- Folha 3/3

Requer a intimação da embargada na pessoa de seu advogado, para que, querendo, se manifeste sobre os embargos opostos.

Requer, ainda, seja a Embargada condenada a pagar custas processuais, consectários legais e honorários advocatícios.

Requer sejam as intimações processuais realizadas em nome do(a) advogado(a) subscritor, que receberá intimações na Rua ______, n. _____, conforme art. 77, V, do CPC.

Requer provar o alegado por todos os meios de prova em direito admitidos, em especial pelo depoimento pessoal da Embargada e outros.

Dá-se à causa o valor de R$ .... (.....................).

Termos em que
pede deferimento

(local), ..., ... de ... de ...

ADVOGADO(A)
OAB/... n. ...

PARTE
VI

MEDIDAS JUDICIAIS RECUPERACIONAIS E FALIMENTARES

1

ASPECTOS GERAIS

Ao tratarmos das medidas judiciais recuperacionais e falimentares, estaremos lidando com instrumentos processuais previstos na Lei n. 11.101/2005, que trata do direito concursal e compreende os institutos da recuperação extrajudicial, recuperação judicial, recuperação judicial especial para micro e pequenas empresas e falência.

Nesta parte do livro, abordaremos os aspectos de direito material e processual dos respectivos institutos abrangidos pela lei, para que seja possível contextualizar sua compreensão.

Assim sendo, vamos inicialmente observar todos os elementos estruturais da lei com suas respectivas regras, e assim formar um entendimento sobre o sistema de direito concursal – concurso de credores proposto pelo legislador.

2

TEORIA GERAL DO DIREITO CONCURSAL

Inicialmente temos de esclarecer que denominamos essa subespécie de direito empresarial como "direito concursal" porque em todos os processos judiciais que aqui verificaremos (recuperação extrajudicial, recuperação judicial e falência), embora haja apenas um devedor, os credores serão tratados coletivamente, estabelecendo-se, assim, um concurso de credores organizado para o recebimento de seus respectivos créditos.

Então, é necessário pensar os processos judiciais sempre como processos de natureza coletiva, e não processos individuais, como em regra analisamos no sistema processual tradicional.

Da análise dos dois primeiros princípios é que se extrai a compreensão da estrutura legislativa – LFR.

Institutos concursais

Lei n. 11.101/2005 – LFR	Recuperação extrajudicial – art. 161
	Recuperação judicial – art. 48
	Recuperação judicial especial para ME/EPP – art. 70
	Falência – arts. 94 e 105

Os institutos foram dispostos na legislação de forma a garantir que a empresa em crise econômica tenha vários mecanismos e modalidades distintas para tentar se recuperar. A falência, que excepcionalmente deve ser utilizada, é mantida como instituto único.

De qualquer forma, a melhor compreensão que se faz desse caráter excepcional da falência vem presente no art. 95 da LFR, ao dispor o legislador que "Dentro do prazo de contestação, o devedor poderá pleitear sua recuperação judicial", ou seja, mesmo que a empresa venha a ser citada para a falência, poderá pleitear a conversão do processo falimentar em recuperação.

Então, é a partir da construção desses quatro institutos que construiremos a estrutura que estudaremos a seguir.

Uma vez que os quatro institutos da lei são aplicados por meio de processo judicial, uma regra comum a todos e essencial para a análise, principalmente das peças processuais cabíveis, é a regra da competência.

Se analisarmos a regra da competência das pessoas jurídicas, que podem ser sujeitos aqui na aplicação da LFR, observamos que o legislador, no art. 53, III, do CPC, vinculou a competência ao local da sede ou de suas filiais.

Mas, ao observarmos o art. 3º da LFR, notamos que o legislador optou por substituir o critério "sede" pelo critério "principal estabelecimento", como se vê:

> "É competente para homologar o plano de recuperação extrajudicial, deferir a recuperação judicial ou decretar a falência o juízo do local do principal estabelecimento do devedor ou da filial de empresa que tenha sede fora do Brasil".

Desse dispositivo extraímos três importantes elementos para contextualizar a competência judicial:

- juízo do local;
- principal estabelecimento;
- empresa estrangeira.

Em relação ao juízo do local, está afirmando o legislador que a competência é da justiça estadual, e, dentro do Estado, a competência é territorial.

O segundo elemento, e o mais importante, é o principal estabelecimento, que, como já afirmamos, deve se distinguir do conceito de sede, pois, se o contrário fosse, o legislador simplesmente poderia nos ter remetido ao CPC ou ter mencionado o termo "sede" aqui.

A doutrina e a jurisprudência ainda não se pacificaram em torno do significado de "principal estabelecimento", dividindo-se entre o local onde se encontram os principais bens da empresa e o local onde ela é administrada. De qualquer forma, para fins de Exame de Ordem, sempre foi utilizado um ou outro, e nunca os dois conjuntamente.

O terceiro elemento diz respeito às empresas estrangeiras, mas, para isso, considere que, se uma empresa é registrada no Brasil, juridicamente é uma empresa brasileira. O que a torna estrangeira é a origem do capital utilizado para sua criação. Nesse caso, o que determina a competência é seu principal estabelecimento no Brasil, sem considerarmos sua origem econômica.

Devemos considerar que o objetivo de definir a competência é justamente propiciar o endereçamento das peças processuais. Nesse sentido, principalmente em termos de Exame de Ordem, temos de considerar que em algumas comarcas de alguns Estados existem varas especializadas, mas que só devem ser utilizadas se forem um dado do problema; do contrário, na ausência desse dado, enderece à vara cível, pois, como o Exame é nacional, uma pessoa de determinada comarca e Estado não é obrigada a saber da existência ou não de vara especializada em outro Estado ou comarca.

Em relação ao devedor, que será o sujeito ativo nos pedidos de recuperação e o sujeito passivo nos pedidos de falência, temos uma situação bem desenhada pelo legislador nos arts. 1º e 2º da LFR.

O art. 1º afirma que se sujeitam aos efeitos da lei o empresário e a sociedade empresária. Ao se referir a empresário, o legislador está fazendo alusão ao empresário individual, aquele que exerce a atividade na forma de pessoa física; ao se referir a sociedade empresária, está se referindo a uma das modalidades de sociedade existentes para o exercício de atividade empresarial, quais sejam: sociedade em comum (irregular – despersonalizada); sociedade em nome coletivo; sociedade em comandita simples; sociedade em comandita por ações; sociedade limitada; sociedade anônima ou companhia.

De qualquer forma, precisamos retirar desse conjunto empresarial as entidades previstas no art. 2º da LFR:

Excluídos da Lei n. 11.101/2005

- Empresa pública;
- Sociedade de economia mista;
- Instituição financeira pública ou privada;
- Cooperativa de crédito;
- Consórcio;
- Entidade de previdência complementar;
- Sociedade operadora de plano de assistência à saúde;
- Sociedade seguradora;
- Sociedade de capitalização;
- Outras entidades legalmente equiparadas às anteriores;

As empresas públicas são sociedades empresárias cujo capital pertence 100% ao Estado (União, Estados Membros, Distrito Federal ou Municípios); já as sociedades de economia mista possuem uma parte do capital pública (da União, dos Estados Membros, do Distrito Federal ou dos Municípios) e uma parte privada. Em ambos os casos, em razão da participação estatal, para que essas entidades fossem criadas, foi necessária uma lei especial autorizando sua criação; logo, para serem modificadas ou extintas, dependem de lei especial. Assim sendo, não podem se submeter aos efeitos de uma lei que seja de aplicação geral para todas as empresas.

No caso das demais entidades, são todas atividades vinculadas às seguintes agências reguladoras: Banco Central; ANS – Agência Nacional de Saúde; Susep – Superintendência de Seguros Privados, e todas elas possuem, por lei, mecanismos de intervenção e liquidação extrajudicial nos casos de irregularidades ou insolvência, razão pela qual também não se submetem ao regime geral de insolvência que seria a LFR.

A única hipótese que demanda uma análise mais detida é o caso de instituição financeira, que em um primeiro momento, como verificamos, está excluída dos efeitos da LFR. No entanto, quando determinada instituição financeira sofre intervenção determinada pelo Banco Central por força do que dispõe o art. 1º da Lei n. 6.024/74, pode, quando seu ativo não é suficiente para cobrir sequer metade do valor dos créditos quirografários, ou quando julgada inconveniente a liquidação extrajudicial, ou quando a complexidade dos negócios da instituição ou a gravidade dos fatos apurados aconselharem, ter sua falência requerida (art. 12 da Lei n. 6.024/74). Então, uma instituição financeira não poderá se submeter a uma recuperação extrajudicial ou judicial, mas, em um segundo momento, por determinação do Banco Central, poderá ter sua falência requerida pelo interventor.

Logo, os empresários individuais e as sociedades empresárias, excetuadas as previstas no art. 2º da LFR, submetem-se aos efeitos da Lei n. 11.101/2005, preenchidos os requisitos legais, que oportunamente serão observados dentro de cada um dos institutos estudados.

Em relação aos credores, inicialmente a LFR faz uma subdivisão entre credores extraconcursais (art. 84 da LFR) e credores concursais (art. 83 da LFR). Para melhor compreensão, credores extraconcursais são credores do processo judicial e não do devedor (exemplo: o administrador judicial na falência, um perito nomeado pelo juiz, as custas processuais etc.).

Os demais credores, aqueles que possuem créditos a receber da empresa devedora, ou seja, os concursais, são subdivididos em classes, assim previstas no art. 83:

Credores concursais

- Alimentares (trabalhistas e acidentários);
- Garantia real;
- Tributários (federais, estaduais e municipais);
- Quirografários (fornecedores sem garantias, com privilégio especial ou geral);
- Multas contratuais;
- Subordinados (crédito devido aos sócios).

A subdivisão em classes tem duas finalidades distintas. Na recuperação, serve para organizar a votação em assembleia geral de credores, já que a votação se dá por classe. Na falência, configura efetivamente uma ordem de recebimento dos credores.

Outro aspecto importante cujos efeitos oportunamente é que os credores possuem prazo para habilitação de seus créditos, sendo que a habilitação fora do prazo, na recuperação, implica a perda do direito ao voto. Já na falência, implica a desclassificação do crédito, o que significa dizer que o crédito será remetido ao final da fila.

O comitê de credores previsto no art. 26 da LFR é um órgão facultativo de representação dos credores que tem como principais finalidades fiscalizar as atividades desenvolvidas pelo administrador judicial e zelar pelo bom andamento do processo e pelo cumprimento da lei.

O comitê se instala nos processos de recuperação judicial e na falência, e possui a seguinte composição:

Comitê de credores

- 1 credor indicado pela classe de credores trabalhistas;
- 1 credor indicado pela classe de credores com garantia real ou privilégio especial;
- 1 credor indicado pela classe de credores quirografários e com privilégio geral;
- 1 credor indicado pela classe de credores representantes de MEs e EPPs.

Observação: todos os representantes terão 2 suplentes.

Na ausência do comitê de credores, compete ao juiz a fiscalização das atividades desenvolvidas pelo administrador judicial.

O administrador judicial possui função essencial nos processos de recuperação judicial e na falência, já que será ele o responsável principal por fiscalizar as atividades desenvolvidas pelo devedor, pelo cumprimento das obrigações previstas no plano de recuperação judicial e por presidir a assembleia geral de credores em que será decidida a aprovação ou não do plano de recuperação, além de outras atividades previstas nos incisos I e II do art. 22 da LFR.

Já na falência, é ele o responsável pela arrecadação de todos os documentos e bens do devedor, encaminhar os trâmites necessários para a alienação de bens e administrar o pagamento dos credores, além de outras atividades previstas nos incisos I e III do art. 22 da LFR.

O administrador judicial é nomeado pelo juízo e deve preencher os requisitos do art. 21 da LFR. Sua remuneração é fixada entre 2% e 5% do valor dos créditos abrangidos pelo processo judicial. Na recuperação judicial, é o próprio empresário-devedor que arca com a despesa, e na falência o custo é suportado pela massa falida.

O plano de recuperação é o instrumento de acordo entre credores e devedor, portanto possui natureza jurídica contratual.

Seus limites vêm estabelecidos na LFR, e os mecanismos, exemplificativos, passíveis de constar no instrumento estão sugeridos no art. 50.

O objetivo do legislador ao especificar esses mecanismos de recuperação foi o de sugerir a credores e devedores hipóteses viáveis que contribuam de forma direta ou indireta para a superação da crise econômica. Deve ser observado que todos esses mecanismos, além de outros que podem ser livremente pactuados entre credores e devedor, devem respeitar eventuais requisitos próprios que venham a ser estabelecidos legalmente.

Outros critérios específicos a cada modalidade de recuperação que interfiram individualmente no plano de recuperação serão abordados quando da análise de cada uma das modalidades próprias de recuperação, como veremos a seguir.

2.1. RECUPERAÇÃO EXTRAJUDICIAL

A recuperação extrajudicial vem prevista no art. 161 da LFR e consiste no acordo (plano de recuperação) firmado diretamente entre credores e devedor, sem a intervenção judicial. Posteriormente, para que se opere a novação, esse acordo pode ser homologado judicialmente.

Então, o sentido "extrajudicial" verificado na nomenclatura do instituto guarda relação justamente com o fato de o acordo ser firmado diretamente entre as partes.

Ocorre, porém, que, por ser firmado diretamente entre as partes, excluem-se desse acordo, em princípio, os credores trabalhistas e os tributários.

Os trabalhistas e acidentários se sujeitarão, desde que haja negociação coletiva com o sindicato da respectiva categoria profissional (art. 161, § 1º, da LFR).

Já o credor tributário é excluído porque o fisco não possui poderes para transigir, sendo que eventual parcelamento de débito tributário só se dá na forma da lei; isso não ocorre dentro desse acordo geral, e sim perante o fisco.

Para que uma empresa possa negociar com seus credores eventual plano de recuperação extrajudicial, é necessário que ela preencha os requisitos previstos no art. 161 da LFR. Porém, ao nos determos na leitura do citado dispositivo, percebemos que ele nos remete ao art. 48 da mesma lei, que trata dos requisitos da recuperação judicial, o que, em uma leitura superficial, nos faz acreditar que são os mesmos requisitos para ambas as modalidades.

Ocorre, porém, que o § 3º do art. 161 modifica o previsto nos incisos II e III do art. 48 da LFR. Dessa forma, assim se verificam os requisitos para a obtenção de recuperação extrajudicial:

Requisitos da recuperação extrajudicial

- Exerça regularmente suas atividades há mais de 2 anos;
- Não ser falido e, se foi, que estejam declaradas extintas as responsabilidades;
- Não ter, há menos de 2 anos, obtido outro benefício de recuperação;
- Não ter sido condenado ou não ter, como administrador ou sócio controlador, pessoa condenada por crime falimentar.

Então, é necessário que o devedor seja exercente de atividade empresarial regular, ou seja, devidamente registrada na Junta Comercial, há mais de 2 anos.

O segundo requisito exige não ser falido. Nesse caso temos de concluir que não se trata da falência da empresa que pretende pleitear a recuperação, pois, uma vez falida, ela seria extinta. Trata-se da falência de seus sócios ou, se empresário individual, em outra atividade empresarial.

O terceiro requisito diz respeito ao lapso temporal de benefício de recuperação, qualquer que seja sua modalidade. Então, podemos concluir que uma empresa pode obter mais de um benefício de recuperação ao longo de sua existência, mas entre a concessão de um benefício anterior e a concessão de uma recuperação extrajudicial deve haver um lapso temporal igual ou superior a 2 anos. É justamente esse requisito que diferencia a recuperação extrajudicial da judicial, considerando que todos os demais requisitos são idênticos.

O último requisito diz respeito a não ser condenado por crime falimentar, em se tratando de empresário individual, ou a não possuir administrador ou sócio controlador em sociedade empresária.

Com isso notamos que para a recuperação não basta simplesmente ser empresário individual, ou sociedade empresária, como dispõe o art. 1º da LFR: é necessário que preencha os requisitos legais, haja vista tratar-se de um benefício legal.

Como os processos judiciais previstos na Lei n. 11.101/2005 possuem procedimentos próprios, ou seja, procedimento especial, é necessário que façamos sua análise para a compreensão dos aspectos processuais e das peças nele cabíveis.

Assim se verifica o processamento do pedido de homologação da recuperação extrajudicial:

O pedido de homologação da recuperação extrajudicial é formulado com base no preenchimento dos requisitos do art. 161 da LFR. Considerando que é formulado por meio de uma petição inicial, deve, no que couber, preencher os requisitos previstos no art. 319 do CPC.

Em relação ao conteúdo, o pedido deve apresentar justificativa, conforme determina o art. 162 da LFR. Essa justificativa é a exposição da crise econômico-financeira e as condições da empresa que demonstrem que ela possui condições de superar a crise.

Acrescente-se que, como a empresa precisa preencher os requisitos do art. 161 da LFR, deve constar na petição a juntada dos documentos que comprovem os requisitos do pedido, além da demonstração da juntada do plano de recuperação (acordo).

Uma vez distribuído o pedido, o juiz dará o despacho de processamento, determinando a publicação eletrônica do edital, convocando os credores a apresentar, se for o caso, impugnação ao pedido de homologação. Em complemento à convocação oficial, o devedor deverá comprovar nos autos o envio de carta a todos os credores, para, querendo, apresentarem impugnação.

A partir da publicação do edital, os credores que comprovarem seus créditos podem oferecer impugnação ao plano de recuperação, porém se trata de peça "contestatória" de cognição restrita, em que só podem ser questionados o quórum de aprovação do plano, a prática de atos falimentares ou o descumprimento de exigência legal.

Sendo oferecida impugnação, o devedor terá o prazo de 5 dias para manifestação. Na sequência, o juízo terá o mesmo prazo para julgamento, homologando o plano ou indeferindo sua homologação, decisão essa que, por ser terminativa de feito, se faz por sentença, cabendo então recurso de apelação, nos moldes previstos no Código de Processo Civil.

Para analisar se a peça será um pedido de homologação de recuperação extrajudicial, utilizamos o seguinte esquema:

Interpretando o problema: quando será pedido de homologação de recuperação extrajudicial?

Quem é meu cliente?	Meu cliente só pode ser a empresa em crise econômica, cuja solução se busca por meio da recuperação extrajudicial.
Existe processo judicial? Se sim, qual o último andamento processual?	A recuperação extrajudicial pressupõe a não existência de um processo judicial.
O que ele deseja?	Meu cliente deseja que eu homologue judicialmente o acordo que ele formulou e aprovou junto a seus credores.

Uma vez identificada a peça, vamos verificar a sua estrutura para posterior elaboração:

Endereçamento	
Competência	Juízo do local do principal estabelecimento (art. 3º da Lei n. 11.101/2005)
Preâmbulo	
Parte	Requerente – empresário-devedor
Nome da ação	RECUPERAÇÃO EXTRAJUDICIAL
Cabimento	Art. 161 da Lei n. 11.101/2005
DOS FATOS	
Fatos	Demonstração de crise econômico-financeira Demonstração de fluxo de caixa que viabiliza a superação da crise Demonstração do estabelecimento de um plano de recuperação
DO DIREITO	
Fundamento legal	Arts. 161 + 162 ou 163 da Lei n. 11.101/2005
DOS PEDIDOS E REQUERIMENTOS	
Pedidos	Procedência do pedido para homologação do plano de recuperação
Requerimentos	• suspensão das prescrições e execuções; • expedição de edital para publicação para intimação dos credores; • juntada posterior de notificação dos credores por carta; • intimação de atos processuais; • provas.
Valor da causa	Valor dos créditos submetidos à recuperação

Definida a sua estrutura, já podemos elaborar um modelo prático-profissional.

Apresentamos a seguir um modelo básico de pedido de homologação de recuperação extrajudicial:

Folha 1/5

EXCELENTÍSSIMO SENHOR DOUTOR JUIZ DE DIREITO DA ... VARA ... DA COMARCA DE .../...

(Nome empresarial do devedor), empresa inscrita no CNPJ sob o n. ...., estabelecida na Rua .... n. ..., bairro ...., município ..../..., e-mail ...., neste ato representada por seu administrador, ..., (nacionalidade), (profissão), (estado civil), portador da cédula de identidade n. ...., inscrito no CPF sob n. ...., residente e domiciliado na Rua .... n. ..., bairro ...., município ...., e-mail ...., vem, por seu advogado (doc. ...), à presença de Vossa Excelência requerer a homologação do seu plano de RECUPERAÇÃO EXTRAJUDICIAL, nos termos do que dispõe o art. 163 da Lei n. 11.101/2005, pelos fatos e fundamentos a seguir expostos:

DA JUSTIFICATIVA

A requerente exerce suas atividades no ramo de fabricação de peças automotivas há mais de 2 (dois) anos, atendendo-se ao postulado no art. 161 da Lei n. 11.101/2005.

Entretanto, nestes últimos 3 (três) anos, foi obrigada a uma completa reestruturação no seu maquinário, adquirindo equipamentos mais modernos e capazes de atender à demanda de carros importados e mesmo de nacionais com modelos mais avançados que utilizam tecnologia norte-americana e japonesa.

Referidos investimentos não tiveram o retorno planejado e esperado pela requerente, em razão da forte crise financeira no setor, por demais

Folha 2/5

recessiva e que assolou a economia pátria, refletindo no desempenho econômico de todos os setores.

Com isso, os rendimentos previstos sofreram forte queda, reduzindo o número de clientes na utilização dos serviços prestados pela requerente.

Para satisfazer suas obrigações trabalhistas, fiscais e com fornecedores, outra alternativa não restou senão o desconto de duplicatas em instituições financeiras, que lhe cobraram taxas de juros altíssimas, gerando uma eventual falta de capital de giro.

Dentro desse quadro, a suplicante não dispõe no momento de recursos financeiros suficientes para pagar seus fornecedores na forma originalmente contratada, embora seu fluxo de caixa continue contribuindo satisfatoriamente para o exercício de sua atividade empresarial.

A recuperação financeira é lenta, por isso necessita de um prazo para readequar suas finanças. Com os benefícios legais da recuperação extrajudicial já disciplinada em acordo com seus credores, seria a única forma de se evitar uma indesejável falência.

DOS FUNDAMENTOS

A requerente nunca obteve a concessão de outro benefício de recuperação e preenche todos os demais requisitos previstos no art. 161 da Lei n. 11.101/2005, assim verificados:

> "O devedor que preencher os requisitos do art. 48 desta Lei poderá propor e negociar com credores plano de recuperação extrajudicial".

Certo é que a requerente preenche todos os requisitos elencados pelo legislador, conforme docs. ... a ..., ora juntados.

Para instruir o presente pleito, traz à colação os documentos neces-

Folha 3/5

sários, a seguir relacionados, retratando com rigor sua difícil situação financeira, atendendo ao postulado no art. 162 da Lei n. 11.101/2005:

> "O devedor poderá requerer a homologação em juízo do plano de recuperação extrajudicial, juntando sua justificativa e o documento que contenha seus termos e condições, com as assinaturas dos credores que a ele aderiram".

De forma a comprovar a justificativa econômico-financeira apresentada, junta os seguintes documentos:

a) exposição da situação patrimonial do devedor;

b) demonstrações contábeis relativas ao último exercício social;

c) demonstrações contábeis levantadas especialmente para instruir o pedido;

d) documentos que comprovem os poderes dos subscritores para novar ou transigir;

e) relação nominal completa dos credores, com a indicação do endereço de cada um, a natureza, a classificação e o valor atualizado do crédito, discriminando sua origem, o regime dos respectivos vencimentos e a indicação dos registros contábeis de cada transação pendente.

Por último, acrescenta que segue incluso plano de recuperação devidamente aprovado por credores que representam mais da metade da totalidade dos créditos abrangidos, satisfazendo assim as exigências do art. 163 da LFR:

"O devedor poderá também requerer a homologação de plano de recuperação extrajudicial que obriga a todos os credores por ele abrangidos, desde que assinado por credores que representem mais da metade dos créditos de cada espécie abrangidos pelo plano de recuperação extrajudicial".

Folha 4/5

Dessa forma, preenchendo todas as exigências legais, é que se vem a juízo buscar a novação a partir da homologação do presente pedido.

CONCLUSÃO

Isto posto, requer se digne Vossa Excelência julgar procedente o presente pedido de homologação do plano de recuperação extrajudicial, como de direito.

Requer a suspensão de que trata o art. 6º da LFR, exclusivamente em relação aos créditos abrangidos no presente pedido, suspendendo-se, assim, execuções e prescrições.

Requer a expedição de edital a ser publicado eletronicamente, para determinar a convocação dos credores, para que, querendo, ofereçam impugnação ao pedido.

Independentemente da convocação oficial, requer a juntada, oportunamente, da comprovação de notificação dos credores por carta, para que ofereçam eventual impugnação ao presente pedido.

Requer sejam as intimações de atos processuais realizadas em nome do advogado subscritor, que receberá intimações na forma eletrônica.

Requer provar o alegado por todos os meios de prova em direito admitidos, em especial pela juntada de documentos, perícia e outros que se fizerem necessários à instrução do presente feito.

Dá-se à causa o valor de R$ .... (............).

Termos em que
pede deferimento.

..., ... de ... de ...

Folha 5/5

ADVOGADO(A)
OAB/... n. ...

Uma vez apresentado o pedido de homologação de recuperação extrajudicial, vamos na sequência apreciar eventual pedido de impugnação.

Cabe lembrar que o pedido de impugnação possui cunho de peça "contestatória", conforme já explicitamos, mas com particularidades próprias, dentro dos limites estabelecidos na Lei n. 11.101/2005. Dois deles se destacam. O primeiro é a obrigatoriedade de comprovar a condição de credor e o segundo diz respeito ao que pode ser arguido na impugnação: não preenchimento do percentual mínimo previsto no *caput* do art. 163 da LFR; prática de qualquer dos atos falimentares previstos no inciso III do art. 94 ou do art. 130 da mesma lei; descumprimento de requisito previsto na LFR ou de qualquer outra exigência legal.

Para analisar se a peça será impugnação ao pedido de homologação de recuperação extrajudicial, utilizamos o seguinte esquema:

Interpretando o problema: quando será impugnação ao pedido de homologação de recuperação extrajudicial?

Quem é meu cliente?	Meu cliente será um dos credores do devedor que pretende homologar seu plano de recuperação extrajudicial.
Existe processo judicial? Se sim, qual o último andamento processual?	A impugnação ocorrerá em um processo judicial em que se busca a homologação do plano de recuperação, sendo que seu cliente tomou ciência pela publicação de um edital ou por ter recebido uma carta de convocação emitida pelo devedor.

Interpretando o problema: quando será impugnação ao pedido de homologação de recuperação extrajudicial?

O que ele deseja?	Meu cliente pretende que eu impeça a homologação do plano de recuperação extrajudicial do devedor.

Uma vez identificada a peça, vamos verificar a sua estrutura para posterior elaboração:

Endereçamento	
Competência	Juízo do processo
Preâmbulo	
Parte	Impugnante – credor Impugnado – empresário-devedor
Nome da ação	IMPUGNAÇÃO
Cabimento	Art. 164, § 2º, da Lei n. 11.101/2005
DOS FATOS	
Fatos	Demonstração de crise econômico-financeira Demonstração de fluxo de caixa que viabiliza a superação da crise Demonstração do estabelecimento de um plano de recuperação
DO DIREITO	
Fundamento legal	Art. 164, § 2º, da Lei n. 11.101/2005 + fundamento de direito material
DOS PEDIDOS E REQUERIMENTOS	
Pedidos	Acolhimento da impugnação para julgar improcedente o pedido de homologação do plano de recuperação extrajudicial
Requerimentos	• condenação de honorários sucumbenciais e custas processuais; • intimação de atos processuais; • provas.

Definida a sua estrutura, já podemos elaborar um modelo prático-profissional:

Folha 1/3

01	EXCELENTÍSSIMO SENHOR DOUTOR JUIZ DE DIREITO DA 2ª VARA
02	CÍVEL DA COMARCA DE ANGRA DOS REIS/RJ
03	
04	
05	
06	
07	

Processo autuado sob n. ...

(Nome do credor), (nacionalidade), (estado civil), (profissão), portador da cédula de identidade n. ...., inscrito no CPF sob n. ...., residente e domiciliado na Rua .... n. ..., bairro ...., município ..../..., e-mail ...., vem, por seu advogado (doc. ...), nos autos do processo em epígrafe, à presença de Vossa Excelência apresentar IMPUGNAÇÃO ao pedido de homologação de RECUPERAÇÃO EXTRAJUDICIAL de (nome empresarial do devedor), nos termos do que dispõe o § 2º do art. 164 da Lei n. 11.101/2005, pelos fatos a seguir aduzidos:

DA SÍNTESE DOS FATOS

A impugnada propôs o presente pedido de homologação de recuperação extrajudicial, juntando plano de recuperação firmado com seus credores e demonstrando que preenchia os requisitos legais pertinentes e por ter atingido o quórum para aprovação do plano ora apresentado.

Ocorre, porém, que falta com a verdade ao afirmar que preenche os requisitos legais exigidos e que atingiu o quórum necessário, conforme se

Folha 2/3

verificará a seguir.

DA IMPUGNAÇÃO

Em primeiro lugar, para legitimar o presente pedido de impugnação, a impugnante comprova, através da juntada do doc. ..., que é credora da impugnada no montante de R$ ... (...), preenchendo assim a exigência prevista no § 2º do art. 164 da Lei n. 11.101/2005, transcrito a seguir:

> "Os credores terão prazo de 30 (trinta) dias, contado da publicação do edital, para impugnarem o plano, juntando a prova de seu crédito".

Dessa forma, como vimos, está comprovada a qualidade de credora da impugnante, e tempestiva é a presente impugnação.

Adentrando o mérito da impugnação, é de observar que determina o legislador que o devedor cumpra exigências do art. 163 da LFR:

"O devedor poderá também requerer a homologação de plano de recuperação extrajudicial que obriga a todos os credores por ele abrangidos, desde que assinado por credores que representem mais da metade dos créditos de cada espécie abrangidos pelo plano de recuperação extrajudicial".

Ocorre, porém, que, como se verifica da relação de credores juntada, o crédito da impugnante não foi lançado entre os credores da impugnada e, sendo assim, não foi computado para fins de verificação do quórum legal exigido anteriormente mencionado.

Essa omissão foi providencial por parte da impugnada, já que a impugnante é detentora de um crédito que corresponde a quase 70% (se-

Folha 3/3

tenta por cento) do total da classe dos credores quirografários, então a aprovação dependia exclusivamente de sua vontade. Com receio da não concordância, optou a impugnada pela omissão e exclusão da impugnante.

Assim sendo, comprovada está a ausência de preenchimento dos pressupostos legais que autorizam a homologação do pedido de recuperação extrajudicial formulado pela impugnada.

CONCLUSÃO

Isto posto, requer se digne Vossa Excelência acolher a presente impugnação, julgando improcedente o pedido de homologação da recuperação extrajudicial da impugnada.

Requer seja a impugnada condenada em honorários sucumbenciais e custas processuais, como de estilo.

Requer sejam as intimações de atos processuais realizadas em nome do advogado subscritor, que receberá intimações eletronicamente.

Requer provar o alegado por todos os meios de prova em direito admitidos, em especial pela juntada de documentos, perícia e outros que se fizerem necessários à instrução do presente feito.

Termos em que
pede deferimento.

..., ... de ... de ...

ADVOGADO(A)
OAB/... n. ...

Dessa forma, verificamos a impugnação, e, para completar o processo, resta observarmos a manifestação do devedor.

3

RECUPERAÇÃO JUDICIAL

Ao contrário da recuperação extrajudicial, em que o devedor negocia diretamente com os credores, na recuperação judicial, prevista no art. 48 da LFR, o devedor vai diretamente ao Poder Judiciário buscar a blindagem judicial para que, durante o trâmite processual, possa negociar com seus credores um plano de recuperação capaz de permitir a superação da crise econômica.

Essa blindagem patrimonial consiste justamente na suspensão de ações, que ocorre a partir do deferimento de processamento do pedido de recuperação judicial. Não podemos aqui confundir o deferimento do processamento com o deferimento da recuperação judicial. O processamento tem apenas a finalidade de propiciar condições judiciais para que um eventual acordo possa ser estabelecido entre as partes, mas sem que haja obrigatoriedade de aceitação por parte dos credores, o que quer dizer que, ainda que determinado o processamento, no final do processo poderá ocorrer o indeferimento do pedido de recuperação por rejeição do plano apresentado.

Por ser um negócio jurídico, a recuperação judicial deve respeitar todos os requisitos gerais estabelecidos no art. 104 da Código Civil, além de requisitos específicos previstos pelo legislador.

Os requisitos específicos da recuperação judicial estão elencados no art. 48 da LFR, assim dispostos:

Requisitos da recuperação judicial

- Exerça regularmente suas atividades há mais de 2 anos;
- Não ser falido, e, se for, que estejam declaradas extintas as responsabilidades;
- Não ter, há menos de 5 anos, obtido outro benefício de recuperação;
- Não ter sido condenado ou não ter, como administrador ou sócio controlador, pessoa condenada por crime falimentar.

A explicação para cada um desses requisitos já foi realizada quando da análise dos requisitos da recuperação extrajudicial, com a diferença de que o intervalo de tempo entre a concessão de um e outro benefício, independentemente de sua modalidade, deve ser de no mínimo 5 anos.

O legislador ampliou a legitimidade para pleitear a recuperação, considerando que, além do devedor de que trata o art. 1º da LFR, também possam distribuir o pedido as pessoas de que trata o § 1º do art. 48 da LFR, quais sejam: cônjuge sobrevivente, herdeiros do devedor, inventariante ou sócio remanescente.

O devedor é o legitimado ordinariamente para pleitear a recuperação judicial; já os demais anteriormente citados possuem legitimação extraordinária, o que quer dizer que só se verificando a condição excepcional "morte do devedor" é que estariam eles legitimados.

O legislador pensou na hipótese em que o empresário-devedor falece e, ao assumir a titularidade, ainda quando do trâmite do inventário do falecido, descobrem o cônjuge, herdeiros, inventariante e sócio remanescente que a empresa se encontra em grave crise financeira e que um eventual pedido de recuperação seria a única saída para equacionar a situação.

Para efeitos de recuperação judicial, em relação à demora existente entre o momento em que se distribui o pedido de recuperação e o momento em que se realiza a assembleia geral de credores para negociação do plano de recuperação, definiu o legislador que somente os créditos existentes até a data do pedido, ainda que não vencidos (art. 49 da LFR), é que seriam abrangidos pelo plano.

Os créditos em que a concessão de determinado bem se deu apenas pelo instituto da posse, conservando o credor a qualidade de proprietário como garantia do crédito concedido, não serão abrangidos pela recuperação judicial (§ 3º do art. 49 da LFR). Entre esses créditos temos as hipóteses de arrendamento mercantil, alienação fiduciária em garantia, compra e venda com reserva de domínio, ou seja, nesses casos prevalece o direito de propriedade, e os respectivos créditos se mantêm na condição contratada originalmente, sem sofrer qualquer efeito decorrente da recuperação judicial.

Outros créditos que não sofrem os efeitos da recuperação judicial são os decorrentes de contrato de câmbio para exportação, regulados pelo Banco Central (§ 4º do art. 49 da LFR).

Em relação aos créditos trabalhistas e acidentários, embora possam fazer parte da recuperação judicial, já que o acordo se dará com a intermediação do Estado, por possuir natureza alimentar, não poderão ser parcelados em período superior a um ano. Porém, existe a possibilidade de prorrogação para o prazo de dois anos, conforme estabelece o § 2º do mesmo dispositivo.

Trata-se de tratamento privilegiado do crédito em razão de sua natureza, já que todos os demais créditos, por não possuírem a mesma natureza, não têm prazo de pagamento definido em lei (art. 50, I, da LFR), submetendo-se ao prazo estabelecido no plano de recuperação.

Além disso, o crédito de natureza alimentar deverá ter o pagamento iniciado no máximo 30 dias após o pedido de recuperação, até o limite de 5 salários mínimos por empregado.

Com o processamento do pedido de recuperação, são suspensas todas as ações contra o devedor, suspensão essa que é a garantia para equacionar minimamente a situação até que se negocie o plano de recuperação com os credores em assembleia geral designada para tal finalidade.

Em relação ao crédito de natureza tributária, não serão as execuções fiscais abrangidas pela suspensão tratada anteriormente (art. 6º, § 7º, da LFR), haja vista que eventual parcelamento de crédito tributário não ocorre dentro do plano de recuperação, e sim de forma direta com o fisco, desde que preenchidos os demais requisitos previstos em lei própria para tal finalidade.

O pedido de recuperação judicial é a peça que inaugura o processo de recuperação judicial. Embora a todo momento o legislador mencione apenas "recuperação judicial" ou "pedido", a natureza jurídica dessa peça é de ação. Essa afirmação é feita pelo legislador ao afirmar no art. 51 da LFR os requisitos da "petição inicial".

Como qualquer petição inicial, ela deve respeitar os requisitos gerais do art. 319 do CPC, no que couber, e os requisitos específicos previstos no citado art. 51, a saber:

Requisitos do pedido de recuperação judicial

- Exposição das causas concretas da situação patrimonial do devedor e das razões da crise econômico-financeira;
- Juntada dos seguintes documentos:
- demonstrações contábeis relativas aos 3 últimos exercícios sociais;
- demonstrações contábeis levantadas especialmente para instruir o pedido;
- balanço patrimonial;
- demonstração de resultados acumulados;
- demonstração do resultado desde o último exercício social;
- relatório gerencial de fluxo de caixa e de sua projeção;
- relação nominal completa dos credores;
- relação integral dos empregados;
- certidão de regularidade do devedor no Registro Público de Empresas, o ato constitutivo atualizado e as atas de nomeação dos atuais administradores;
- relação dos bens particulares dos sócios controladores e dos administradores do devedor;

Requisitos do pedido de recuperação judicial

- extratos atualizados das contas bancárias do devedor e de suas eventuais aplicações financeiras;
- certidões dos cartórios de protestos;
- relação subscrita pelo devedor, de todas as ações judiciais e procedimentos arbitrais em que este figure como parte;
- Relatório do passivo fiscal;
- Relação de bens do ativo não circulante;
- que comprovem os requisitos do art. 48 da LFR.

Para analisar se a peça será um pedido de recuperação judicial, utilizamos o seguinte esquema:

Interpretando o problema: quando será um pedido de recuperação judicial?

Quem é meu cliente?	Meu cliente é a empresa ou empresário que passa por uma crise econômica e pretende buscar o Poder Judiciário para intermediar um acordo a ser estabelecido com seus credores.
Existe processo judicial? Se sim, qual o último andamento processual?	A recuperação judicial pressupõe a não existência de um processo judicial, tampouco de um acordo firmado antecipadamente junto aos credores.
O que ele deseja?	Meu cliente pretende que eu busque junto ao Poder Judiciário uma medida que possa permitir que se estabeleça um plano para superação da crise econômica.

Uma vez identificada a peça, vamos verificar a sua estrutura para posterior elaboração:

Endereçamento	
Competência	Juízo do local do principal estabelecimento (art. 3º da Lei n. 11.101/2005)
Preâmbulo	
Parte	Requerente – empresário-devedor
Nome da ação	RECUPERAÇÃO JUDICIAL
Cabimento	Art. 48 da Lei n. 11.101/2005
DOS FATOS	
Fatos	Demonstração de crise econômico-financeira Demonstração de fluxo de caixa que viabiliza a superação da crise
DO DIREITO	
Fundamento legal	Arts. 47 e seguintes da Lei n. 11.101/2005

DOS PEDIDOS E REQUERIMENTOS	
Pedidos	Processamento do pedido de recuperação Procedência do pedido de recuperação judicial
Requerimentos	• expedição de edital para publicação do Diário Oficial e em jornal de grande circulação para intimação dos credores; • nomeação de administrador judicial; • determinação de habilitação de créditos; • juntada do plano de recuperação judicial; • intimação do Ministério Público; • convocação da Fazenda Pública; • suspensão de ações; • intimação de atos processuais; • provas.
Valor da causa	Valor dos créditos submetidos à recuperação

Definida a sua estrutura, já podemos elaborar um modelo prático-profissional:

▾ Folha 1/5

EXCELENTÍSSIMO SENHOR DOUTOR JUIZ DE DIREITO DA ... VARA ... DA COMARCA DE .../...

(Nome empresarial do devedor), empresa inscrita no CNPJ sob n. ...., estabelecida na Rua .... n. ..., bairro ...., município ..../...., e-mail ...., neste ato representada por seu administrador, ..., portador da cédula de identidade n. ...., inscrito no CPF sob n. ...., residente e domiciliado na Rua .... n. ..., bairro ...., município ..../..., e-mail ...., vem, por seu advogado (doc. ...), à presença de Vossa Excelência requerer RECUPERAÇÃO JUDICIAL, nos termos do que dispõe o art. 48 da Lei n. 11.101/2005, pelos fatos e fundamentos a seguir expostos:

DA JUSTIFICATIVA

A requerente exerce suas atividades no ramo de fabricação de peças automotivas há mais de 2 (dois) anos, atendendo-se ao postulado no art. 48 da Lei n. 11.101/2005.

Entretanto, nestes últimos 3 (três) anos, foi obrigada a uma completa reestruturação no seu maquinário, adquirindo equipamentos mais modernos e capazes de atender à demanda de carros importados e mesmo de nacionais com modelos mais avançados que utilizam tecnologia norte-americana e japonesa.

Referidos investimentos não tiveram o retorno planejado e esperado, em razão da forte crise financeira no setor, por demais recessiva e que assolou a economia pátria, refletindo no desempenho econômico de todos os setores.

Com isso, os rendimentos previstos sofreram forte queda, reduzindo

Folha 2/5

o número de clientes na utilização dos serviços prestados pela requerente.

Para satisfazer suas obrigações trabalhistas, fiscais e com fornecedores, alternativa não restou senão o desconto de duplicatas em instituições financeiras, que lhe cobraram taxas de juros altíssimas, gerando uma eventual falta de capital de giro.

Dentro desse quadro, a requerente não dispõe, no momento, de recursos financeiros suficientes para pagar seus fornecedores na forma originalmente contratada, embora seu fluxo de caixa continue contribuindo satisfatoriamente para o exercício de sua atividade empresarial.

Por outro lado, a projeção de seu fluxo de caixa, que ora se junta (doc. ...), demonstra a possibilidade de sua recuperação, já que contempla os custos ordinários e ainda lhe garante a disponibilidade de recursos para contemplar o pagamento de eventual parcela a ser assumida na hipótese de deferimento de sua recuperação judicial.

DOS FUNDAMENTOS

A requerente nunca obteve a concessão de outro benefício de recuperação e preenche todos os demais requisitos previstos no art. 48 da Lei n. 11.101/2005, assim verificados:

> "Poderá requerer recuperação judicial o devedor que, no momento do pedido, exerça regularmente suas atividades há mais de 2 (dois) anos e que atenda aos seguintes requisitos, cumulativamente:
> I – não ser falido e, se o foi, estejam declaradas extintas, por

sentença transitada em julgado, as responsabilidades daí decorrentes;

II - não ter, há menos de 5 (cinco) anos, obtido concessão de recuperação judicial;

III - não ter, há menos de 5 (cinco) anos, obtido concessão de recuperação judicial com base no plano especial de que trata a

Folha 3/5

Seção V deste Capítulo;

IV - não ter sido condenado ou não ter, como administrador ou sócio controlador, pessoa condenada por qualquer dos crimes previstos nesta Lei".

Certo é que todos os requisitos elencados pelo legislador, anteriormente descritos, estão devidamente comprovados, conforme os docs. ... a ..., ora juntados.

Para instruir o pleito, traz à colação os documentos necessários, retratando com rigor sua difícil situação financeira, atendendo ao postulado no art. 51 da Lei n. 11.101/2005.

De forma a comprovar a justificativa econômico-financeira apresentada, junta os seguintes documentos:

- demonstrações contábeis relativas aos 3 (três) últimos exercícios sociais;
- demonstrações contábeis levantadas especialmente para instruir o pedido;
- balanço patrimonial;
- demonstração de resultados acumulados;
- demonstração do resultado desde o último exercício social;
- relatório gerencial de fluxo de caixa e de sua projeção;
- relação nominal completa dos credores;
- relação integral dos empregados;
- certidão de regularidade do devedor no Registro Público de Empresas, o ato constitutivo atualizado e as atas de nomeação dos atuais administradores;
- relação dos bens particulares dos sócios controladores e dos administradores do devedor;
- extratos atualizados das contas bancárias do devedor e de suas eventuais aplicações financeiras;

Folha 4/5

- certidões dos cartórios de protestos;
- relação subscrita pelo devedor de todas as ações judiciais em que este figure como parte.

Por todo o exposto, é de se verificar que a requerente preenche todos os pressupostos legais, fáticos, econômicos e jurídicos para que tenha sua recuperação judicial processada e ao final aprovada.

CONCLUSÃO

Isto posto, requer se digne Vossa Excelência determinar o processamento do presente pedido, que ao final deverá ser julgado procedente.

Requer a expedição e a publicação de edital eletrônico, para dar ciência à praça do processamento da presente recuperação judicial.

Requer a nomeação de administrador judicial para acompanhamento das atividades da requerente e demais atividades determinadas legalmente e pelo juízo.

Requer a intimação de membro do Ministério Público para acompanhar o presente feito.

Requer a convocação das Fazendas Públicas federal, estadual e municipal.

Requer desde já seja determinada a suspensão de todas as ações de credores abrangidos pela presente recuperação judicial, conforme art. 6º da LFR.

Por oportuno, desde já se compromete a juntar o plano de recuperação judicial, conforme determinação do art. 53 da Lei n. 11.101/2005.

Requer sejam as intimações de atos processuais realizadas em nome do advogado subscritor, que receberá intimações eletronicamente.

Requer provar o alegado por todos os meios de prova em direito admitidos, em especial pela juntada de documentos, perícia e outros que

Folha 5/5

se fizerem necessários à instrução do presente feito.

Dá-se à causa o valor de R$ .... (...........).

Termos em que

pede deferimento.

..., ... de ... de ...

ADVOGADO(A)
OAB/... n. ...

Assim, observamos que a petição inicial que inaugura o processo de recuperação judicial possui uma atipicidade para as petições iniciais que inauguram o processo de conhecimento que tramitam pelo procedimento comum ou especial. É que o pedido de recuperação judicial tem como particularidade o fato de que não basta fundamento jurídico que lastreie o pedido. É necessário, conforme imposto pelo próprio legislador, que se apresente a justificativa econômico-financeira que motive o pedido, e que deve ser rigorosamente observada na elaboração da petição inicial.

Uma vez distribuído o pedido e preenchidos os requisitos legais, inicia-se a fase de processamento da recuperação judicial, como veremos a seguir.

Assim, verificamos no processamento que surge a segunda peça processual da recuperação judicial, que é justamente a impugnação de crédito. Porém, antes cabe destacar que a impugnação de crédito também cabe na falência na mesma fase, ou seja, a partir das habilitações de crédito e com a mesma estrutura que apresentaremos a seguir.

Para analisar se a peça será impugnação de crédito, utilizamos o seguinte esquema:

Interpretando o problema: quando será impugnação de crédito?

Quem é meu cliente?	Meu cliente é um dos credores ou o próprio devedor.
Existe processo judicial? Se sim, qual o último andamento processual?	Existe um processo judicial em andamento, e se encontra na fase em que os credores estão apresentando pedido de habilitação de crédito.
O que ele deseja?	Meu cliente deseja que haja uma correção de valor ou de classe do crédito habilitado, ou sua exclusão da relação de credores.

Uma vez identificada a peça, vamos verificar a sua estrutura para posterior elaboração:

Endereçamento	
Competência	Juízo do processo (art. 3º da Lei n. 11.101/2005)
Preâmbulo	
Parte	Impugnante – credor ou devedor Impugnado – credor
Nome da ação	IMPUGNAÇÃO DE CRÉDITO
Cabimento	Art. 8º da Lei n. 11.101/2005
DOS FATOS	
Fatos	Demonstração de crédito habilitado Demonstração de incorreção no valor, na classe ou na habilitação do crédito Comprovar a legitimidade para impugnação
DO DIREITO	
Fundamento legal	Art. 8º da Lei n. 11.101/2005 + fundamento específico do negócio jurídico e das classes de credores
DOS PEDIDOS E REQUERIMENTOS	
Pedidos	Acolhimento do pedido para alterar a classe, valor ou para se excluir o crédito do quadro de credores
Requerimentos	• intimação do impugnado; • condenação em honorários sucumbenciais e custas processuais; • intimação de atos processuais; • provas.

Para elaborar a impugnação de crédito, temos de considerar que sua distribuição se fará em apenso aos autos principais, razão pela qual sua distribuição se dará por dependência, conforme modelo a seguir:

Folha 1/3

EXCELENTÍSSIMO SENHOR DOUTOR JUIZ DE DIREITO DA 1ª VARA CÍVEL DO FORO DA COMARCA DE PETROLINA, NO ESTADO DE PERNAMBUCO/PE

Distribuição por dependência aos autos do processo n. ...

(Nome do credor - impugnante), (nacionalidade), (profissão), (estado civil), portador da cédula de identidade n. ...., inscrito no CPF sob n. ...., residente e domiciliado na Rua .... n. ..., bairro ...., município ..../..., e-mail ...., por seu advogado (doc. ...), nos autos do processo em epígrafe do PEDIDO DE RECUPERAÇÃO JUDICIAL que move (nome do devedor), vem à presença de Vossa Excelência, com fundamento no art. 8º da Lei n. 11.101/2005, apresentar pedido de IMPUGNAÇÃO DE CRÉDITO, relativo ao crédito de (nome do credor cujo crédito se pretenda impugnar - impugnado), (nacionalidade), (profissão), (estado civil), portador da cédula de identidade n. ...., inscrito no CPF sob n. ...., residente e domiciliado na Rua .... n. ..., bairro ...., município ..../..., e-mail ...., nos termos a seguir aduzidos:

DA IMPUGNAÇÃO

Conforme se verificou da relação de credores elaborada pelo adminis-

Folha 2/3

trador judicial, constou um crédito a favor do impugnado no valor de R$ ... (...), classificado na classe de credores trabalhistas.

Ocorre, contudo, que o documento de fls. ..., utilizado para comprovar o crédito do impugnado, é um contrato de prestação de serviço, portanto sem natureza trabalhista.

Estabelece o legislador, no art. 8º da Lei n. 11.101/2005, que:

> "No prazo de 10 (dez) dias, contado da publicação da relação referida no art. 7º, § 2º, desta Lei, o Comitê, qualquer credor, o devedor ou seus sócios ou o Ministério Público podem apresentar ao juiz impugnação contra a relação de credores, apontando a ausência de qualquer crédito ou manifestando-se contra a legitimidade, importância ou classificação de crédito relacionado".

Dessa forma, o ora impugnante encontra-se devidamente legitimado, já que, conforme se verificou da mesma relação de credores, é credor quirografário do devedor.

Ademais, é de observar que o crédito do impugnado foi classificado na relação de credores como crédito de natureza trabalhista, porém, se o documento que instruiu o seu pedido de habilitação foi um contrato de prestação de serviços, deveria ser habilitado como crédito de natureza quirografária, e não como constou.

CONCLUSÃO

Diante do exposto, requer seja deferido o presente pedido de impugnação de crédito para a imediata correção do quadro de credores, alterando a classe do crédito do impugnado de trabalhista para quirografário.

Desde já requer a condenação do impugnado em honorários sucumbenciais e custas processuais.

▾ Folha 3/3

Requer sejam as intimações de atos processuais realizadas em nome do advogado subscritor, que receberá intimações eletronicamente.

Requer provar o alegado por todos os meios de prova em direito admitidos, em especial pela juntada dos documentos e outros que se fizerem necessários.

Dá-se à causa o valor de R$ ....

Termos em que
pede deferimento.

..., ... de ... de ...

ADVOGADO(A)
OAB/... n. ...

Uma vez apresentada a impugnação, o credor-impugnado pode apresentar manifestação ao pedido de impugnação de seu crédito. Trata-se de peça não obrigatória, sendo que sua ausência nenhum efeito possui sobre o resultado do julgamento. Porém, antes cabe destacar que a contestação de impugnação de crédito também cabe na falência na mesma fase, e com a mesma estrutura que apresentaremos a seguir.

Para analisar se a peça será contestação ao pedido de impugnação de crédito, utilizamos o seguinte esquema:

Interpretando o problema: quando será contestação ao pedido de impugnação de crédito?	
Quem é meu cliente?	Meu cliente é o credor que teve o crédito impugnado.
Existe processo judicial? Se sim, qual o último andamento processual?	O processo judicial encontra-se na fase de habilitação e impugnação de créditos para elaboração do quadro final de credores.
O que ele deseja?	Meu cliente pretende que eu afaste as alegações ao pedido de habilitação de crédito por ele apresentado.

Uma vez identificada a peça, vamos verificar a sua estrutura para posterior elaboração:

Endereçamento	
Competência	Juízo do processo (art. 3º da Lei n. 11.101/2005)
Preâmbulo	
Parte	Impugnado – credor Impugnante – credor ou devedor
Nome da ação	CONTESTAÇÃO DE PEDIDO DE IMPUGNAÇÃO DE CRÉDITO
Cabimento	Art. 11 da Lei n. 11.101/2005
DOS FATOS	
Fatos	Demonstração de crédito habilitado Demonstração dos argumentos de impugnação Demonstrar que a habilitação foi feita de forma correta
DO DIREITO	
Fundamento legal	Art. 11 da Lei n. 11.101/2005 + fundamento específico que demonstre a correção na habilitação do crédito
DOS PEDIDOS E REQUERIMENTOS	
Pedidos	Julgar improcedente o pedido de impugnação
Requerimentos	• condenação em honorários sucumbenciais e custas processuais; • intimação de atos processuais; • provas.

É uma peça intermediária simples, discorrendo sobre o ponto de impugnação, ou seja, no sentido contestatório, e assim denominada pelo legislador, conforme modelo a seguir:

Folha 1/3

EXCELENTÍSSIMO SENHOR DOUTOR JUIZ DE DIREITO DA 1ª VARA CÍVEL DO FORO DA COMARCA DE PETROLINA, NO ESTADO DE PERNAMBUCO/PE

Processo autuado sob o n. ...

(Nome do credor - impugnado), por seu advogado (doc. ...), nos autos do processo em epígrafe do PEDIDO DE RECUPERAÇÃO JUDICIAL que move (nome do impugnante), vem à presença de Vossa Excelência, com fundamento no art. 11 da Lei n. 11.101/2005, apresentar CONTESTAÇÃO do pedido de IMPUGNAÇÃO DE CRÉDITO realizado por (nome do credor cujo crédito se pretenda impugnar - impugnado), nos termos a seguir aduzidos:

DA IMPUGNAÇÃO

Conforme se verificou da impugnação apresentada, o impugnante alega que o impugnado habilitou seu crédito na classe de credores trabalhistas e instruiu seu pedido com um contrato de prestação de serviços, o que indica tratar-se de crédito quirografário.

Em razão disso, pede a alteração da classe de credores do crédito do impugnado no quadro geral de credores.

Folha 2/3

Com a devida vênia, tal alegação não merece prosperar, conforme se verificará a seguir.

DA CONTESTAÇÃO

Estabelece o legislador, no art. 11 da Lei n. 11.101/2005, que:

"Os credores cujos créditos forem impugnados serão intimados para contestar a impugnação, no prazo de 5 (cinco) dias, juntando os documentos que tiverem e indicando outras provas que reputem necessárias".

Dessa forma, legitimado está o impugnado para apresentar contestação em relação à impugnação apresentada.

Nesse sentido, embora de fato o crédito do impugnado seja materializado em um contrato de prestação de serviços, deixou o impugnante de observar, no objeto do citado contrato, que se trata de serviços advocatícios.

A Lei n. 8.906/94, que regula a profissão de advogado e disciplina os contratos de prestação de serviços advocatícios, assim dispõe:

"Art. 24. A decisão judicial que fixar ou arbitrar honorários e o contrato escrito que os estipular são títulos executivos e constituem crédito privilegiado na falência, concordata, concurso de credores, insolvência civil e liquidação extrajudicial".

Logo, a habilitação de crédito formulado está em plena consonância com a legislação pertinente, razão pela qual a presente impugnação não merece prosperar, devendo o crédito permanecer na classe trabalhista.

CONCLUSÃO

Folha 3/3

Diante do exposto, requer seja indeferido o presente pedido de impugnação de crédito para a manutenção do crédito do impugnado na classe trabalhista.

Desde já requer a condenação do impugnante em honorários sucumbenciais e custas processuais.

Requer provar o alegado por todos os meios de prova em direito admitidos, em especial pela juntada dos documentos e outros que se fizerem necessários.

Termos em que
pede deferimento.

..., ... de ... de ...

ADVOGADO(A)
OAB/... n. ...

Uma vez julgadas as impugnações, o administrador judicial fará a consolidação final do quadro geral de credores, que, após a homologação judicial, será publicado.

Após a publicação do quadro geral de credores, ainda é possível a sua alteração, porém, não mais através da impugnação de crédito, como se verificou, e sim através de uma ação declaratória para questionamento de crédito. Porém, antes cabe destacar que a ação declaratória para questionamento de crédito também cabe na falência na mesma fase e com a mesma estrutura que apresentaremos a seguir.

Tal possibilidade surge a partir da previsão feita pelo legislador no art. 19 da Lei n. 11.101/2005, vinculando tal hipótese à existência de falsidade, dolo, simulação, fraude, erro essencial ou ainda qualquer documento ignorado na época do julgamento dos créditos.

Embora a previsão esteja em lei especial, o próprio legislador remete ao procedimento comum previsto no Código de Processo Civil, condicionando a propositura da ação antes do encerramento da falência ou da recuperação judicial.

De qualquer forma, para se compreender o momento processual de sua propositura, de forma que se distinga da impugnação de crédito, assim observamos a hipótese de propositura:

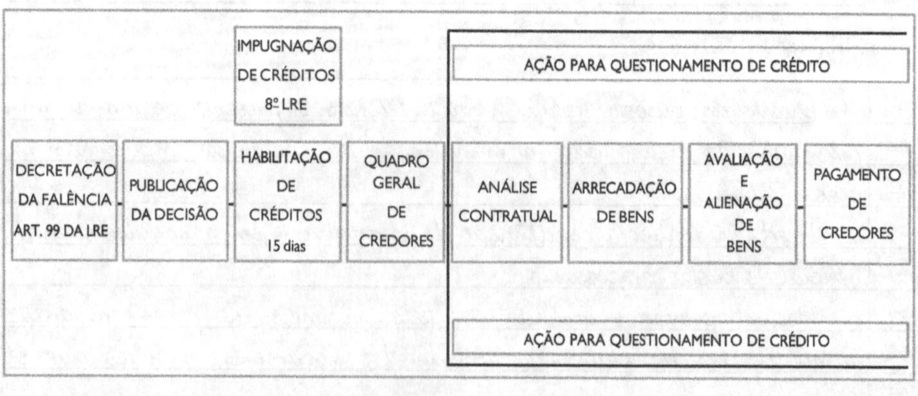

Para analisar se a peça será ação para questionamento de crédito, utilizamos o seguinte esquema:

Identificando a peça

Quem é meu cliente?	Administrador judicial, comitê de credores ou credor.
Existe processo? Se sim, qual o último andamento processual?	A ação deve ser proposta por dependência a um processo de falência ou de recuperação judicial, após a homologação do quadro geral de credores e antes do encerramento processual.
O que ele deseja?	Exclusão, reclassificação ou retificação de um crédito.

Dessa forma, assim verificaríamos a ficha técnica para elaboração da peça:

Endereçamento	
Competência	Juízo da falência ou da recuperação judicial
Preâmbulo	
Partes	Autor – administrador judicial, comitê de credores ou credor Réu – credor
Nome da ação	AÇÃO DECLARATÓRIA
Cabimento	Art. 318 do CPC c/c art. 19 da Lei n. 11.101/2005
DOS FATOS	
Fatos	Fato posterior que demonstre a existência de falsidade, dolo, simulação, fraude, erro essencial ou documento ignorado na época do julgamento
DO DIREITO	
Fundamento legal	Art. 19 da Lei n. 11.101/2005; Arts. 138, 145, 151 ou 167 do CC
DOS PEDIDOS E REQUERIMENTOS	
Pedidos	Procedência para exclusão, reclassificação ou retificação de um crédito
Requerimentos	• citação; • condenação em custas processuais e honorários sucumbenciais; • realização ou não de audiência; • intimação de atos processuais; • provas.
Valor da causa	Valor do crédito questionado.

A seguir apresentamos o modelo da peça:

Folha 1/4

EXCELENTÍSSIMO SENHOR DOUTOR JUIZ DE DIREITO DA ... VARA ..... DO FORO DA COMARCA DE ..... - ....

Distribuição por dependência aos autos do processo n. .....

..................., (nacionalidade), (estado civil), (profissão), portador da cédula de identidade n. ...., inscrito no CPF sob n. ...., residente e domiciliado na Rua ...., n. ......, bairro ...., ... - ....., e-mail .... neste ato representada por seu procurador devidamente constituído através do incluso Instrumento de Mandato (doc. .....), vem à presença de Vossa Excelência propor a presente AÇÃO DECLARATÓRIA com fundamento no art. 318 do Código de Processo Civil e art. 19 da Lei n. 11.101/2005, em face de ....(nome).........., (nacionalidade), (estado civil), (profissão), portador da cédula de identidade n. ...., inscrito no CPF sob n. ...., residente e domiciliado na Rua ...., n. ....., bairro ...., ... - ....., e-mail ...., pelos motivos de fato e de direito a seguir expostos:

Folha 2/4

DOS FATOS

(narrativa dos fatos)

DOS FUNDAMENTOS

Conforme se verificou dos fatos narrados, o autor é credor da empresa ...., cuja recuperação judicial, tramita perante Vossa Excelência sob n. ...., sendo que o réu é credor habilitado no mesmo processo.

Durante a fase de habilitação de créditos, o autor propôs a impugnação do crédito do réu, alegando que se tratava de simulação, razão pela qual deveria ser excluído do quadro de credores, porém, pela ausência de provas, Vossa Excelência não acolheu a impugnação e manteve o crédito no quadro, posteriormente homologado judicialmente.

Ocorre que a Lei n. 11.101/2005 assim estabelece:

> "Art. 19. O administrador judicial, o Comitê, qualquer credor ou o representante do Ministério Público poderá, até o encerramento da recuperação judicial ou da falência, observado, no que couber, o procedimento ordinário previsto no Código de Processo Civil, pedir a exclusão, outra classificação ou a retificação de qualquer crédito, nos casos de descoberta de falsidade, dolo, simulação, fraude, erro essencial ou, ainda, documentos ignorados na época do julgamento do crédito ou da inclusão no quadro-geral de credores".

Logo, o autor é legitimado a discutir o crédito em questão, mormente por se tratar de caso de simulação, como se verificará a seguir.

Na oportunidade da impugnação citada, apresentou o autor rol de testemunhas que provariam a simulação mencionada, mas não houve

Folha 3/4

instrução processual, razão pela qual a impugnação não foi acolhida.

Posteriormente, mediante declaração firmada em cartório, que ora se junta, por ...., comprovou-se que ele, em conluio com o réu, simulou o crédito citado para obtenção de quórum entre os credores no sentido de aprovação do plano de recuperação.

Assim sendo, estabelece o legislador civil que:

"Art. 167 do CC. É nulo o negócio jurídico simulado, mas subsistirá o que se dissimulou, se válido for na substância e na forma".

Logo, uma vez já homologado o quadro geral de credores, impossível seria a discussão do referido crédito nos autos da recuperação judicial, razão pela qual não restou outra alternativa senão a propositura da presente ação.

CONCLUSÃO

Posto isto, pede o autor seja a presente ação julgada procedente para declarar a simulação do negócio jurídico firmado entre .... e o réu.

Pede, também, seja determinada a retificação do quadro geral de credores para exclusão do citado crédito, nos autos do processo da recuperação judicial n. ....

Requer a citação do Réu, para que, querendo, responda à presente ação.

Requer desde já a designação de audiência para tentativa de conciliação.

Requer, também, seja o Réu condenado a pagar honorários advocatícios e custas processuais.

Requer sejam as intimações de atos processuais realizadas em nome do advogado subscritor, que receberá intimações eletronicamente.

Requer provar o alegado por todas as formas em direito admitidas,

Folha 4/4

sem exclusão de nenhuma, em especial pelo depoimento pessoal do Réu, oitiva de testemunhas e outras que se fizerem necessárias a instrução do presente feito.

Dá-se à causa o valor de R$ .... (............).

Termos em que
pede deferimento.

..., ... de ... de ...

102	ADVOGADO(A)
103	OAB/... n. ...

Para analisar se a peça será objeção ao plano de recuperação judicial, utilizamos o seguinte esquema:

Interpretando o problema: quando será objeção ao plano de recuperação judicial?

Quem é meu cliente?	Meu cliente é o credor que pretende se insurgir contra o plano de recuperação judicial apresentado.
Existe processo judicial? Se sim, qual o último andamento processual?	O juiz homologou o quadro de credores e o devedor juntou o plano de recuperação judicial para que os credores possam analisá-lo.
O que ele deseja?	Meu cliente pretende que eu questione o plano de recuperação judicial apresentado.

Uma vez identificada a peça, vamos verificar a sua estrutura para posterior elaboração:

Endereçamento	
Competência	Juízo do processo (art. 3º da Lei n. 11.101/2005)
Preâmbulo	
Parte	Autor – credor que apresenta objeção ao plano de recuperação Réu – empresa que requereu recuperação judicial
Nome da ação	OBJEÇÃO
Cabimento	Art. 55 da Lei n. 11.101/2005
DOS FATOS	
Fatos	Demonstração de pedido de recuperação Demonstração de que o plano de recuperação possui ilegalidades, vícios ou inviabilidade de cumprimento
DO DIREITO	
Fundamento legal	Art. 55 da Lei n. 11.101/2005 + fundamento específico do vício e/ou inviabilidade
DOS PEDIDOS E REQUERIMENTOS	
Pedidos	Acolhimento do pedido para determinar a realização de assembleia geral de credores
Requerimentos	• intimação de atos processuais; • provas.

Assim, dessa fase final do processamento, surge a última peça processual cabível antes da decisão, que é a objeção ao plano de recuperação, cujo modelo apresentamos a seguir:

Folha 1/3

EXCELENTÍSSIMO SENHOR DOUTOR JUIZ DE DIREITO DA 1ª VARA CÍVEL DO FORO DA COMARCA DE PETROLINA, NO ESTADO DE PERNAMBUCO/PE

Processo autuado sob o n. ...

(Nome do credor), (nacionalidade), (profissão), (estado civil), portador da cédula de identidade n. ...., inscrito no CPF sob n. ...., residente e domiciliado na Rua .... n. ..., bairro ...., município ..../ ..., e-mail ...., por seu advogado (doc. ...), nos autos do processo em epígrafe do PEDIDO DE RECUPERAÇÃO JUDICIAL que move (nome do devedor), vem à presença de Vossa Excelência, com fundamento no art. 55 da Lei n. 11.101/2005, apresentar OBJEÇÃO, nos termos a seguir aduzidos:

DA SÍNTESE DO PEDIDO DE RECUPERAÇÃO

Alegando crise econômica por que passa o país e o setor de autopeças, ramo de atividade do requerente, justificou que precisou efetuar o desconto de duplicatas em bancos, arcando com altas taxas de juros e não mais suportando cumprir as obrigações na forma originalmente contratada.

Diz ainda possuir projeção de fluxo de caixa capaz de solver eventuais obrigações futuras assumidas em plano de recuperação judicial.

Folha 2/3

Tais alegações são totalmente desprovidas de realidade fática se comparadas ao plano de recuperação apresentado, como ficará evidenciado a seguir.

DA OBJEÇÃO

Estabelece o legislador, no art. 55 da Lei n. 11.01/2005, que:

"Qualquer credor poderá manifestar ao juiz sua objeção ao plano de recuperação judicial no prazo de 30 (trinta) dias contado da publicação da relação de credores de que trata o § 2º do art. 7º desta Lei".

Sendo assim, uma vez tempestiva a presente objeção, é instrumento hábil para se insurgir contra o plano de recuperação apresentado.

O plano apresentado propõe o parcelamento dos créditos sujeitos a recuperação judicial, exceto os de natureza alimentar, em prestações iguais, mensais e consecutivas ao longo de 10 (dez) anos que totalizam mensalmente a importância de R$ ... (...).

Porém, se cotejarmos as parcelas assumidas no valor total mencionado, veremos que elas ultrapassam o saldo disponível do próprio fluxo de caixa projetado pela requerente, haja vista que a sobra para pagamento de parcelas mensais é de R$ ... (...), portanto saldo incompatível com a parcela projetada.

E não é só. É de observar também que, no fluxo de caixa projetado para os 10 (dez) anos futuros, não existe a contemplação de pagamento de dívidas tributárias, sendo que o próprio requerente juntou certidão negativa de débitos federais apontando uma dívida de R$ ... (...).

Assim sendo, existe total incompatibilidade entre o plano de recuperação apresentado e a projeção de fluxo de caixa, razão pela qual se apresenta a presente objeção.

Folha 3/3

Em que pese a recuperação judicial seja um instituto de direito com o objetivo de viabilizar o funcionamento da empresa a fim de superar sua crise econômica, não pode ser, definitivamente, objeto de aventura judicial.

CONCLUSÃO

Isto posto, requer se digne Vossa Excelência designar assembleia geral de credores para deliberar sobre a inconsistência do plano de recuperação judicial apresentado, nos termos do art. 56 da Lei n. 11.101/2005.

Requer sejam as intimações de atos processuais realizadas em nome do advogado subscritor, que receberá intimações eletronicamente.

Requer provar o alegado por todos os meios de prova em direito admitidos, em especial pela juntada de documentos, perícia e outros que se fizerem necessários à instrução do presente feito.

Termos em que
pede deferimento.

..., ... de ... de ...

ADVOGADO(A)
OAB/... n. ...

Uma vez analisadas as peças do processamento da recuperação judicial, resta ver as peculiaridades da mesma recuperação, voltada às micro e pequenas empresas.

3.1. RECUPERAÇÃO JUDICIAL ESPECIAL PARA ME E EPP

A recuperação judicial especial voltada às micro e pequenas empresas e pequenos produtores rurais vem disciplinada no mesmo capítulo da Lei n. 11.101/2005, que dispõe sobre a recuperação judicial, observada anteriormente.

O primeiro aspecto essencial para a compreensão do instituto é a determinação do art. 70 da LFR ao disciplinar que "as pessoas de que trata o art. 1º desta Lei e que se incluam nos conceitos de microempresa ou empresa de pequeno porte, nos termos da legislação vigente, sujeitam-se às normas deste Capítulo". Com isso, afirma o legislador que o processo de recuperação especial é o mesmo processo da recuperação judicial, excetuadas as disposições próprias nele contidas, que veremos a seguir.

O plano de recuperação previsto para essa modalidade de recuperação, ao contrário do previsto na modalidade convencional, que era livremente negociado, já possui cláusulas previamente estabelecidas pelo legislador, portanto não está sujeito a modificações por vontade das partes.

Esse plano poderá conter as seguintes cláusulas:

Plano de recuperação especial para ME e EPP – art. 71 da LFR

- Abrangerá todos os créditos existentes na data do pedido, ainda que não vencidos;
- Não abrangerá os créditos decorrentes de repasse de recursos oficiais, os fiscais;
- Preverá parcelamento em até 36 parcelas mensais, iguais e sucessivas, acrescidas de juros equivalentes à taxa Selic;
- Poderá conter proposta de abatimento do valor das dívidas;
- Preverá o pagamento da primeira parcela no prazo máximo de 180 dias, contado da distribuição do pedido de recuperação judicial;
- Estabelecerá a necessidade de autorização do juiz, após ouvido o administrador judicial e o comitê de credores, para o devedor aumentar despesas ou contratar empregados.

Temos assim um plano com muitas limitações se comparado à abertura que deu o legislador para a modalidade convencional e para a recuperação extrajudicial.

Por outro lado, a contrapartida do legislador diz respeito ao processamento judicial desse pedido, como veremos na sequência.

O processamento e as peças processuais são os mesmos da recuperação judicial, porém nesse caso não teremos a realização de assembleia geral de credores, por força do que determina o art. 72 da LFR.

Uma vez que não teremos a realização de assembleia geral de credores, a aprovação da recuperação se dá de forma apenas burocrática, em duas hipóteses: não havendo objeção ao plano de recuperação ou, havendo objeção ao plano, que ela(s) não represente(m) a vontade de credores que representem mais da metade dos créditos de cada classe abrangida pelo plano.

No mais, prevalecem todas as demais regras e peças processuais, razão pela qual aqui deixamos de apresentar modelos, já que utilizamos os mesmos apresentados anteriormente.

4

FALÊNCIA

O procedimento de falência é o instrumento pelo qual se equaciona a insolvência judicial da empresa. Embora seja uma exceção entre os institutos previstos na Lei n. 11.101/2005, sua aplicação se faz necessária, haja vista alguns devedores entrarem em estado irrecuperável de insolvência.

Ainda assim, vamos perceber, pelo seu processamento, que, mesmo após aberto o processo falimentar, é possível ainda que ele seja convertido em recuperação judicial.

Por outro lado, essa possibilidade de conversão não se aplica a todos os casos, considerando que não temos apenas uma espécie de falência, como será demonstrado na sequência.

O art. 94 da Lei n. 11.101/2005 traz as hipóteses de falência que podem ser requeridas por terceiro, o que já nos mostra a existência de mais de uma possibilidade.

A autofalência vem regulada no art. 105 da LFR e, por suas peculiaridades, será tratada em tópico específico.

A legitimidade ativa para requerer a falência vem disciplinada no art. 97 da LFR, permitindo que o pedido seja formulado por:

Legitimidade ativa para falência

- O próprio devedor
- O cônjuge sobrevivente, herdeiro ou inventariante
- Cotista ou o acionista do devedor
- Qualquer credor

No tocante à legitimidade passiva, teremos as mesmas hipóteses já tratadas no início deste capítulo e que são contempladas pelo art. 1º da LFR, ou seja, o empresário individual e as sociedades empresárias, excetuadas as entidades previstas no art. 2º da mesma lei.

A massa falida é uma entidade despersonalizada, mas reconhecida processualmente com legitimidade para ser parte, assim reconhecida pelo legislador no art. 75, V, CPC. Para tanto, basta que ela seja representada em juízo pelo administrador judicial.

Com a decretação da falência de uma empresa, automaticamente opera sua extinção. No entanto, todo o seu ativo e passivo precisa ser administrado durante a fase falimentar do processo, então surge essa universalidade de direitos e obrigações reunidos na entidade massa falida.

Já a partir do art. 76 da LFR, o legislador determina que as ações judiciais em que o falido era parte só terão processamento regular se a massa falida for intimada e representada pelo administrador judicial, reconhecendo, assim, seu caráter de entidade despersonalizada, mas com capacidade de ser parte em processo judicial.

O processo de falência é um processo judicial muito atípico, já que, pela estrutura processual tradicional, um processo em primeira instância tem apenas a fase de conhecimento e, se for o caso, a fase de cumprimento de sentença.

Já o processo falimentar possui três fases distintas: fase pré-falimentar, fase falimentar e fase pós-falimentar, todas na primeira instância, daí sua atipicidade.

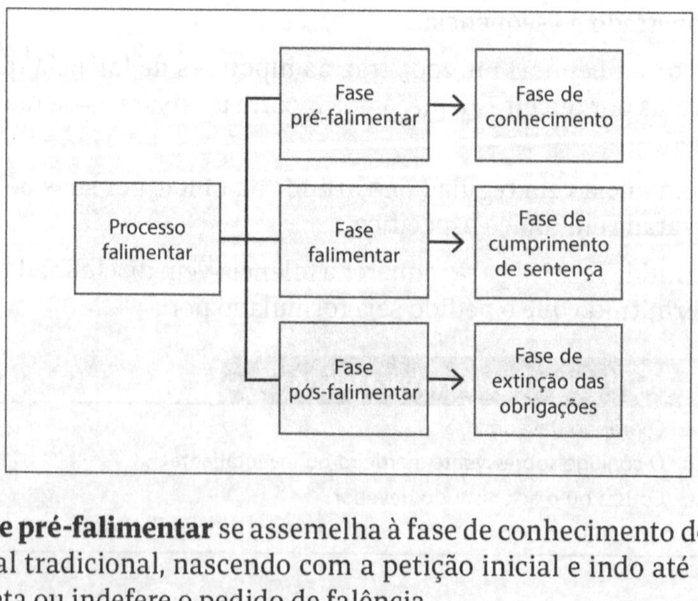

A **fase pré-falimentar** se assemelha à fase de conhecimento do sistema processual tradicional, nascendo com a petição inicial e indo até a decisão que decreta ou indefere o pedido de falência.

Já a segunda fase, denominada **fase falimentar**, só terá início caso ocorra a decretação da falência, já que ela se inicia com a decisão que decreta a falência e vai até a fase em que se encerra o pagamento dos credores, assemelhando-se à fase de cumprimento de sentença do processo civil tradicional.

A fase falimentar guarda outras distinções, por se tratar de uma fase executiva de natureza coletiva, ao contrário do início do processo – fase pré-falimentar –, que é bilateral.

A última fase, denominada fase **pós-falimentar**, é a fase de extinção das obrigações do falido, seja pelo pagamento, seja pela decorrência da prescrição das obrigações falimentares, ou pelo encerramento do processo de falência, fase essa que não se compara a nenhuma outra do ponto de vista do processo civil tradicional.

Como já observamos, o pedido de falência pode ser movido por terceiro (credor, cônjuge remanescente, herdeiro, inventariante, sócio ou cotista não administradores) ou pelo próprio empresário – autofalência.

No tocante ao fundamento, pode ser proposta com fundamento no art. 94 da LFR, se requerida por terceiro, ou com fundamento no art. 105, na hipótese de autofalência.

A natureza jurídica do pedido de falência é de ação. Então, além dos requisitos jurídicos próprios constantes dos dispositivos anteriormente citados, deve ainda respeitar os requisitos do art. 319 do CPC, lembrando que a competência, anteriormente tratada, é fixada de acordo com o local do principal estabelecimento empresarial. Na comarca de competência, não havendo vara especializada para a matéria, a competência é da vara cível.

Como se trata de uma ação de procedimento especial, temos de observar os requisitos específicos exigidos pelo legislador, contidos no próprio art. 94 da LFR, como vemos:

Hipótese de falência	Requisitos
• Art. 94, I – falência por insolvência.	• Título executivo vencido com valor superior a 40 salários mínimos. • Protesto especial.
• Art. 94, II – execução frustrada.	• Título executivo (qualquer valor). • Certidão de objeto e pé da ação de execução frustrada.
• Art. 94, III – atos falimentares.	• Descrição e prova dos atos fraudulentos ou requerimento de prova específica.

Para analisar se a peça será um pedido de falência, utilizamos o seguinte esquema:

Interpretando o problema: quando será pedido de falência?

Quem é meu cliente?	Meu cliente será um dos credores que pretende buscar uma solução para a obrigação não cumprida pelo devedor, desde que se trata de uma dívida que preencha os requisitos do art. 94 da LFR.
Existe processo judicial? Se sim, qual o último andamento processual?	Ainda não existe um processo judicial em andamento, ou houve previamente uma ação de execução em que o devedor não pagou e não nomeou bens à penhora.
O que ele deseja?	Meu cliente pretende que eu busque uma solução para o crédito inadimplido pelo devedor.

Uma vez identificada a peça, vamos verificar a sua estrutura para posterior elaboração:

Endereçamento	
Competência	Juízo do principal estabelecimento (art. 3º da Lei n. 11.101/2005)
Preâmbulo	
Parte	Requerente – credor Requerido – empresário devedor
Nome da ação	AÇÃO DE FALÊNCIA
Cabimento	Art. 94 da Lei n. 11.101/2005
DOS FATOS	
Fatos	Demonstração da qualidade de credor. Demonstração da insolvência do devedor. Demonstração de hipótese de cabimento. Demonstração de preenchimento dos requisitos.
DO DIREITO	
Fundamento legal	Art. 94 da Lei n. 11.101/2005 (enquadrar em um dos incisos)
DOS PEDIDOS E REQUERIMENTOS	
Pedidos	Procedência da ação para decretar a falência do devedor
Requerimentos	• citação do devedor para pagar ou contestar a ação no prazo de 10 (dez) dias; • condenação em honorários sucumbenciais e custas processuais; • intimação de atos processuais; • provas.

Vamos então observar um modelo de pedido de falência, para melhor compreender a peça:

Folha 1/3

01	EXCELENTÍSSIMO SENHOR DOUTOR JUIZ DE DIREITO DA ... VARA
02	... DA COMARCA DE .../...
03	

(Nome do credor), (nacionalidade), (estado civil), (profissão), portador da cédula de identidade n. ..., inscrito no CPF sob n. ...., residente e domiciliado na Rua .... n. ..., bairro ...., município ..../..., e-mail ...., por seu procurador (doc. ...), vem à presença de Vossa Excelência, com fundamento no art. 94, I, da Lei n. 11.101/2005, propor PEDIDO DE FALÊNCIA em face de (nome empresarial), empresa inscrita no CNPJ sob n. ...., estabelecida na Rua .... n. ..., bairro ...., município ..../..., e-mail ...., neste ato representada por seu administrador ...., (nacionalidade), (estado civil), (profissão), portador da cédula de identidade n. ...., inscrito no CPF sob n. ...., e-mail ...., pelos motivos de fato e de direito a seguir expostos:

DOS FATOS

O requerente é credor da requerida no importe de R$ ... (...), representado pela duplicata n. ..., emitida em .../.../... e com vencimento para .../.../...

Apesar de o vencimento do título já ter ocorrido e o requerente ter envidado todos os esforços junto à requerida no sentido do recebimento de seu crédito, nenhuma solução encontrou até o presente momento.

É de verificar que o requerente chegou a notificar extrajudicialmente a requerida, conforme o comprovante incluso (doc. ...), mas sem que

Folha 2/3

obtivesse qualquer resposta.

Diante da inadimplência e da total inércia da requerida, o requerente levou o título a cartório para protesto, sendo que mesmo assim a requerida manteve-se inerte.

Logo, depois de todas as tentativas, não restou alternativa ao requerente senão a propositura da presente ação.

DO DIREITO

Pela narrativa dos fatos, o requerente demonstrou ter envidado todos os esforços necessários no sentido de receber o crédito a que teria direito, porém todas as tentativas restaram infrutíferas.

Preceitua o art. 94 da Lei n. 11.101/2005 que:

"Será decretada a falência do devedor que:
I – sem relevante razão de direito, não paga, no vencimento, obrigação líquida materializada em título ou títulos executivos protestados cuja soma ultrapasse o equivalente a 40 (quarenta) salários mínimos na data do pedido de falência".

É de se observar dos autos que o requerente comprovou ser credor da requerida na importância de R$ ... (...), valor esse superior ao limite mínimo exigido no citado dispositivo, além do que, conforme se verificou, houve o devido protesto especial do título, cujo instrumento ora se junta.
Logo, conforme prevê o legislador, alternativa não resta senão a decretação da falência da requerida, para que não cause mais prejuízos ao mercado em geral, o que muito contribui com a instabilidade econômica do país.

DOS PEDIDOS

Assim sendo, desde já requer a procedência ação para que seja decla-

Folha 3/3

rada a falência da requerida, para todos os fins legais.
Requer seja a requerida citada para pagar o valor devido ou apresentar contestação no prazo de 10 dias, sob pena de sofrer os efeitos da revelia.
Requer seja a requerida ao final condenada nas custas processuais e honorários advocatícios.
Requer sejam as intimações de atos processuais realizadas em nome do advogado subscritor, que receberá intimações eletrônicas.
Requer provar o alegado por todos os meios de prova em direito admitidos, em especial pelo depoimento pessoal do representante da requerida, oitiva de testemunhas, documentos e outros que se fizerem necessários.
Dá-se à causa o valor de R$ ... (...).

Termos em que
pede deferimento.

..., ... de ... de ...

ADVOGADO
OAB/... n. ...

A contestação é a peça defensiva por excelência, já que ainda nessa fase teremos outras peças processuais que podem ser propostas pelo devedor. No entanto, as demais não possuem cunho defensivo.

Embora no processo de conhecimento o objetivo seja a cognição, ou seja, o conhecimento do direito, daí o nome do processo, na falência essa cognição varia de acordo com a modalidade falimentar.

Vimos que a falência pode ser requerida por insolvência (art. 94, I, da LFR) e em caso de fraude – atos falimentares (art. 94, III, da LFR).

No caso específico da falência requerida por fraude, a cognição será limitada naturalmente à própria fraude alegada. Já na hipótese de falência por insolvência, o próprio legislador delimitou as matérias de defesa do réu, a saber:

Teses de defesa na contestação falimentar

Art. 96. A falência requerida com base no art. 94, inciso I, do *caput* desta Lei, não será decretada se o requerido provar:

I – falsidade de título;

II – prescrição;

III – nulidade de obrigação ou de título;

IV – pagamento da dívida;

V – qualquer outro fato que extinga ou suspenda obrigação ou não legitime a cobrança de título;

VI – vício em protesto ou em seu instrumento;

VII – apresentação de pedido de recuperação judicial no prazo da contestação, observados os requisitos do art. 51 desta Lei;

VIII – cessação das atividades empresariais mais de 2 (dois) anos antes do pedido de falência, comprovada por documento hábil do Registro Público de Empresas, o qual não prevalecerá contra prova de exercício posterior ao ato registrado.

Dessa forma, a cognição da peça contestatória deverá ser restrita, sendo que, na hipótese do art. 94, II, da LFR, como advém de uma ação prévia de execução, pode ser alegada na peça defensiva qualquer matéria que seria deduzida em sede de embargos do devedor.

Para analisar se a peça será uma contestação ao pedido de falência, utilizamos o seguinte esquema:

Interpretando o problema: quando será contestação ao pedido de falência?

Quem é meu cliente?	Meu cliente será o devedor que teve a falência requerida.
Existe processo judicial? Se sim, qual o último andamento processual?	O processo de falência está em andamento, e encontra-se aberto o prazo para apresentação de defesa.
O que ele deseja?	Meu cliente pretende que eu apresente defesa para atacar os argumentos do pedido de falência requerido pelo credor.

Uma vez identificada a peça, vamos verificar a sua estrutura para posterior elaboração:

Endereçamento	
Competência	Juízo do processo (art. 3º da Lei n. 11.101/2005)
Preâmbulo	
Parte	Réu – empresário-devedor Autor – requerente da falência
Nome da ação	CONTESTAÇÃO
Cabimento	Art. 98 da Lei n. 11.101/2005
DOS FATOS	
Fatos	Demonstração da síntese do pedido de falência. Demonstração negativa dos fatos ou de fato impeditivo, modificativo ou extintivo.
DO DIREITO	
Fundamento legal	Art. 98 da Lei n. 11.101/2005 + art. 337 do CPC (se for o caso) + fundamento específico de acordo com os fatos narrados
DOS PEDIDOS E REQUERIMENTOS	
Pedidos	Pedido de improcedência da ação
Requerimentos	• condenação em honorários sucumbenciais e custas processuais; • intimação de atos processuais; • provas.

A contestação é uma peça intermediária, endereçada ao próprio juiz da causa, devendo-se observar que o prazo para defesa é de apenas 10 dias contados da citação, conforme estabelece o art. 98 da LFR. Assim sendo, vamos observar a peça contestatória para melhor compreendê-la:

▾ Folha 1/3

EXCELENTÍSSIMO SENHOR DOUTOR JUIZ DE DIREITO DA 3ª VARA CÍVEL DA COMARCA DE VILA VELHA/ES

Processo autuado sob n. ...

(Nome do devedor), por seu procurador (doc. ...), nos autos do processo em epígrafe do pedido de FALÊNCIA que lhe move (nome do credor), vem à presença de Vossa Excelência, com fundamento no art. 98 da Lei n. 11.101/2005, apresentar CONTESTAÇÃO, pelas razões de fato e de direito a seguir expostas:

SÍNTESE DO PEDIDO DE FALÊNCIA

O requerente ingressou com pedido de falência do requerido, alegando possuir um crédito no valor de R$ ... (...), representado pela duplicata n. ..., emitida em .../.../... e com vencimento para .../.../....

Acrescenta que notificou o requerido mediante notificação extrajudicial e que posteriormente efetuou protesto do título, sendo que em todas as ocasiões o requerido permaneceu inerte.

Tais alegações são desprovidas de verdade, como ficará demonstrado a seguir.

Folha 2/3

DA CONTESTAÇÃO

Estabelece o legislador, no art. 96 da Lei n. 11.101/2005, que:

"A falência requerida com base no art. 94, inciso I do 'caput' desta Lei, não será decretada se o requerido provar:
I - falsidade de título;
II - prescrição;
III - nulidade de obrigação ou de título;
IV - pagamento da dívida;
V - qualquer outro fato que extinga ou suspenda obrigação ou não legitime a cobrança de título".

Dessa forma, deixou de noticiar o requerente de que, após a apresentação de sua notificação extrajudicial, as partes estabeleceram um acordo em relação ao pagamento da dívida, consubstanciado na confissão de dívida que ora se junta (doc. ...).

Essa confissão de dívida faz menção expressa à duplicata n. ..., operando, portanto, novação da dívida, de forma que o previsto na duplicata não legitima mais o requerente a pleitear direitos previstos na cártula.

Logo, conforme se verificou do art. 96, V, da Lei n. 11.101/2005, estamos diante de fato que extinguiu a obrigação original e impede a cobrança do título, razão pela qual o presente pedido de falência não merece prosperar.

DOS PEDIDOS

Assim sendo, desde já requer a improcedência total do pedido de falência formulado pelo requerente.

Requer seja o requerido condenado nas custas processuais e honorários

Folha 3/3

advocatícios, diante da impossibilidade do pedido falimentar formulado.

Requer sejam as intimações de atos processuais realizadas em nome do advogado subscritor, que receberá intimações eletronicamente.

Requer provar o alegado por todos os meios de prova em direito admitidos, em especial pelo depoimento pessoal do representante da requerida, oitiva de testemunhas, documentos e outros que se fizerem necessários.

Termos em que
pede deferimento.

..., ..., de ... de ...

ADVOGADO(A)
OAB/... n. ...

Então verificamos, pelo processamento, que, a partir do pedido de falência, é possível a apresentação de pedido de depósito elisivo, de contestação, de depósito elisivo simultaneamente à apresentação de contestação ou, sem discutir a dívida ou o mérito do pedido falimentar, pleitear a recuperação judicial, como veremos na sequência.

O art. 95 da Lei n. 11.01/2005 autoriza o devedor a apresentar, no prazo de contestação, o pedido de recuperação judicial, caso em que, acolhido o pedido e determinado o processamento do pedido, converter-se-ia o procedimento de falência em procedimento de recuperação, com o processamento na forma estudada anteriormente para a recuperação judicial.

A particularidade aqui é: ao pedir a recuperação judicial em processo falimentar, não se afastaria, de imediato, a análise de pedido no contexto da falência? E o que isso quer dizer? É que, caso a falência fosse requerida pela prática de atos falimentares – fraude –, poderia o juízo analisar o mérito da fraude praticada e afastar o pedido de recuperação.

Para analisar se a peça será um pedido de recuperação dentro de um processo de falência, utilizamos o seguinte esquema:

Interpretando o problema: quando será pedido de recuperação judicial em um processo de falência?

Quem é meu cliente?	Meu cliente será o devedor que teve a falência requerida.
Existe processo? Se sim, qual o último andamento processual?	O processo de falência está em andamento, e se encontra aberto o prazo para apresentação de defesa.
O que ele deseja?	Meu cliente pretende que eu substitua a apresentação de defesa para solicitar a recuperação judicial.

Uma vez identificada a peça, vamos verificar a sua estrutura para posterior elaboração:

Endereçamento	
Competência	Juízo do processo (art. 3º da Lei n. 11.101/2005)
Preâmbulo	
Parte	Réu – devedor-empresário Autor – requerente do pedido de falência
Nome da ação	PEDIDO DE RECUPERAÇÃO JUDICIAL
Cabimento	Art. 95 da Lei n. 11.101/2005
DOS FATOS	
Fatos	Demonstração da síntese do pedido de falência Reconhecimento do débito Demonstração das demais condições para processamento da recuperação judicial (vide ação de recuperação judicial)
DO DIREITO	
Fundamento legal	Arts. 95, 47 e 48 da Lei n. 11.101/2005
DOS PEDIDOS E REQUERIMENTOS	
Pedidos	Acolhimento do pedido para determinar o processamento do pedido de recuperação judicial
Requerimentos	• publicação de edital; • convocação de credores para habilitação de crédito; • nomeação de administrador judicial; • intimação do Ministério Público; • convocação da Fazenda Pública; • suspensão de ações; • intimação de atos processuais; • provas; • valor da causa (valor dos créditos submetidos à recuperação).

Vamos então observar um modelo para melhor compreensão:

▾ Folha 1/5

EXCELENTÍSSIMO SENHOR DOUTOR JUIZ DE DIREITO DA 3ª VARA CÍVEL DA COMARCA DE VILA VELHA/ES

Distribuição por dependência aos autos do processo sob o n. ...

(Nome do devedor), por seu procurador (doc. ...), nos autos do processo em epígrafe do pedido de FALÊNCIA que lhe move (nome do credor), vem à presença de Vossa Excelência, com fundamento no art. 95, cumulado com o art. 48 da Lei n. 11.101/2005, apresentar pedido de RECUPERAÇÃO JUDICIAL, pelas razões de fato e de direito a seguir expostas:

SÍNTESE DO PEDIDO DE FALÊNCIA

O requerente ingressou com pedido de falência do devedor, alegando possuir um crédito no valor de R$ ... (...), representado pela duplicata n. ..., emitida em .../.../... e com vencimento para .../.../....

Acrescenta que notificou o devedor mediante notificação extrajudicial e que posteriormente efetuou protesto do título, sendo que em todas as ocasiões o devedor permaneceu inerte.

De fato, o devedor reconhece nesse ato que, por condições econômicas adversas, momentaneamente deixou de cumprir suas obrigações pecuniárias, entre elas a duplicata de titularidade do requerente.

▾ Folha 2/5

Por outro lado, em razão de sua capacidade de gerar fluxo de caixa nos próximos anos e pelos sinais de reação apresentados pelo mercado, vislumbra a possibilidade de equacionamento de seus débitos a partir de uma reorganização financeira que possa ser adquirida por meio da elaboração de um plano de recuperação, o que se pretende, como veremos a seguir.

DA JUSTIFICATIVA

O devedor exerce suas atividades no ramo de fabricação de peças automotivas há mais de 2 (dois) anos, atendendo-se ao postulado no art. 48 da Lei n. 11.101/2005.

Entretanto, nestes últimos 3 (três) anos, foi obrigado a uma completa reestruturação no seu maquinário, adquirindo equipamentos mais modernos e capazes de atender à demanda de carros importados e mesmo de nacionais com modelos mais avançados que utilizam tecnologia norte-americana e japonesa.

Referidos investimentos não tiveram o retorno planejado e esperado pelo requerido, em razão da forte crise financeira no setor, por demais recessiva e que assolou a economia pátria, refletindo no desempenho econômico de todos os setores.

Com isso, os rendimentos previstos sofreram forte queda, reduzindo o número de clientes na utilização dos serviços prestados pelo devedor.

Para satisfazer suas obrigações trabalhistas, fiscais e com fornecedores, alternativa não restou senão o desconto de duplicatas em instituições financeiras, que lhe cobraram taxas de juros altíssimas, gerando uma eventual falta de capital de giro.

Dentro desse quadro, o devedor não dispõe no momento de recursos financeiros suficientes para pagar seus fornecedores na forma originalmente contratada, embora seu fluxo de caixa continue contribuindo satisfatoriamente para o exercício de sua atividade empresarial.

Folha 3/5

Conforme se verifica, a projeção de seu fluxo de caixa, que ora se junta (doc. ...), demonstra a possibilidade de sua recuperação, já que contempla os custos ordinários e ainda lhe garante a disponibilidade de recursos para contemplar o pagamento de eventual parcela a ser assumida na hipótese de deferimento do benefício judicial.

DOS FUNDAMENTOS

O devedor nunca obteve a concessão de outro benefício de recuperação e preenche todos os demais requisitos previstos no art. 48 da Lei n. 11.101/2005, assim verificado:

"Poderá requerer recuperação judicial o devedor que, no momento do pedido, exerça regularmente suas atividades há mais de 2 (dois) anos e que atenda aos seguintes requisitos, cumulativamente:

I - não ser falido e, se o foi, estejam declaradas extintas, por sentença transitada em julgado, as responsabilidades daí decorrentes;

II - não ter, há menos de 5 (cinco) anos, obtido concessão de recuperação judicial;

III - não ter, há menos de 5 (cinco) anos, obtido concessão de recuperação judicial com base no plano especial de que trata a Seção V deste Capítulo;

IV - não ter sido condenado ou não ter, como administrador ou sócio controlador, pessoa condenada por qualquer dos crimes previstos nesta Lei".

Certo é que todos os requisitos elencados pelo legislador, anteriormente descritos, estão devidamente comprovados, conforme docs. ... a ..., ora juntados.

Para instruir o pleito, traz à coleção os documentos necessários, retratando com rigor sua difícil situação financeira, atendendo ao postula-

Folha 4/5

do no art. 51 da Lei n. 11.101/2005.

De forma a comprovar a justificativa econômico-financeira apresentada, apresenta os seguintes documentos:

- demonstrações contábeis relativas aos 3 (três) últimos exercícios sociais;
- demonstrações contábeis levantadas especialmente para instruir o pedido;
- balanço patrimonial;
- demonstração de resultados acumulados;
- demonstração do resultado desde o último exercício social;
- relatório gerencial de fluxo de caixa e de sua projeção;
- relação nominal completa dos credores;
- relação integral dos empregados;
- certidão de regularidade do devedor no Registro Público de Empresas, o ato constitutivo atualizado e as atas de nomeação dos atuais administradores;
- relação dos bens particulares dos sócios controladores e dos administradores do devedor;
- extratos atualizados das contas bancárias do devedor e de suas eventuais aplicações financeiras;
- certidões dos cartórios de protestos;
- relação subscrita pelo devedor de todas as ações judiciais em que este figure como parte.

Ademais, o próprio legislador autorizou, em sede de falência, que se pleiteie a recuperação judicial, como se observa do permissivo previsto no no art. 95 da Lei n. 11.101/2005.

Por todo o exposto, é de verificar que o devedor preenche todos os pressupostos legais, fáticos, econômicos e jurídicos para que tenha sua recuperação judicial processada e ao final aprovada.

CONCLUSÃO

Folha 5/5

Isto posto, requer se digne Vossa Excelência determinar o processamento do presente pedido de recuperação judicial, que ao final deverá ser julgado procedente.

Requer a expedição e a publicação de edital a ser publicado no Diário Oficial e em jornal de grande circulação da comarca, para dar ciência à praça do processamento da presente recuperação judicial.

Requer a nomeação de administrador judicial para acompanhamento das atividades do devedor e demais atividades determinadas legalmente e pelo juízo.

Requer a intimação eletrônica de membro do Ministério Público, para acompanhar o presente feito.

Requer a convocação eletrônica das Fazendas Públicas federal, estadual e municipal.

Requer desde já seja determinada a suspensão de todas as ações de credores abrangidos pela presente recuperação judicial.

Por oportuno, desde já se compromete a juntar o plano de recuperação judicial, conforme determinação do art. 53 da Lei n. 11.101/2005.

Requer sejam as intimações de atos processuais realizadas em nome do advogado subscritor, que receberá intimações eletronicamente.

Requer provar o alegado por todos os meios de prova em direito admitidos, em especial pela juntada de documentos, perícia e outros que se fizerem necessários à instrução do presente feito.

Dá-se à causa o valor de R$ ______________ (______________).

Termos em que
pede deferimento.

..., ... de ... de ...

ADVOGADO(A)
OAB/... n. ...

4.1. AUTOFALÊNCIA

A autofalência é uma hipótese de pedido de falência em que se dispensa, na fase pré-falimentar, o estabelecimento de contraditório, já que equivale a uma confissão do estado falimentar, assim compreendida pela previsão do art. 105 da Lei n. 11.101/2005.

Para melhor compreensão, observamos como ficaria a estrutura da fase pré-falimentar na hipótese de autofalência:

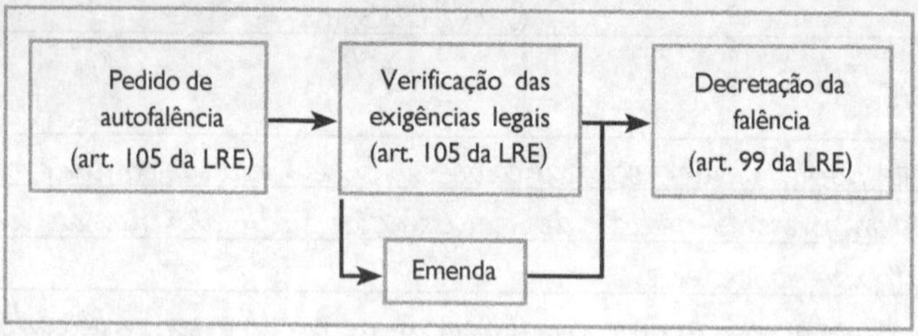

Fica claro, então, que se trata de uma fase de conhecimento em que se dispensa o contraditório, diante de sua desnecessidade, haja vista tratar-se de ato voluntário do próprio devedor.

No entanto, para que o devedor chegue a essa posição extrema, além de suportar os ônus econômicos da falência, precisa, de forma antecedente, atender às exigências do legislador contidas no art. 105 da LFR.

Para analisar se a peça será um pedido de autofalência, utilizamos o seguinte esquema:

Interpretando o problema: quando será pedido de autofalência?

Quem é meu cliente?	Meu cliente será o devedor que julgue não possuir mais condição de recuperar economicamente a sua empresa.
Existe processo? Se sim, qual o último andamento processual?	Ainda não existe um processo judicial em andamento.
O que ele deseja?	Meu cliente pretende que eu coloque fim à existência da empresa por não mais possuir condição econômica de recuperação e de permanência no exercício da atividade empresarial.

Uma vez identificada a peça, vamos verificar a sua estrutura para posterior elaboração:

Endereçamento	
Competência	Juízo do principal estabelecimento (art. 3º da Lei n. 11.101/2005)
Preâmbulo	
Parte	Requerente – empresário devedor (não tem parte contrária)

Nome da ação	AÇÃO DE AUTOFALÊNCIA
Cabimento	Art. 105 da Lei n. 11.101/2005
DOS FATOS	
Fatos	Demonstração da qualidade de empresário Demonstração de insolvência irrecuperável Demonstração de preenchimento dos requisitos
DO DIREITO	
Fundamento legal	Art. 105 da Lei n. 11.101/2005
DOS PEDIDOS E REQUERIMENTOS	
Pedidos	Procedência da ação para decretar a autofalência
Requerimentos	• intimação de atos processuais; • provas.

Logo, a petição inicial deve fazer menção ao cumprimento da citada exigência legal, conforme demonstramos no modelo a seguir:

Folha 1/3

EXCELENTÍSSIMO SENHOR DOUTOR JUIZ DE DIREITO DA ... VARA ... DA COMARCA DE .../...

(Nome do devedor), (nacionalidade), (estado civil), (profissão), portador da cédula de identidade n. ...., inscrito no CPF sob n. ...., residente e domiciliado na Rua .... n. ..., bairro ...., município ..../..., e-mail ...., por seu procurador (doc. ...), vem à presença de Vossa Excelência, com fundamento no art. 105 da Lei n. 11.101/2005, propor PEDIDO DE AUTOFALÊNCIA, pelos motivos de fato e de direito a seguir expostos:

DOS FATOS

O requerente exerce atividade empresarial no ramo de produção de autopeças para a produção de automóveis e equipamentos industriais.

Esse segmento de mercado vem, nos últimos anos, sendo muito assolado pela crise automotiva mundial, o que por si só já vinha gerando uma desestruturação econômica no orçamento do requerente.

Não bastasse isso, o país mergulhou em uma crise recessiva e em uma estagnação econômica que pouco contribuiu para que as dificuldades econômicas do requerente pudessem ser superadas. Ao contrário, só foram se arruinando.

Além disso, estamos em um país em que a produção só possui o sistema bancário privado como fonte de financiamento, e, dada a crise econômica, os bancos passaram a praticar altas taxas de juros para compensar o risco de inadimplemento.

Esse encarecimento da produção, causado pela alta taxa de juros, em um mercado em que as vendas tiveram quedas superiores a ...% (...), em muito contribuiu para que a situação chegasse a um ponto de irreversibilidade.

O requerente não reúne condições mínimas necessárias para pleitear sua

Folha 2/3

recuperação judicial, já que paralisou sua produção e não possui mais a possibilidade de projetar fluxo de caixa futuro que pudesse corroborar com o pagamento de obrigações previstas em um eventual plano de recuperação, razão pela qual necessário se faz o presente pedido de autofalência.

DO DIREITO

Pela narrativa dos fatos, o requerente demonstrou que se encontra enquadrado justamente na hipótese prevista pelo legislador no art. 105 da Lei n. 11.101/2005, que:

"O devedor em crise econômico-financeira que julgue não atender aos requisitos para pleitear sua recuperação judicial deverá requerer ao juízo sua falência, expondo as razões da impossibilidade de prosseguimento da atividade empresarial, acompanhadas dos seguintes documentos".

Para tanto, de forma a cumprir a exigência legal para que tenha o pedido processado, junta o requerente, neste momento, os seguintes documentos:

I - demonstrações contábeis referentes aos 3 (três) últimos exercícios sociais e as levantadas especialmente para instruir o pedido, confeccionadas com estrita observância da legislação societária aplicável e compostas obrigatoriamente de:

a) balanço patrimonial;

b) demonstração de resultados acumulados;

c) demonstração do resultado desde o último exercício social;

d) relatório do fluxo de caixa;

II - relação nominal dos credores, indicando endereço, importância, natureza e classificação dos respectivos créditos;

III - relação dos bens e direitos que compõem o ativo, com a respec-

▾ Folha 3/3

tiva estimativa de valor e documentos comprobatórios de propriedade;

IV - prova da condição de empresário, contrato social ou estatuto em vigor ou, se não houver, a indicação de todos os sócios, seus endereços e a relação de seus bens pessoais;

V - os livros obrigatórios e documentos contábeis que lhe forem exigidos por lei;

VI - relação de seus administradores nos últimos 5 (cinco) anos, com os respectivos endereços, suas funções e participação societária.

Uma vez cumpridas todas as exigências legais, e dadas as condições fáticas anteriormente apresentadas, não existe alternativa jurídica possível senão a decretação de sua falência.

DOS PEDIDOS

Assim sendo, desde já requer a procedência ação para que seja declarada a falência da requerente, para todos os fins legais.

Requer sejam as intimações de atos processuais realizadas em nome do advogado subscritor, que receberá intimações eletronicamente.

Requer provar o alegado por todos os meios de prova em direito admitidos, em especial pela juntada de documentos, e outros que se fizerem necessários.

Dá-se à causa o valor de R$ ... (...).

Termos em que
pede deferimento.

..., ..., de ... de ...

ADVOGADO(A)
OAB/... n. ...

4.2. FASE FALIMENTAR

A fase falimentar, como já mencionamos, equipara-se à fase de cumprimento de sentença no processo de conhecimento ou ao próprio processo de execução, ou seja, é a fase processual cujo escopo principal é a arrecadação de bens do falido, seguida da avaliação e alienação desses bens para que se possa efetuar o pagamento dos credores.

Também devemos lembrar que nessa fase ocorrerão as habilitações de crédito, de forma que podem ocorrer impugnações aos créditos habilitados, mas a peça processual é feita exatamente nos mesmos moldes tratados na recuperação judicial, razão pela qual não se repete aqui.

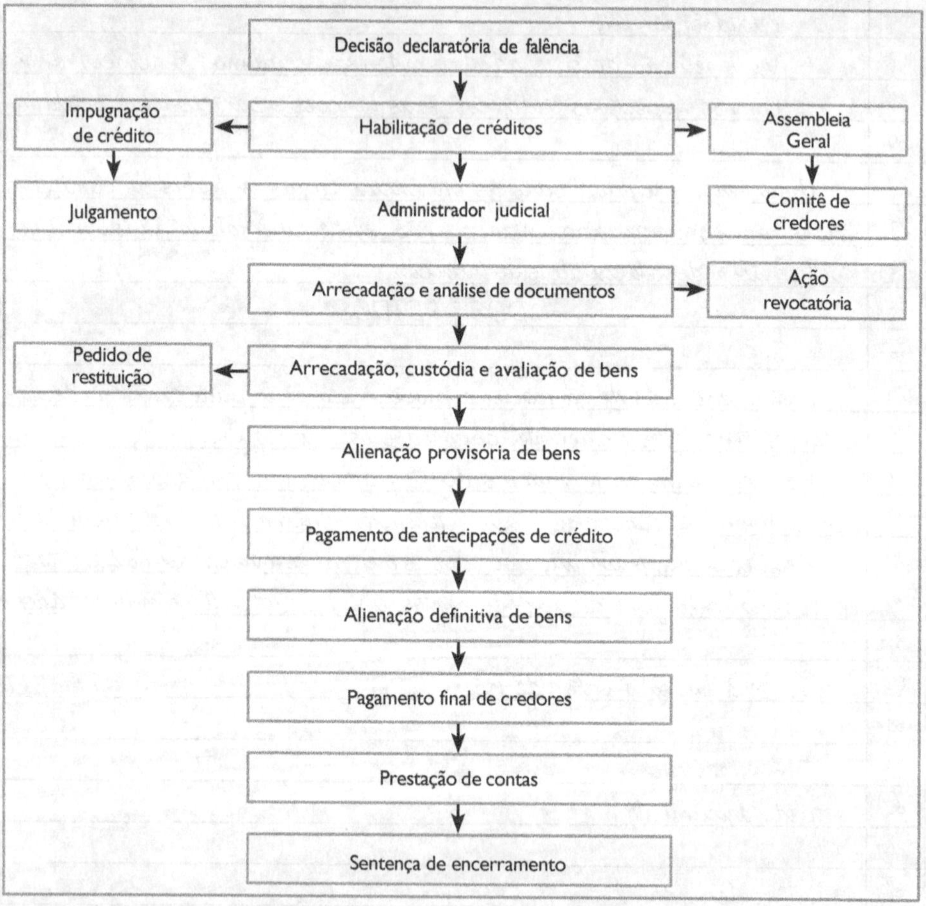

É justamente dentre esses atos processuais da fase falimentar, anteriormente demonstrados, que surgem duas peças originárias desse momento processual, quais sejam, o pedido de restituição e a ação revocatória.

4.2.1. Ação revocatória

A ação revocatória vem prevista no art. 130 da Lei n. 11.101/2005 e tem por finalidade, dentro do prazo máximo de 3 (três) anos a contar da sentença declaratória de falência, revogar atos de fraude que tenham sido realizados pelo devedor e por pessoas com ele envolvidas que tenham gerado prejuízo para a massa falida.

Trata-se de uma ação de competência do próprio juízo da falência e que pode ser requerida por qualquer credor, pelo administrador judicial ou pelo Ministério Público. No polo passivo podem constar o devedor, a(s) pessoa(s) que com ele estiver(em) em conluio, ou herdeiros, sucessores e legatários dos beneficiários da fraude.

Para analisar se a peça será ação revocatória, utilizamos o seguinte esquema:

Interpretando o problema: quando será ação revocatória?	
Quem é meu cliente?	Meu cliente pode ser o administrador judicial do processo de falência ou um dos credores.
Existe processo? Se sim, qual o último andamento processual?	O processo de falência está em andamento na fase falimentar do processo, em que se analisam os documentos e se arrecadam bens para futura alienação e pagamento dos credores.
O que ele deseja?	Meu cliente tem ciência de um ato de fraude contra os credores praticado por ele e por terceiros e pretende a anulação desse ato.

Uma vez identificada a peça, vamos verificar a sua estrutura para posterior elaboração:

Endereçamento	
Competência	Juízo da falência (art. 3º da Lei n. 11.101/2005)
Preâmbulo	
Partes	Autor – administrador judicial ou um dos credores Réu – empresário e pessoas que tenham participado do ato
Nome da ação	AÇÃO REVOCATÓRIA
Cabimento	Art. 130 da Lei n. 11.101/2005
DOS FATOS	
Fatos	Demonstração do negócio jurídico praticado Demonstração de hipótese de fraude
DO DIREITO	
Fundamento legal	Arts. 130 e 132 da Lei n. 11.101/2005 + fundamento específico do tipo de fraude praticada (arts. 138 a 165 do CC)

DOS PEDIDOS E REQUERIMENTOS	
Pedidos	Procedência do pedido para revogar o negócio jurídico praticado
Requerimentos	• citação; • condenação em honorários sucumbenciais e custas processuais; • intimação de atos processuais; • provas.
Valor da causa	Valor envolvido no negócio jurídico que se pretenda revogar.

Diante da ausência de um procedimento específico e pela própria previsão do art. 134 da LFR, é uma ação que tramita pelo procedimento comum, cujo modelo veremos a seguir:

▾ Folha 1/4

EXCELENTÍSSIMO SENHOR DOUTOR JUIZ DE DIREITO DA 3ª VARA CÍVEL DO FORO DA COMARCA DE VILHA VELHA/ES

Distribuição por dependência aos autos do processo autuado sob o n. ...

(Nome), (nacionalidade), (estado civil), (profissão), portador da cédula de identidade n. ...., inscrito no CPF sob n. ...., residente e domiciliado na Rua .... n. ..., bairro ...., município ..../..., e-mail ...., na condição de administrador judicial da massa falida de (nome empresarial da falida), vem à presença de Vossa Excelência, com fundamento no art. 130 da Lei n. 11.101/2005, propor AÇÃO REVOCATÓRIA em face de (nome), (nacionalidade), (estado civil), (profissão), portador da cédula de identidade n. ...., inscrito no CPF sob n. ...., residente e domiciliado na Rua .... n. ..., bairro ...., município ..../..., e-mail ...., e (nome), (nacionalidade), (estado civil), (profissão), portador da cédula de identidade n. ...., inscrito no CPF sob n. ...., residente e domiciliado na Rua .... n. ...,

bairro ...., município ..../..., e-mail ...., pelos motivos de fato e de direito a seguir expostos:

DOS FATOS

Folha 2/4

A falência de ... foi decretada por Vossa Excelência em .../.../..., inaugurando, assim, a fase falimentar do processo.

O requerente, na condição de administrador judicial nomeado, iniciou a arrecadação e análise de todos os documentos localizados no estabelecimento da falida.

Na análise dos documentos, encontrou um instrumento particular de doação, em que a falida doava, sem encargos, o equipamento ... a ..., corréu na presente ação.

O citado equipamento é um dos bens mais caros do acervo patrimonial da falida, de forma que sua doação causou muita perplexidade na análise dos documentos.

Logo, tal doação não faz nenhum sentido por se tratar de um equipamento que, antes da decretação da falência, era vital para o exercício da atividade empresarial da falida. Some-se a isso que, ao contrário da falida, o corréu atua no ramo de ..., razão pela qual esse equipamento não guarda nenhuma relação com a atividade exercida, colocando em suspeita o negócio jurídico realizado.

Assim sendo, claro está tratar-se de um negócio simulado entre as partes com o fito de lograr êxito no desvio patrimonial de uma situação falimentar que já se avizinhava, não restando alternativa agora senão a propositura da presente ação.

DO DIREITO

Tal conduta é totalmente recriminável e passível de revogação, por força do que dispõe o art. 129, IV, da Lei n. 11.101/2005:

"São ineficazes em relação à massa falida, tenha ou não o contratante conhecimento do estado de crise econômico-financeira do devedor, seja ou não intenção deste fraudar credores:

▼ Folha 3/4

(...)

IV – a prática de atos a título gratuito, desde 2 (dois) anos antes da decretação da falência".

Logo, o ato de doação praticado é totalmente ineficaz em relação à massa falida.

Além disso, estabelece o legislador no Código Civil que:

"Art. 145. São os negócios jurídicos anuláveis por dolo, quando este for a sua causa".

Uma vez verificada sua ineficácia, estamos diante de hipótese em que a revogação deve se dar, neste momento, por ato judicial, como se vê do mesmo dispositivo anteriormente citado:

"Parágrafo único. A ineficácia poderá ser declarada de ofício pelo juiz, alegada em defesa ou pleiteada mediante ação própria ou incidentalmente no curso do processo".

E o art. 130 da citada Lei complementa:

"São revogáveis os atos praticados com a intenção de prejudicar credores, provando-se o conluio fraudulento entre o devedor e o terceiro que com ele contratar e o efetivo prejuízo sofrido pela massa falida".

Dessa forma, objetiva-se, com a presente ação, a declaração de revogação do ato praticado entre as partes, seja pela ilegalidade verificada, seja pelo prejuízo causado à massa falida.

Folha 4/4

DOS PEDIDOS

Ante o exposto, desde já se requer a procedência da ação para se declarar a revogação do ato de doação praticado entre os requeridos, bem como determinar que o corréu faça a imediata restituição do bem que se encontra em seu poder.

Requer a citação dos requeridos para que, querendo, respondam aos termos da presente ação.

Requer a condenação dos requeridos ao pagamento de custas processuais e honorários advocatícios.

Requer sejam as intimações de atos processuais realizadas em nome do advogado subscritor, que receberá intimações eletronicamente.

Requer provar o alegado por todos os meios de prova em direito admitidos, em especial pela juntada de prova documental, prova oral, perícia e outros que se fizerem necessários à instrução do presente feito.

Dá-se à causa o valor de R$ ... (...).

Termos em que
pede deferimento.

..., ... de ... de ...

ADVOGADO(A)
OAB/... n. ...

Então vimos que se trata de uma petição inicial confeccionada com a observância dos mesmos requisitos da petição inicial do procedimento comum, cabendo, a partir daí, todas as demais peças aplicáveis a esse tipo de procedimento: contestação, réplica e memoriais, como vimos no capítulo próprio, em que tratamos das peças do procedimento comum.

4.2.2. **Ação de ineficácia**

A ação de ineficácia é prevista no parágrafo único do art. 129 da Lei n. 11.101/2005 e tem por finalidade, nas mesmas condições da ação revocatória, revogar ato praticado pelo empresário que traga prejuízo a massa falida.

O que difere a ação de ineficácia da ação revocatória é que a primeira se baseia em elemento objetivo, enquanto a segundo se baseia em elemento subjetivo. Ou seja, na ação revocatória existe uma hipótese subjetiva de fraude a ser comprovada para que o ato seja revogado; já na ação de ineficácia, o ato foi praticado sem a observância legal de um requisito que lhe dê validade, tornando o ato ineficaz a partir de seu reconhecimento.

Trata-se de uma ação de competência do próprio juízo da falência e que pode ser requerida por qualquer credor, pelo administrador judicial ou pelo Ministério Público. No polo passivo podem constar o devedor e a(s) pessoa(s) que com ele tiver contratado.

Para analisar se a peça será ação de ineficácia, utilizamos o seguinte esquema:

Interpretando o problema: quando será ação de ineficácia?	
Quem é meu cliente?	Meu cliente pode ser o administrador judicial do processo de falência ou um dos credores.
Existe processo? Se sim, qual o último andamento processual?	O processo de falência está em andamento na fase falimentar do processo, em que se analisam os documentos e se arrecadam bens para futura alienação e pagamento dos credores.
O que ele deseja?	Meu cliente tem ciência de um ato ineficaz praticado e pretende a anulação desse ato.

Uma vez identificada a peça, vamos verificar a sua estrutura para posterior elaboração:

Endereçamento	
Competência	Juízo da falência (art. 3º da Lei n. 11.101/2005)
Preâmbulo	
Partes	Autor – administrador judicial ou um dos credores Réu – empresário e pessoas que tenham participado do ato
Nome da ação	AÇÃO DE INEFICÁCIA
Cabimento	Art. 129, parágrafo único, da Lei n. 11.101/2005
DOS FATOS	
Fatos	Demonstração do negócio jurídico praticado Demonstração de hipótese de ineficácia do ato
DO DIREITO	
Fundamento legal	Art. 129, parágrafo único, da Lei n. 11.101/2005 + fundamento específico que demonstre a ineficácia do ato
DOS PEDIDOS E REQUERIMENTOS	
Pedidos	Procedência do pedido para declarar a ineficácia do negócio jurídico praticado.

Requerimentos	• citação; • condenação em honorários sucumbenciais e custas processuais; • intimação de atos processuais; • provas.

Diante da ausência de um procedimento específico e pela própria previsão do art. 134 da LFR, é uma ação que tramita pelo procedimento comum, cujo modelo veremos a seguir:

Folha 1/4

EXCELENTÍSSIMO SENHOR DOUTOR JUIZ DE DIREITO DA 3ª VARA CÍVEL DO FORO DA COMARCA DE VILHA VELHA/ES

Distribuição por dependência aos autos do processo autuado sob o n. ...

(Nome), (nacionalidade), (estado civil), (profissão), portador da cédula de identidade n. ...., inscrito no CPF sob n. ...., residente e domiciliado na Rua .... n. ..., bairro ...., município ..../..., e-mail ...., na condição de administrador judicial da massa falida de (nome empresarial da falida), vem à presença de Vossa Excelência, com fundamento no art. 129, parágrafo único, da Lei n. 11.101/2005, propor AÇÃO DE INEFICÁCIA em face de (nome), (nacionalidade), (estado civil), (profissão), portador da cédula de identidade n. ...., inscrito no CPF sob n. ...., residente e domiciliado na Rua .... n. ..., bairro ...., município ..../..., e-mail ...., e (nome), (nacionalidade), (estado civil), (profissão), portador da cédula de identidade n. ...., inscrito no CPF sob n. ...., residente e domiciliado na Rua .... n. ..., bairro ...., município ..../..., e-mail ...., pelos motivos de fato e de direito a seguir expostos:

DOS FATOS

Folha 2/4

A falência de ... foi decretada por Vossa Excelência em .../.../..., inaugurando, assim, a fase falimentar do processo.

O requerente, na condição de administrador judicial nomeado, iniciou a arrecadação e análise de todos os documentos localizados no estabelecimento da falida.

Na análise dos documentos, encontrou um instrumento de trespasse em que a falida vendia uma de suas filiais ao corréu na presente ação. A citada filial fazia parte do acervo patrimonial da falida, de forma que a sua alienação causou muita perplexidade na análise dos documentos.

Logo, tal ato de alienação não faz nenhum sentido por se tratar de uma unidade produtiva que, antes da decretação da falência, era vital para o exercício da atividade empresarial da falida.

Por outro lado, cumpre ressaltar que, no ato de alienação, já se encontrava a falida em estado de insolvência, razão pela qual o negócio só seria eficaz se houvesse a anuência prévia de seus credores, o que não ocorreu.

Sendo assim, não restou outra alternativa senão a propositura da presente ação.

DO DIREITO

Tal conduta é totalmente ineficaz, por força do que dispõe o art. 129, VI, da Lei n. 11.101/2005:

> "São ineficazes em relação à massa falida, tenha ou não o contratante conhecimento do estado de crise econômico-financeira do devedor, seja ou não intenção deste fraudar credores:
> (...)
> VI – a venda ou transferência de estabelecimento feita sem o consentimento expresso ou o pagamento de todos os credores, a

Folha 3/4

esse tempo existentes, não tendo restado ao devedor bens suficientes para solver o seu passivo, salvo se, no prazo de 30 (trinta) dias, não houver oposição dos credores, após serem devidamente notificados, judicialmente ou pelo oficial de registro de títulos e documentos”.

Nesse sentido, estabelece o Código Civil que:

“Art. 1.145. Se ao alienante não restarem bens suficientes para solver o seu passivo, a eficácia da alienação do estabelecimento depende do pagamento de todos os credores, ou do consentimento destes, de modo expresso ou tácito, em trinta dias a partir de sua notificação”.

Logo, o ato de alienação praticado é totalmente ineficaz em relação à massa falida.

Uma vez verificada sua ineficácia, estamos diante de hipótese em que a declaração de ineficácia deve se dar, neste momento, por ato judicial, como se vê do mesmo dispositivo anteriormente citado:

“Parágrafo único. A ineficácia poderá ser declarada de ofício pelo juiz, alegada em defesa ou pleiteada mediante ação própria ou incidentalmente no curso do processo”.

Dessa forma, objetiva-se, com a presente ação, a declaração de ineficácia do ato praticado entre as partes em razão da ilegalidade verificada.

DOS PEDIDOS

Folha 4/4

Ante o exposto, desde já se requer a procedência da ação para se declarar a ineficácia do ato de alienação do estabelecimento praticado entre os requeridos, bem como determinar que o corréu faça a imediata restituição da unidade que se encontra em seu poder.

Requer a citação dos requeridos para que, querendo, respondam aos termos da presente ação.

Requer a condenação dos requeridos ao pagamento de custas processuais e honorários advocatícios.

Requer sejam as intimações de atos processuais realizadas em nome do advogado subscritor, que receberá intimações eletronicamente.

Requer provar o alegado por todos os meios de prova em direito admitidos, em especial pela juntada de prova documental, prova oral, perícia e outros que se fizerem necessários à instrução do presente feito.

Dá-se à causa o valor de R$ ... (...).

Termos em que

pede deferimento.

..., ... de ... de ...

ADVOGADO(A)

OAB/... n. ...

4.2.3. Pedido de restituição

O pedido de restituição é uma peça processual específica da Lei n. 11.101/2005 que tem por objetivo a restituição de bem de propriedade de terceiro que se encontre em poder do falido quando da decretação da falência.

O objetivo desse tipo de instrumento processual, previsto no art. 85 da LFR, é o retorno do bem ao acervo patrimonial do empresário ou, caso ele não mais possa ser localizado, que seja determinada a restituição em dinheiro de valor equivalente.

É um procedimento especial disciplinado no art. 87 da LFR, que especifica, também, os requisitos especiais a serem observados. Então, a seguir verificamos o fluxograma de processamento do pedido:

Existem duas hipóteses para que se efetue o pedido de restituição, assim observadas pelo legislador no art. 85 da LFR:

Hipóteses legais para restituição na falência

- Bem arrecadado no processo de falência de propriedade de terceiro
- Coisa vendida a crédito e entregue ao devedor nos 15 dias anteriores ao requerimento de sua falência, se ainda não alienada

Para analisar se a peça será um pedido de restituição, utilizamos o seguinte esquema:

Interpretando o problema: quando será pedido de restituição?	
Quem é meu cliente?	Meu cliente será o terceiro proprietário de um bem ou mercadoria recentemente vendida e que esteja na posse da empresa que teve a falência decretada.
Existe processo? Se sim, qual o último andamento processual?	O processo de falência está na fase falimentar e se encontra no momento em que os bens do falido estão sendo arrecadados.
O que ele deseja?	Meu cliente pretende que eu restitua o bem de propriedade dele que está entre os bens da empresa que teve a falência decretada.

Uma vez identificada a peça, vamos verificar a sua estrutura para posterior elaboração:

Endereçamento	
Competência	Juízo da falência (art. 3º da Lei n. 11.101/2005)
Preâmbulo	
Partes	Requerente – terceiro Requerido – massa falida
Nome da ação	PEDIDO DE RESTITUIÇÃO
Cabimento	Art. 85 da Lei n. 11.101/2005
DOS FATOS	
Fatos	Demonstração do negócio jurídico praticado Demonstração de hipótese de restituição Demonstração de propriedade do bem Demonstração do valor do bem
DO DIREITO	
Fundamento legal	Art. 85 da Lei n. 11.101/2005 + fundamento específico do negócio jurídico entre o requerente e o falido
DOS PEDIDOS E REQUERIMENTOS	
Pedidos	Procedência do pedido para restituição do bem Pedido de indenização em dinheiro na hipótese de não localização do bem
Requerimentos	• intimação do falido, do comitê de credores, dos credores e do administrador judicial; • intimação de atos processuais; • provas.
Valor da causa	Valor do bem.

Então, para melhor análise do pedido de restituição, vamos analisar um modelo, conforme demonstrado a seguir:

Folha 1/4

EXCELENTÍSSIMO SENHOR DOUTOR JUIZ DE DIREITO DA 3ª VARA CÍVEL DO FORO DA COMARCA DE VILA VELHA/ES

Distribuição por dependência aos autos do processo autuado sob o n. ...

(Nome), (nacionalidade), (estado civil), (profissão), portador da cédula de identidade n. ...., inscrito no CPF sob n. ...., residente e domiciliado na Rua .... n. ..., bairro ...., município ..../..., e-mail ...., por seu advogado, devidamente constituído por meio do instrumento de mandato anexo (doc. ...), vem à presença de Vossa Excelência, com fundamento no art. 85 da Lei n. 11.101/2005, propor PEDIDO DE RESTITUIÇÃO *em face de massa falida de (nome empresarial), pelos motivos de fato e de direito a seguir expostos:*

DOS FATOS

O requerente teve ciência da decretação da falência de ..., após a publicação de edital determinado por Vossa Excelência.

Ocorre que, ao tomar ciência da informação, lembrou-se de que em poder do falido havia dois equipamentos de sua propriedade. É que os sócios da falida e o requerente são amigos e atuam no mesmo ramo de atuação, apenas em comarcas distintas.

Folha 2/4

Quando soube da situação econômica precária por que passava a falida, tratou de ajudar os amigos, disponibilizando dois equipamentos ..., o que permitiria o aumento da produção e a consequente superação da crise econômica pela qual eles passavam.

No entanto, com a informação da decretação da falência, descobriu que eles não tiveram êxito nesse intento.

Os citados equipamentos foram emprestados pelo requerente à falida por meio do contrato de comodato que ora se junta (doc. ...). Não havia sido fixado termo para a devolução dos bens, ficando a critério das partes estabelecer data para a devolução, mas, como se viu, antes disso houve a decretação da falência.

Além do negócio jurídico entre as partes, também junta neste ato a nota fiscal de compra dos equipamentos, bem como laudo de avaliação de equipamento similar, para que se dimensione o valor de mercado dos bens (docs. ...).

Sendo o requerente proprietário dos bens, alternativa não lhe resta senão a propositura do presente pedido para obter a restituição do bem.

DO DIREITO

O pleito ora formulado possui total resguardo na Lei n. 11.101/2005, que, em situações como esta, estabelece, em seu art. 85, que:

> "O proprietário de bem arrecadado no processo de falência ou que se encontre em poder do devedor na data da decretação da falência poderá pedir sua restituição".

Porém, diante da situação precária pela qual a falida passava, não descarta o requerente a possibilidade de que indevidamente esses bens possam ter sido alienados. Porém, se assim for, o legislador contorna

Folha 3/4

com o previsto no art. 86 da mesma lei:

> "Proceder-se-á à restituição em dinheiro:

I - se a coisa não mais existir ao tempo do pedido de restituição, hipótese em que o requerente receberá o valor da avaliação do bem, ou, no caso de ter ocorrido sua venda, o respectivo preço, em ambos os casos no valor atualizado".

Logo, é juridicamente possível nesse caso que se proceda à devolução dos bens de propriedade comprovada do requerente, e que, caso isso não seja possível, que se proceda à devolução em dinheiro, razão maior de propositura do presente pedido.

DOS PEDIDOS

Ante o exposto, desde já se requer a procedência do pedido, para que se faça a imediata restituição dos bens ou, não havendo tal possibilidade, que se proceda à restituição em dinheiro.

Requer intimação do falido, do comitê de credores, dos credores e do administrador judicial para que se manifestem sobre o presente pedido.

Requer sejam as intimações de atos processuais realizadas em nome do advogado subscritor, que receberá intimações eletronicamente.

Requer provar o alegado por todos os meios de prova em direito admitidos, em especial pela juntada de prova documental, prova oral, perícia e outros que se fizerem necessários à instrução do presente feito.

Dá-se à causa o valor de R$ ... (...).

Termos em que
pede deferimento.

Folha 4/4

..., ... de ... de ...

ADVOGADO(A)
OAB/... n. ...

A contestação para esse tipo de pedido possui o mesmo formato e requisitos de uma contestação prevista no procedimento comum, de que já tratamos no capítulo inicial desta obra.

Com essa peça, esgotamos também as peças processuais passíveis de aplicação na fase falimentar do processo, restando agora verificar sua fase final, que é justamente a pós-falimentar.

4.3. FASE PÓS-FALIMENTAR

A fase pós-falimentar do processo de falência tem como única finalidade promover a extinção das obrigações do falido, haja vista que, com o encerramento do processo, é natural que exista um saldo devedor pendente, que varia de falência para falência.

Uma vez requerida a extinção das obrigações, assim se dará o processamento do pedido:

Pedido (art. 159 da LRE) → Publicação de edital (art. 159, § 1º, da LRE) → Oposição (art. 159, § 2º, da LRE) → Julgamento (art. 159, § 3º, da LRE)

Para analisar se a peça será um pedido de extinção das obrigações do falido, utilizamos o seguinte esquema:

Interpretando o problema: quando será pedido de extinção das obrigações do falido?

Quem é meu cliente?	Meu cliente é o próprio falido.
Existe processo? Se sim, qual o último andamento processual?	O processo de falência já foi encerrado, mas recaem sobre seu cliente impedimentos pela inabilitação gerada pela falência.
O que ele deseja?	Meu cliente pretende que sejam declaradas extintas as obrigações da falência e que ele seja reabilitado para poder voltar a exercer a atividade empresarial.

Uma vez identificada a peça, vamos verificar a sua estrutura para posterior elaboração:

Endereçamento	
Competência	Juízo da falência (art. 3º da Lei n. 11.101/2005)
Preâmbulo	
Parte	Autor – falido (não tem parte contrária)
Nome da ação	PEDIDO DE EXTINÇÃO DAS OBRIGAÇÕES DO FALIDO
Cabimento	Art. 159 da Lei n. 11.101/2005

DOS FATOS	
Fatos	Demonstração do encerramento da falência Demonstração de uma das hipóteses de extinção das obrigações
DO DIREITO	
Fundamento legal	Art. 159 da Lei n. 11.101/2005
DOS PEDIDOS E REQUERIMENTOS	
Pedidos	Procedência do pedido para declarar extintas as obrigações da falência Pedido de expedição de ofício para Junta Comercial para reabilitação empresarial
Requerimentos	• intimação dos credores para manifestação; • intimação de atos processuais; • provas.

Estamos diante de um pedido que se dará em apenso aos próprios autos do processo de falência, de acordo com o procedimento especial verificado, cujo modelo de requerimento apresentamos a seguir:

Folha 1/3

EXCELENTÍSSIMO SENHOR DOUTOR JUIZ DE DIREITO DA 3ª VARA CÍVEL DA COMARCA DE VILA VELHA/ES

Distribuição por dependência aos autos do processo autuado sob o n. ...

(Nome do devedor), (nacionalidade), (estado civil), (profissão), portador da cédula de identidade ...., inscrito no CPF sob n. ...., domiciliado na Rua ...., n. ...., e-mail ...., por seu procurador (doc. ...), nos autos do processo em epígrafe da AÇÃO DE FALÊNCIA de ...., vem à presença de Vossa Excelência, com fundamento no art. 159 da Lei n. 11.101/2005, apresentar pedido de EXTINÇÃO DE OBRIGAÇÕES da falência, pelas razões de fato e de direito a seguir expostas:

DA POSSIBILIDADE DE EXTINÇÃO DAS OBRIGAÇÕES DO FALIDO

O requerente teve a sua falência decretada em .../.../..., tendo o processo sido regularmente processado e encerrado em .../.../..., perante Vossa Excelência.

Na ocasião, o montante arrecado permitiu apenas o cumprimento das obrigações previstas com as classes de credores alimentares, garantia real e parcialmente credores tributários.

Folha 2/3

Sendo assim, certo é que ficou pendente na oportunidade o montante de R$ ... (...), necessário ao pagamento dos demais créditos.

Ocorre que todos os bens pertencentes ao requerente, sociais e pessoais, foram executidos pelo processo falimentar para o cumprimento das obrigações, não restando nenhum outro bem passível de execução.

Daquela oportunidade até o presente momento, nenhum outro patrimônio foi adquirido pelo requerente, que tampouco possui renda que lhe permita o cumprimento de tais obrigações.

O requerente pretende voltar a exercer a atividade empresarial, mas se encontra inabilitado em razão das pendências decorrentes do processo falimentar em discussão.

No entanto, é de observar a ocorrência do prazo prescricional previsto pelo legislador no art. 158 da Lei n. 11.101/2005:

> "Extingue as obrigações do falido:
> (...)
> V - o decurso do prazo de 3 (cinco) anos, contado da decretação da falência, ressalvada a utilização dos bens arrecadados anteriormente, que serão destinados à liquidação para a satisfação dos credores habilitados ou com pedido de reserva realizado".

Então, claro está que, decorridos mais de 3 (três) anos do trânsito em julgado da sentença de declaração da falência, já existe a possibilidade jurídica de extinção das obrigações, após o processamento do presente pedido, na forma do que dispõe o art. 159 da citada lei.

CONCLUSÃO

Isto posto, requer se digne Vossa Excelência determinar o processamento do presente pedido, com a publicação de edital para manifestação

Folha 3/3

dos credores, sendo que, posteriormente, deverá o pedido ser julgado procedente para declarar extintas as obrigações decorrentes da falência.

Requer a expedição de remessa de ofício à Junta Comercial do Estado de .../..., para que seja reabilitado o nome do requerente para o exercício de atividade empresarial.

Requer sejam as intimações de atos processuais realizadas em nome do advogado subscritor, que receberá intimações eletronicamente.

Requer provar o alegado por todos os meios de prova em direito admitidos, em especial pela juntada de documentos, perícia e outros que se fizerem necessários à instrução do presente feito.

Termos em que
pede deferimento.

..., ... de ... de ...

ADVOGADO(A)
OAB/... n. ...

Após a apresentação do pedido e eventual apresentação de oposição ao pedido de extinção, o juízo profere sentença e declara extintas as obrigações falimentares, encerrando-se, em definitivo, o processo de falência.

PARTE
VII

RECURSOS

1

TEORIA GERAL DOS RECURSOS

A primeira coisa a se observar ao tratarmos do tema recurso é identificar as decisões judiciais sujeitas a recurso e as exceções, ou seja, decisões judiciais não passíveis de recurso.

Assim sendo, temos a seguir esquema ilustrativo de análise das decisões recorríveis e irrecorríveis:

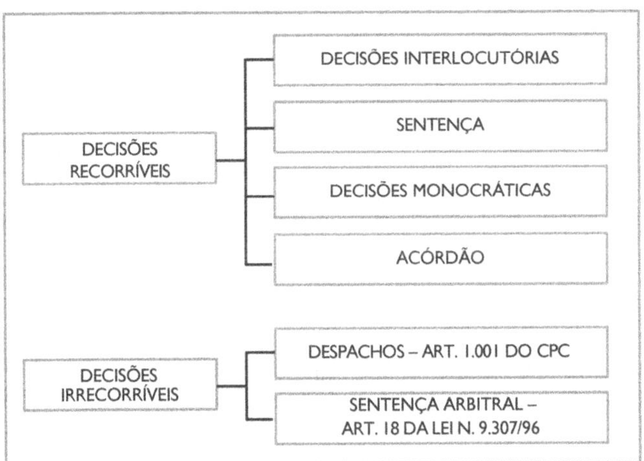

Em segundo plano devemos considerar que o rol de recursos é taxativo e que vem assim previsto no art. 994 do CPC.

Dessa forma, é possível observarmos que o recurso que denominamos usualmente de "recurso adesivo" não é uma espécie recursal, e sim uma forma de se recorrer, aderindo a um recurso principal. Logo, o "recurso adesivo" terá a mesma forma do recurso principal ao qual o recorrido irá aderir no prazo em que tiver que contrarrazoar o recurso principal, que pode ser um recurso de apelação, um recurso especial ou um recurso extraordinário (art. 997, II, do CPC). Assim sendo, temos as seguintes possibilidades:

- recurso adesivo ao recurso de apelação;
- recurso adesivo ao recurso especial;
- recurso adesivo ao recurso extraordinário.

Outro aspecto fundamental ao compreendermos os recursos é justamente entender a sua finalidade, de forma que os recursos se prestam a reformar, invalidar, esclarecer ou integrar, e assim devemos nos atentar no momento de formular o pedido específico de cada recurso.

No tocante aos efeitos, é possível se pleitear o **efeito interruptivo** – quando interrompe o prazo para interposição de outro recurso; **efeito devolutivo** – quando devolve a matéria julgada para nova apreciação; **efeito suspensivo** – quando suspende os efeitos da decisão recorrida; e o **efeito suspensivo ativo** – quando se busca uma tutela provisória em grau de recurso, não concedida na primeira instância.

Sobre o momento e a espécie recursal a ser manejada de acordo com a decisão judicial atacada, temos assim a linha processual do tempo na fase recursal:

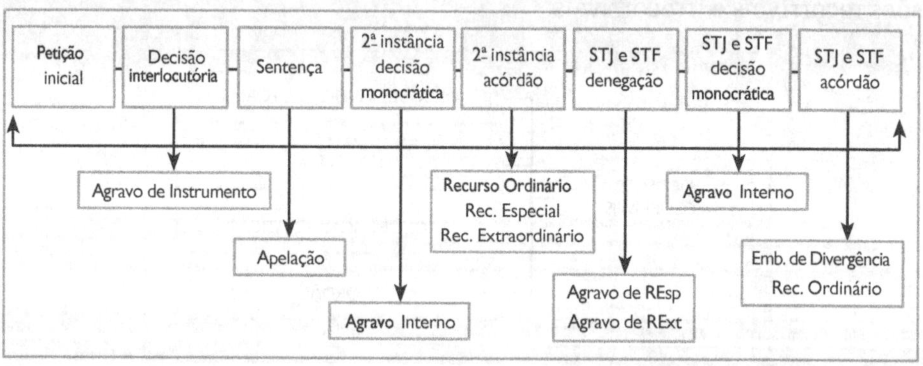

Em relação à linha do tempo, cumpre esclarecer que deixamos de acrescentar os embargos de declaração, considerando que eles são cabíveis de qualquer uma das decisões acima, desde que preenchidos os requisitos legais.

Uma vez verificada a teoria geral dos recursos, vamos passar a apreciar cada uma das espécies recursais.

2

APELAÇÃO

A apelação é o recurso concebido pelo processo para obtenção da reforma ou anulação de uma sentença (conteúdo de sentença + efeito de sentença), de extinção do processo com ou sem mérito.

- Cabimento geral: contra sentença – art. 1.009 do CPC.
- Previsões específicas:
  a) mandado de segurança – art. 14 da Lei n. 12.016/2009;
  b) ECA – art. 199;
  c) falência e recuperação – Lei n. 11.101/2005:
     i) art. 90 (pedido de restituição);
     ii) art. 100 (improcedência do decreto de falência);
     iii) art. 135 (ação revocatória);
     iv) art. 154 (julgamento das contas do administrador);
     v) art. 156 (encerramento da falência).
- Prazo: 15 dias – art. 1.003 do CPC.
- Órgão de interposição: juízo recorrido – 1ª instância – art. 1.010 do CPC.
- Juízo de admissibilidade: Tribunal – inicialmente pelo relator. Caso o relator, monocraticamente, negue admissão à apelação, caberá agravo interno (art. 1.021 do CPC).
- Órgão de julgamento do mérito recursal: Tribunal de Justiça (apelação contra sentença de juízo de direito) ou Tribunal Regional Federal (contra sentença de juízo federal).

- Modelo da peça: peça dupla – petição de interposição + razões recursais.
- Resposta da parte contrária: contrarrazões de apelação (15 dias) – art. 1.010, § 1º, do CPC.
- Admissão de recurso adesivo: sim – no prazo das contrarrazões – art. 997 do CPC.
- Retratação na apelação: exceção – permitem retratação as seguintes sentenças:
  a) improcedência liminar – art. 332, § 3º, do CPC;
  b) extinção sem resolução de mérito – art. 485 do CPC;
  c) indeferimento da petição inicial;
  d) proferidas em processos do ECA – art. 178 do ECA.

A apelação é recurso básico no processo civil, pois, como regra, alguma das partes sairá vencida na causa e terá interesse na revisão do julgado (quando não as duas).

No entanto, algumas questões envolvem cuidado especial:

a) Preliminar em apelação

A recorribilidade das interlocutórias na 1ª instância é restrita aos casos de cabimento de agravo de instrumento em conformidade com o rol do art. 1.015 do CPC.

Portanto, não estando no art. 1.015 ou sem urgência que justifique o agravo de instrumento (taxatividade mitigada), a parte não poderá interpor recurso imediato. Consequentemente, o próprio Código estabelece que a matéria não sofrerá preclusão.

Nesse caso, todas as questões que não foram objeto de agravo de instrumento na primeira instância (pela ausência de cabimento) poderão ser alegadas pela parte em preliminar de apelação ou em preliminar nas contrarrazões, a depender do interesse e oportunidade.

b) Juízo de admissibilidade da apelação

Na sistemática do atual CPC, a verificação dos pressupostos da apelação não poderá ser realizada pelo juízo de primeiro grau. O § 3º do art. 1.010 expressamente afirma que os autos serão remetidos ao tribunal independentemente de juízo de admissibilidade.

Portanto, a competência para a admissão ou não do recurso, originariamente, compete ao relator, que, de forma monocrática, poderá negar seguinte ao recurso.

Os poderes do relator estão previstos no art. 932 do CPC, inclusive com atribuição para julgar o mérito do recurso de forma monocrática (negar provimento), apreciar tutela provisória e realizar o juízo de admissibilidade.

O que cabe?

i) Decisão do relator que não admite apelação? Resposta: caberá agravo interno (art. 1.021 do CPC).

ii) Decisão do juízo de primeira instância que não observa o § 3º do art. 1.010 e faz juízo negativo de admissibilidade da apelação? Resposta: o juízo de primeira instância usurpou competência do relator (Tribunal) e, consequentemente, caberá reclamação contra tal ato – art. 988, I, do CPC.

c) Juízo de retratação na apelação

Como regra, na apelação não há possibilidade de juízo de retratação pelo magistrado que proferiu a sentença (diferentemente do que ocorre com as decisões interlocutórias, cuja retratabilidade é regra).

No entanto, existem exceções, especialmente em relação às sentenças de:

i) indeferimento da petição inicial – art. 331 do CPC;

ii) improcedência liminar – § 3º do art. 332 do CPC;

iii) extinção sem resolução do mérito – § 7º do art. 485 do CPC;

iv) julgamento em procedimento afeto à Justiça da Infância e da Juventude, com base no ECA – art. 198, VII, do ECA.

Reflexo na peça: cabível a retratação, o que isso muda na peça processual?

Evidentemente, estando diante de uma situação em que a retratação é possível, o apelante fará tal pedido na peça de interposição do recurso:

> "Por oportuno, nos termos do art. 332, § 3º, do Código de Processo Civil, requer a Vossa Excelência a retratação da sentença proferida, com a sua anulação e consequente prosseguimento regular do feito.
>
> No entanto, caso não ocorra a retratação, requer a remessa dos autos do Egrégio Tribunal de Justiça do Estado para que o recurso seja processado".

d) Teoria da causa madura

Ao julgar uma apelação e tornar sem efeito uma sentença, a regra é que o tribunal determine a remessa dos autos à primeira instância para que o magistrado de origem possa proferir novo julgamento.

Por exemplo, a primeira instância profere uma sentença de indeferimento da petição inicial, e o autor apela. Se o tribunal der provimento à apelação, tornará a sentença (de extinção sem mérito) sem efeito e determinará o retorno dos autos à origem para a prolação de um novo julgamento, agora com apreciação do mérito.

Excepcionalmente não precisará haver a devolução dos autos à instância de origem quando for aplicável a teoria da causa madura, com o julgamento do mérito pelo próprio tribunal.

As hipóteses de aplicação da teoria estão previstas nos §§ 3º e 4º do art. 1.013 do CPC.

Reflexo na peça: sendo aplicável a teoria da causa madura, o apelante requererá que o recurso seja provido e o próprio tribunal julgue o mérito da causa, sem a devolução dos autos à primeira instância.

Vejamos dois exemplos.

- **SEM aplicação da teoria da causa madura:**

"Por todo o exposto, requer a esse Egrégio Tribunal o conhecimento e provimento da apelação, para que a sentença que indeferiu a petição inicial (art. 485) seja reformada e, por não ser caso de aplicação da teoria da causa madura, sejam os autos remetidos à primeira instância para processamento da causa e novo julgamento".

- **COM aplicação da teoria da causa madura:**

"Por todo o exposto, requer a esse Egrégio Tribunal o conhecimento e provimento da apelação, para que seja afastada a prescrição imposta pela sentença recorrida e, por ser tratar de caso previsto no § 4º do art. 1.013 do Código de Processo Civil, estando o feito em condições de imediato julgamento, requer que o Tribunal julgue desde logo o mérito da causa, sendo aplicada a teoria da causa madura".

2.1. ESQUELETO DA PEÇA DA APELAÇÃO

- **Petição de interposição (folha 1/5):**

Endereçamento: juízo de 1ª instância – recorrido.

Preâmbulo: partes + qualificação (o art. 1.010 do CPC pede qualificação).

- Verbo "interpor"
- Tempestivamente
- Recurso de apelação

- Com fundamento no art. 1.009 do CPC
- Informar que seguem acostadas as razões e a guia do preparo.

Formalidades: requerer intimação da parte contrária para contrarrazões (art. 1.010, § 1º, do CPC) e posterior remessa dos autos ao tribunal (§ 3º).

Excepcionalmente, caso seja situação que permita a retratação do juízo de primeira instância, fazer um parágrafo com esse requerimento.

Encerramento: a petição de interposição terá o encerramento, e, na folha 2, terão início as razões recursais.

- **Razões recursais (a partir da folha 2/5):**

Abertura e saudação: razões de apelação.

Apelante: nome.

Apelado: nome.

Origem: dados do problema.

Egrégio Tribunal.

Ilustres Desembargadores.

Capítulos da peça:

I. Dos fatos do processo
(síntese da ação proposta + citação e audiência + defesa + sentença)

II. Do cabimento do recurso
(justificar os pressupostos)

III. Da preliminar em apelação
(art. 1.009, § 1º - questões processuais não resolvidas que não comportaram agravo de instrumento)

IV. Das razões para a reforma (ou anulação)
(teses)

V. Do pedido recursal
(ver o próximo item)

Requerimento e conclusão:

- Apreciação da preliminar (se houver)
- Recurso seja conhecido e provido
- Condenação da parte contrária no ônus da sucumbência

Atenção: se for o caso, requerer a aplicação da "teoria da causa madura" – art. 1.013, §§ 3º e 4º, do CPC.

Encerramento:

Termos em que
pede deferimento.

_______________, ____ de ________ de _______ (datar se o problema pedir)

ADVOGADO(A)
OAB/_____ n. _____

Folha 1/4 – petição de interposição:

EXCELENTÍSSIMO SENHOR DOUTOR JUIZ DE DIREITO DA 5ª VARA CÍVEL DA COMARCA DE PORTO ALEGRE/RS

Processo autuado sob o n. ...

MIRIAN, qualificação completa ..., inconformada com a sentença proferida na AÇÃO DE INDENIZAÇÃO DE PROCEDIMENTO COMUM proposta em face de CLÍNICA CORPO E ALMA, qualificação ..., vem, tempestivamente, por seu advogado, interpor RECURSO DE APELAÇÃO, com fundamento no art. 1.009 do Código de Processo Civil, cujas razões e guia comprobatória do preparo seguem acostadas.

[Se for o caso, requerer juízo de retratação.]

Por oportuno, requer a intimação do Apelado, nos termos do § 1º do art. 1.010 do CPC, para apresentar suas contrarrazões e, após tal formalidade, sejam os autos remetidos ao Tribunal de Justiça do Rio Grande do Sul, como prevê o § 3º do mesmo artigo.

Termos em que
pede deferimento.
Porto Alegre, data.
ADVOGADO(A)
OAB/... n. ...

Razões de apelação – a partir da folha 2/4:

RAZÕES DE APELAÇÃO

Apelante: MIRIAM
Apelado: CLÍNICA CORPO E ALMA
Origem: 5ª Vara Cível de Porto Alegre/RS

EGRÉGIO TRIBUNAL
ILUSTRES DESEMBARGADORES

I. EXPOSIÇÃO DOS FATOS E DO DIREITO

A Autora, ora Apelante, propôs ação em face da empresa Apelada para demandar indenização por danos decorrentes de uso indevido da marca conforme § 3º do art. 209 da Lei n. 9.279/96.

Citada, a Apelada apresentou defesa no sentido de que a abstenção de uso após a notificação é suficiente para descaracterizar as perdas e danos.

Por sua vez, o magistrado prolatou sentença de improcedência, em síntese, por entender que:

a) as perdas e danos levariam em conta o fato de a ré não ter atendido à ordem notificatória extrajudicial;

b) o prejuízo material não se mostra suficiente pela mera cópia da marca em camisetas, em vista de não haver comercialização.

No entanto, como será demonstrado a seguir, a sentença merece ser reformada.

II. DO CABIMENTO DO RECURSO

Inicialmente, cumpre destacar que o recurso preenche todos os pressupostos para sua admissibilidade.

No presente caso, o magistrado prolatou sentença, nos termos dos arts. 487 e 203, § 1º, do CPC, portanto tem cabimento o recurso de

Folha 3/4

apelação, como previsto nos arts. 994, I, e 1.009 do mesmo Código.

Além disso, o recurso está sendo interposto pela Autora, parte no processo e legítima para o apelo, como prevê o art. 996 do CPC.

O recurso é tempestivo, pois está sendo apresentado no prazo de 15 dias, como estabelece o art. 1.003, "caput" e § 5º, do Código de Processo Civil.

O recurso também está sendo acompanhado da guia do preparo, inclusive os portes, como determina o art. 1.007 do CPC. Infere-se, assim, que o recurso merece ser conhecido.

III. DA PRELIMINAR NA APELAÇÃO

(O problema não trouxe preliminar, mas, se houvesse questão processual pendente de julgamento, o Apelante poderia requerer a análise de tal matéria em preliminar, na forma do art. 1.009, § 1º, do CPC.)

IV. DAS RAZÕES PARA A REFORMA

IV.1. Da responsabilidade do comerciante

No mérito, a sentença merece ser reformada.

Trata-se de ação proposta para a responsabilizar a ré nas perdas e danos decorrentes de uso indevido de sua marca, tendo em vista a criação de uma loja de artigos buscando dar a entender ao mercado tratar-se de loja oficial com seus itens de venda.

No caso concreto, o magistrado sentenciou afastando a responsabilidade da empresa ré. É importante ressaltar que o art. 42 da Lei n. 9.279/96, além de atribuir exclusividade para o titular da marca, traz compatibilidade com a matéria do § 3º do art. 209 da Lei n. 9.279/96, inclusive com os lucros eventualmente cessantes.

No entanto, no caso proposto, não estamos diante da regra, uma

Folha 4/4

vez que houve comprovação dos lucros cessantes, porém a comercialização de camisetas com a marca sem o logotipo adequado fere a dignidade da empresa perante o mercado.

Além disso, importante consignar que a Apelante juntou aos autos toda a comprovação dos danos materiais e morais, sendo realizada perícia e demais atos probatórios em primeira instância que corroboram os fatos narrados.

Depreende-se, portanto, que a sentença deve ser reformada para que ocorra o reconhecimento da responsabilidade da Apelada.

V. DO PEDIDO DE REFORMA

Por todo o exposto, requer a esse Egrégio Tribunal seja o recurso CONHECIDO, por estarem presentes todos os pressupostos recursais e, no mérito, seja dado integral PROVIMENTO para reformar a sentença, no sentido de julgar procedente o pedido formulado pela Apelada em sua inicial, com a imposição de condenação da Apelada ao pagamento de danos morais e materiais, no total de R$ 90.000,00 (noventa mil reais). [Sempre especificar com detalhes o que deseja como efeito prático.]

Requer, ainda, a condenação da Apelada no ônus da sucumbência, com o pagamento das custas e honorários advocatícios, nos termos dos arts. 82, § 2º, e 85 do Código de Processo Civil.

Termos em que
pede provimento.

..., ... de ... de .... (datar se o problema pedir)

ADVOGADO(A)
OAB/... n. ...

2.2. MODELO DE CONTRARRAZÕES DE APELAÇÃO

- Folha 1/4 - petição de juntada: (não há que se falar em petição de interposição, pois isso só se aplica à apelação)

EXCELENTÍSSIMO SENHOR DOUTOR JUIZ DE DIREITO DA 5ª VARA CÍVEL DA COMARCA DE PORTO ALEGRE/RS

Processo autuado sob o n. ...

CLÍNICA SANGUESSUGA, já qualificada nos autos da ação de INDENIZAÇÃO PELO PROCEDIMENTO COMUM, de número em epígrafe, que lhe move MIRIAM, vem, tempestivamente, por seu advogado, apresentar CONTRARRAZÕES DE APELAÇÃO, nos termos do art. 1.010, § 1º, do Código de Processo Civil.

Por oportuno, requer a juntada das contrarrazões aos autos e a remessa ao Egrégio Tribunal de Justiça do Estado ...

Termos em que
pede deferimento.

..., ... de ... de ...

ADVOGADO(A)
OAB/... n. ...

Contrarrazões de apelação – a partir da folha 2/4

CONTRARRAZÕES DE APELAÇÃO

Apelado: CLÍNICA SANGUESSUGA
Apelante: MIRIAM
Origem: 5ª Vara Cível de Porto Alegre/RS

EGRÉGIO TRIBUNAL

ILUSTRES DESEMBARGADORES

I. EXPOSIÇÃO DOS FATOS E DO DIREITO

A Autora, Apelante, propôs ação em face da Apelada para demandar indenização por perdas e danos decorrentes de uso indevido da marca.

Não houve conciliação, e, oportunamente, a Apelada apresentou defesa, inclusive no sentido de que as camisetas com a marca da Apelante não chegaram a ser comercializadas, já que houve cumprimento da ordem notificatória.

Em primeiro grau, a respeitável sentença foi no sentido da improcedência dos pedidos da Apelante, em síntese, por entender que:

a) não houve responsabilidade do apelado, já que houve o cumprimento da ordem notificatória;

b) que a mera cópia da marca em camisetas não configura dano moral.

Inconformada, a Autora interpôs recurso de apelação, afirmando a ocorrência dos requisitos do § 3º do art. 209 da Lei n. 9.279/96. No entanto, como será demonstrado a seguir, a sentença merece ser integralmente mantida.

II. DO NÃO CABIMENTO DO RECURSO

Folha 3/4

Inicialmente, cumpre destacar que o recurso não preenche os pressupostos para sua admissibilidade.

[Demonstrar eventual ausência de pressuposto para conhecimento do recurso. Enquanto nas razões de apelação o apelante demonstra a existências dos requisitos, nas contrarrazões o objetivo é o oposto.]

Infere-se, assim, que o recurso não merece ser conhecido.

Não obstante os motivos para a não admissão, caso o recurso seja conhecido, o que se admite apenas para argumentar, existem argumentos de mérito para a negativa de provimento e a existência de questão preliminar que merece ser apreciada.

III. DA PRELIMINAR NAS CONTRARRAZÕES

(O apelado, nas contrarrazões, poderá requerer o julgamento de questão preliminar - nos termos do art. 1.009, § 1º, do CPC.)

IV. DAS RAZÕES PARA A MANUTENÇÃO DA SENTENÇA

(Teses contra os argumentos da apelação e que justifiquem a manutenção dos termos da sentença apelada.)

V. DOS REQUERIMENTOS

Desde logo, nos termos do art. 932, III, do Código de Processo Civil, requer que o recurso não seja conhecido por ausência de pressuposto processual...

Por outro lado, sendo levado a julgamento, requer a esse Egrégio Tribunal que seja negado provimento ao apelo, com a manutenção integral da sentença recorrida por seus próprios fundamentos.

Requer, ainda, nos termos do art. 85, §§ 1º e 11, do Código de Pro-

▾ Folha 4/4

cesso Civil, a fixação e a majoração dos honorários advocatícios em razão do recurso, considerando o trabalho adicional realizado pelo advogado da Apelada.

Termos em que
pede provimento.

..., ... de ... de ... (datar se o problema pedir)

ADVOGADO(A)
OAB/... n. ...

2.3. EFEITO SUSPENSIVO EM APELAÇÃO

Como vimos, a regra é no sentido de que a mera interposição do recurso de apelação já gera o efeito suspensivo, ou seja, a sentença não poderá ser executada enquanto estiver pendente o julgamento do recurso.

No entanto, o art. 1.012, § 1º, do CPC, prevê situações em que não haverá o efeito suspensivo, permitindo, desde logo, o cumprimento provisório da sentença. São casos de sentenças que:

a) homologam divisão ou demarcação de terras;
b) condenam a pagar alimentos;
c) extinguem sem resolução do mérito ou julgam improcedentes os embargos do executado;
d) julgam procedente o pedido de instituição de arbitragem;
e) confirmam, concedem ou revogam tutela provisória;
f) decretam a interdição.

Além dos casos previstos no art. 1.012 do CPC, também não terão efeito suspensivo as sentenças:

a) Estatuto da Criança e do Adolescente:
    i) que deferirem adoção (art. 199-A do ECA);
    ii) que destituírem ambos ou qualquer dos genitores do poder familiar.
b) Mandado de segurança:
    - a sentença que conceder o mandado de segurança poderá ser executada provisoriamente (portanto, apelação só no efeito devolutivo) – art. 14, § 3º, da Lei n. 12.016/2009, salvo nos casos em que for vedada a concessão de liminar (§ 2º do art. 7º da referida lei).

2.4. MODELO DE PEDIDO DE EFEITO SUSPENSIVO EM APELAÇÃO

Folha 1/3

EXCELENTÍSSIMO SENHOR RELATOR DOUTOR DESEMBARGADOR DO TRIBUNAL DE JUSTIÇA DO ESTADO ... [endereçar o pedido de efeito suspensivo ao Presidente do Tribunal, se a apelação ainda não tiver sido distribuída no Tribunal, ou ao relator, caso exista algum designado – art. 1.012, § 3º]

Processo autuado sob o n. ...

Mefistófeles, já qualificado nos autos da AÇÃO DE EMBARGOS À EXECUÇÃO, de número em epígrafe, que lhe move Atacadista Central, vem, por seu advogado, requerer a concessão de EFEITO SUSPENSIVO AO RECURSO DE APELAÇÃO, nos termos dos arts. 932, II, e 1.012, §§ 3º e 4º, do Código de Processo Civil, pelo que expõe e requer a Vossa Excelência o seguinte.

I. DOS FATOS - DA SENTENÇA PROLATADA E DA APELAÇÃO INTERPOSTA

A ação versa sobre a Execução ajuizada por Atacadista Central em face de Peloponeso Ltda., sociedade irregular e os seus sócios Aristides e Mefistófeles.

A penhora dos bens de Mefistófeles é a discussão, já que não se tra-

Folha 2/3

ta de sócio contratante, portanto tem em seu favor benefício de ordem.

Oportunamente, foi interposto recurso de apelação para obtenção da reforma da sentença, sendo ela distribuída nesse Egrégio Tribunal de Justiça [ou em fase prévia à distribuição].

No entanto, em conformidade com o inciso III do art. 1.012 do Código de Processo Civil, trata-se de situação em que, em tese, o recurso de apelação tem atribuição de efeito suspensivo.

Dessa forma, considerando que a parte contrária poderá iniciar imediatamente a execução provisória, como será demonstrado a seguir, é caso de concessão de efeito suspensivo ao recurso de apelação.

II. DO DIREITO - CONCESSÃO DO EFEITO SUSPENSIVO

No presente caso estão presentes os requisitos que autorizam a concessão de efeito suspensivo à apelação.

Inicialmente, cumpre destacar que o art. 932, II, do Código de Processo Civil confere ao relator o poder de conferir medidas de urgência nos recursos, inclusive com atribuição de tutelas provisórias.

Por sua vez, o parágrafo único do art. 996 do Código de Processo afirma que a eficácia da decisão recorrida poderá ser suspensa por decisão do relator, se da imediata produção de seus efeitos houver risco de dano grave ou de difícil reparação, bem como fique demonstrada a probabilidade de provimento do recurso.

Na ação em curso, foi interposta apelação que demonstrou de forma clara o erro de prosseguir a penhora em face do sócio que tem em seu favor o benefício de ordem nos termos do art. 990 do CC, estando presente a probabilidade ou "fumus boni iuris" que leva à concessão da liminar para suspender a execução do julgado.

A sentença violou literalmente dispositivo de lei federal.

Como se não bastasse, o início do cumprimento da sentença implicará

Folha 3/3

grave prejuízo ao Apelante, uma vez que a sentença determinou que ...

Também estão presentes os requisitos que permitem o deferimento de tutela provisória, com base nos arts. 294 e 300 do Código de Processo Civil ...

Existe risco de dano grave e de difícil reparação a ponto de justificar a medida excepcional de concessão do efeito suspensivo.

Portanto, estão presentes os requisitos legais para a concessão de efeito suspensivo à apelação.

III. DO PEDIDO DE EFEITO SUSPENSIVO

Por todo o exposto, requer a Vossa Excelência a concessão do efeito suspensivo ao recurso de apelação, nos termos dos §§ 3º e 4º do art. 1.012, com a determinação de que a sentença não produza efeitos durante o trâmite do recurso perante esse Egrégio Tribunal de Justiça, evitando o início da execução provisória.

Termos em que
pede provimento.

..., ... de ... de ...

ADVOGADO(A)
OAB/... n. ...

2.5. FORMA ADESIVA DE APELAÇÃO

Como afirmamos anteriormente, o recurso adesivo não é um meio efetivo de recurso, e sim uma forma adesiva de se recorrer, ou seja, recorre-se no prazo de contrarrazões de recurso, aderindo ao recurso principal que pode ser um recurso de apelação, recurso especial ou recurso extraordinário.

Assim, temos dois momentos possíveis de se recorrer em se tratando dos três recursos anteriormente mencionados, a saber:

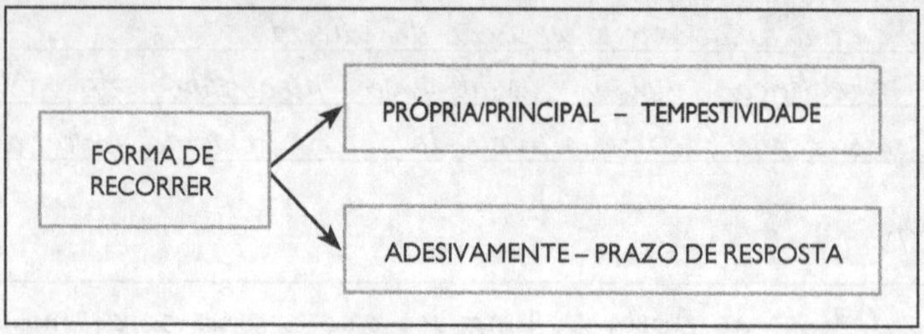

Então claro está que essa forma de recurso é dependente de um recurso principal (apelação, especial ou extraordinário) e se subordina às regras e aos requisitos do recurso ao qual se recorre na forma adesiva.

Para melhor se compreender essa possibilidade, demonstramos a seguir a linha processual do tempo de um recurso de apelação com a utilização da apelação pela forma adesiva, assim compreendido:

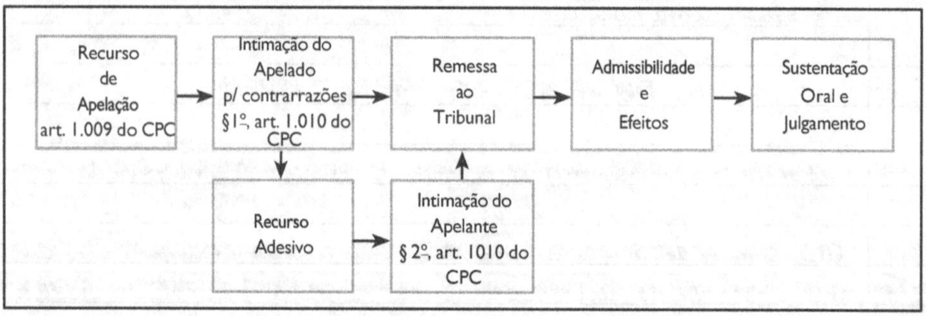

A seguir apresentamos um modelo de recurso de apelação na forma adesiva:

Folha 1/3

01	EXCELENTÍSSIMO DOUTOR JUIZ DE DIREITO DA .... VARA ...... DO
02	FORO DA COMARCA DE .... NO ESTADO DE - .....
03	
04	
05	
06	

Processo autuado sob n. .....

..........................., devidamente qualificado nos autos da AÇÃO DE INDENIZAÇÃO em epígrafe que move em face de ...., vem à presença de Vossa Excelência, por seu procurador, com fundamento no art. 997, § 1º, do CPC, interpor RECURSO ADESIVO AO RECURSO DE APELAÇÃO, conforme razões aduzidas em anexo.

Uma vez que o presente recurso é tempestivo e encontra-se comprovado o recolhimento do preparo, requer seja recebido nos efeitos devolutivo e suspensivo, processado e após intimação do Recorrido para contrarrazões, seja encaminhado ao Egrégio Tribunal de Justiça.

Termos em que
pede provimento.

..., ... de ... de ...

ADVOGADO(A)
OAB/... n. ...

(página seguinte)

Folha 2/3

RAZÕES DE RECURSO ADESIVO AO RECURSO DE APELAÇÃO

Recorrente: ....

Recorrido: ....

Processo n. ....

Origem: ..ª Vara .... do Foro da Comarca de ....
- ....

EGRÉGIO TRIBUNAL DE JUSTIÇA,

ÍNCLITOS JULGADORES,

Em que pese o ilibado saber jurídico do juízo a quo, a venerada sentença que julgou parcialmente improcedente os pedidos formulados na exordial não merece prosperar, pelas razões fáticas e jurídicas a seguir expostas:

BREVE RELATO DOS FATOS

(relatar conforme dados do problema)

DOS FUNDAMENTOS

(fundamentar conforme caso do problema)

DA CONCLUSÃO

Assim sendo, pede seja conhecido, admitido e provido o presente recurso para reformar a sentença a quo, condenando-se o Recorrido (mencionar o pedido da inicial), como medida de inteira Justiça!

Requer seja o Recorrido condenado a arcar com custas processuais e honorários advocatícios, conforme requerimento realizado na peça exordial.

▾ Folha 3/3

Requer a concessão dos efeitos devolutivo e suspensivo a partir de sua admissibilidade.

Requer a intimação de atos processuais em nome do subscritor.

Termos em que

pede provimento.

..., ... de ... de ...

ADVOGADO(A)

OAB/... n. ...

3

EMBARGOS DE DECLARAÇÃO

Os embargos de declaração – recurso de baixa incidência na 2ª fase do Exame de Ordem, mas que não pode ser desprezado na preparação – são meio de "integração" do ato jurisdicional.

Na verdade, ao opor embargos de declaração, o recorrente não almeja a reforma ou a anulação do ato, mas apenas obter um pronunciamento jurisdicional que torne o ato jurisdicional integral (pois está incompleto, sem lógica, incoerente ou sem clareza).

Os embargos de declaração poderão ser opostos contra todos os atos jurisdicionais de pronunciamento, quando houver:

a) omissão – o magistrado ou tribunal deixou de apreciar algo que deveria ter manifestação expressa (atenção ao disposto no art. 489, § 1º, do CPC);

b) contradição – divergência no conteúdo do ato jurisdicional;

c) obscuridade – falta de clareza;

d) erro material – inconsistências materiais que não alterem o resultado do julgamento, por exemplo, erros em nomes, em cálculos aritméticos, referências etc.

3.1. EMBARGOS DE DECLARAÇÃO PARA PREQUESTIONAMENTO

Os embargos de declaração também podem ser opostos com a finalidade de prequestionar dispositivos legais ou constitucionais que serão objeto de discussão em futuro recurso especial ou extraordinário.

Como sabemos, a jurisprudência do STJ e do STF entende que os recursos especial e extraordinário apenas serão conhecidos quando a matéria houver sido apreciada, de forma expressa, na instância inferior. Portanto, uma forma de fazer o tribunal recorrido se manifestar sobre a questão federal ou constitucional será por meio de embargos de declaração.

Importante

Mesmo que os embargos de declaração não sejam conhecidos, o art. 1.025 do CPC afirma que a matéria poderá ser considerada prequestionada.

Vejamos: vamos imaginar que os embargos sejam feitos para prequestionamento e, por ausência de previsão expressa de cabimento, o tribunal entenda que ele é protelatório e aplique a multa do § 2º do art. 1.026 do CPC. Isso estará correto?

Resposta: não. A Súmula 98 do STJ afirma expressamente que os embargos de declaração opostos com a finalidade de prequestionamento não poderão ser considerados protelatórios.

Atos que permitem embargos: interlocutórias, sentenças e acórdãos.

Cabimento e fundamento: omissão, contradição, obscuridade ou erro material – art. 1.022, *caput* e incisos, do CPC.

Prazo: 5 dias – art. 1.023 do CPC.

Órgão de interposição: ao próprio órgão embargado – art. 1.023 do CPC.

Juízo de admissibilidade: o próprio órgão.

Órgão de julgamento do mérito recursal – o próprio órgão – art. 1.024.

Modelo da peça: peça única (direta) – não há necessidade de petição de interposição.

Resposta da parte contrária: como regra, não haverá contrarrazões. No entanto, caso o eventual acolhimento implique modificação da decisão embargada, o embargado será intimado para se manifestar (contrarrazões), no prazo de 5 dias – § 2º do art. 1.023 do CPC.

Admissão de recurso adesivo: não – art. 997 do CPC.

Pontos importantes:

a) efeito interruptivo – art. 1.026 do CPC;

b) multa em embargos protelatórios – § 2º do art. 1.026 do CPC.

3.2. MODELO DE EMBARGOS DE DECLARAÇÃO

▸ **Caso-base para modelo:**

Andrea, Administradora Judicial promoveu ação revocatória em face de Joaquim com a finalidade de demandar a ineficácia de ato de falido com base em doação no período suspeito em ação falimentar. O réu apresentou contestação, fornecendo aspectos subjetivos como o fato de não fazer parte do processo falimentar. O feito foi saneado e instruído regularmente e, por fim, prolatada sentença de improcedência da ação, em síntese, sob o único argumento de que o réu não fazia parte do processo falimentar. O dispositivo da sentença se limitou a tal argumento, sem qualquer outra previsão.

Questão: considerando que o ato judicial foi disponibilizado no diário eletrônico há 2 dias, promova a medida adequada, perante o próprio magistrado, para defesa dos interesses da autora, inclusive, para que o juiz descreva nos autos se houve ou não a doação em tela, hipótese em que, objetivamente, caso para a ineficácia do art. 129 da Lei n. 11.101/2005.

▾ Folha 1/3

EXCELENTÍSSIMO SENHOR DOUTOR JUIZ DE DIREITO DA 1ª VARA CÍVEL DA COMARCA DE LONDRINA/PR

Processo autuado sob o n. ...

ANDREA, já qualificada nos autos da AÇÃO REVOCATÓRIA, de número em epígrafe, que move em face de JOAQUIM, vem, por seu advogado, tempestivamente, opor EMBARGOS DE DECLARAÇÃO, com fundamento no art. 1.022, II, do Código de Processo Civil, considerando omissões na sentença de fls., pelo que expõe e requer a Vossa Excelência o seguinte.

I. DOS FATOS - AÇÃO PROPOSTA E SENTENÇA PROLATADA

O Embargante, na qualidade de Réu na AÇÃO REVOCATÓRIA, alegou ato a título gratuito e a decisão prolatada não considerou tratar do assunto em tela.

Por sua vez, ao prolatar a sentença, Vossa Excelência apenas se manifestou acerca da hipótese subjetiva, não constando no julgado manifestação acerca da ineficácia.

O julgado apenas se limitou a tal manifestação.

Dessa forma, como será demonstrado a seguir, têm cabimento e merecem acolhimento os embargos para sanar as omissões referidas.

Folha 2/3

II. DO CABIMENTO DOS EMBARGOS

Inicialmente, cumpre destacar que têm cabimento os embargos de declaração contra a sentença, nos termos dos arts. 994, IV, e 1.002 do Código de Processo Civil.

Existem omissões que precisam ser sanadas.

O recurso está sendo oposto pelo Réu, portanto legítimo nos termos do art. 996.

Também é tempestivo, pois a disponibilização ocorreu há 2 dias, e o prazo previsto no art. 1.023 do Código de Processo Civil é de 5 dias (contar e datar se o problema trouxer elementos suficientes). O recurso não se sujeita a preparo (art. 1.023).

Assim, estão presentes todos os pressupostos para o conhecimento dos embargos.

III. DO DIREITO - OMISSÕES NA SENTENÇA

A sentença foi omissa em relação à alegação do Autor acerca do ato a título gratuito, bem como deixou de condenar a ré Embargada ao pagamento de honorários advocatícios de sucumbência.

O art. 1.022, II, afirma que cabem embargos de declaração para suprir omissão de ponto ou questão sobre o qual deveria se pronunciar o juiz de ofício ou a requerimento da parte.

Além disso, a sentença também deixou de condenar a Autora ao pagamento das custas e honorários advocatícios, nos termos do art. 85 do Código de Processo Civil.

Por tais razões, os Embargos merecem acolhimento.

IV. DO PEDIDO

Folha 3/3

Por todo o exposto, requer a Vossa Excelência que os Embargos sejam conhecidos e providos, para que as omissões sejam sanadas, declarada a ineficácia do ato do falido para que o bem debatido seja retomado para a massa falida, bem como imposta a condenação ao pagamento das custas e honorários advocatícios, nos moldes do art. 85 do Código de Processo Civil.

Por oportuno, considerando eventual alteração da sentença, requer a intimação da Embargada para que, querendo, possa se manifestar em relação aos embargos, no prazo legal (art. 1.023, § 2º, do CPC).

Requer, por fim, sejam os embargos recebidos com o efeito de interromper o prazo para a interposição de outros recursos, como estabelece o art. 1.026 do Código de Processo Civil.

Termos em que
pede deferimento.

..., ... de ... de ...

ADVOGADO(A)
OAB/... n. ...

4

AGRAVOS

Agravo é recurso contra decisão interlocutória e, nos termos do 994 do CPC, a depender da natureza da decisão e do momento processual, pode ser:

a) de instrumento;

b) interno;

c) em recurso especial ou extraordinário.

Interlocutória: agravo – fundamento.

- na 1ª instância – agravo de instrumento – art. 1.015 do CPC
- nos tribunais – relator – agravo interno – art. 1.021 do CPC

Presidente do tribunal que não admite REsp ou RE – agravo em recurso especial ou extraordinário – art. 1.042 do CPC.

Cuidado

No CPC de 1973 havia "agravo retido", não previsto no atual CPC.

Na verdade, o antigo agravo retido agora se transformou na "preliminar de apelação". Tudo aquilo que não for urgente e não comportar agravo de instrumento (rol do art. 1.015 do atual CPC), a parte deverá aguardar para alegar a matéria em preliminar de apelação ou nas contrarrazões de apelação, como prevê o art. 1.009, § 1º, do atual CPC.

4.1. AGRAVO DE INSTRUMENTO

O agravo de instrumento tem esse nome justamente pelo fluxo da prática: como os autos estão na primeira instância e o recurso é interposto diretamente no tribunal, a parte recorrente deve formar um instrumento (com cópias dos autos da primeira instância), para viabilizar o recurso no tribunal.

De fato, o agravo de instrumento é recurso contra as interlocutórias de primeira instância, interposto diretamente no tribunal, com processamento ágil para resolver inclusive questões urgentes (que demandem uma tutela provisória recursal).

4.1.1. **Cabimento**

O art. 1.015 do Código de Processo Civil estabelece as situações de cabimento do agravo de instrumento.

A princípio, esse rol era tido como taxativo, sem a possibilidade de interposição em situações ali não previstas.

No entanto, o Superior Tribunal de Justiça, ao analisar a questão, pacificou o entendimento no sentido de que o rol do art. 1.015 é de "taxatividade mitigada".

Pelo entendimento do STJ, sendo caso de urgência e existindo o perigo de ineficácia de alegação futura, a parte poderá interpor recurso de agravo de instrumento.

Na prática

É o caso, por exemplo, de decisão que aprecia questão relativa à competência.

Vamos imaginar que o consumidor promova ação em seu domicílio (de forma correta, em conformidade com o art. 101, I, do CDC) e, em contestação, o fornecedor alegue incompetência relativa e demande o deslocamento da ação para o local da sua sede.

De forma equivocada, o juiz acolhe a arguição de incompetência e determina a remessa dos autos para o novo local.

Nesse caso, o rol do art. 1.015 do CPC não prevê agravo, portanto teria o consumidor de aguardar até a apelação para fazer a sua preliminar.

Evidentemente, lá no momento da apelação, depois de proferida a sentença, não adiantaria nada tal alegação. O consumidor já teria sofrido grave prejuízo por ter de suportar uma ação fora de seu domicílio.

Assim, para o STJ, mesmo não estando no rol do 1.015, pela teoria da taxatividade mitigada, caberia a interposição de agravo de instrumento.

Taxatividade mitigada.
Jurisprudência pacificada no STJ.
#IssoPodeCair

- **Fundamentos em decisões interlocutórias de 1ª instância:**
  - Rol do art. 1.015 (incisos e parágrafo único) + entendimento do STJ de taxatividade mitigada.
  - Julgamentos parciais – arts. 354, parágrafo único, e 356, § 5º.

- Decreto de prisão do devedor de alimentos – art. 19, § 2º, da Lei n. 5.478/68.
- Liminar em mandado de segurança – art. 7º, § 1º, da Lei n. 12.016/2009.
- Ação popular – art. 19, § 1º, da Lei n. 4.717/65.
- Decretação de falência – art. 100 da Lei n. 11.101/2005.

Prazo: 15 dias – art. 1.003 do CPC.

Órgão de interposição: diretamente no tribunal – endereçamento ao presidente do tribunal – art. 1.016 do CPC.

Juízo de admissibilidade: relator no tribunal – art. 932 do CPC.

Modelo da peça: peça única (direta) – não há necessidade de petição de interposição.

Contrarrazões de agravo de instrumento: poderá seguir a mesma forma direta da petição de agravo, com o uso da expressão "vem apresentar resposta ao recurso de agravo de instrumento".

O fundamento das contrarrazões será o art. 1.019, II, do CPC.

▸ **Formalidades do agravo de instrumento:**

O art. 1.016 prevê a estrutura básica do agravo. Além disso, é importante frisar:

- Nome e endereço profissional dos advogados constituídos nos autos – art. 1.016 do CPC;
- Cópias para formação do agravo – art. 1.017 do CPC;
- Preparo – art. 1.017, § 1º, do CPC;
- Informação à primeira instância – art. 1.018 do CPC;
- Requerimento de efeito suspensivo ou tutela antecipada recursal – art. 1.019, I, do CPC;
- Intimação do agravo e do MP, se for o caso – art. 1.019, II e III, do CPC.

▸ **Admissão de recurso:**

Adesivo: não – art. 997 do CPC.

4.1.2. **Efeito suspensivo ou tutela antecipada recursal?**

O art. 1.019, I, do CPC, prevê que o relator poderá conceder o efeito suspensivo ou a tutela antecipada recursal ao agravo de instrumento.

De fato, os dois institutos representam modalidade de "liminar ou tutela de urgência no recurso", mas possuem eficácia diferenciada:

Efeito suspensivo: tutela antecipada recursal.

Visa paralisar a decisão agravada, impedindo que ela produza efeitos. Tem por objetivo adiantar os efeitos práticos do provimento do recurso (o efeito que a parte teria no final do julgamento do recurso acolhido).

Exemplos:

- agravo contra decisão que decreta a prisão do devedor de alimentos;
- agravo contra decisão que negou a tutela provisória requerida na primeira instância.

Requisitos:

- art. 932, II – requerimento ao relator;
- art. 995, parágrafo único: risco de dano + probabilidade de provimento do recurso.

Na dúvida, peça os dois! Sempre com o objetivo de utilizar o suspensivo para paralisar os efeitos da decisão agravada e a tutela antecipada recursal, de forma mais ampla, para conceder aquilo que foi negado na instância inferior.

Nos termos do art. 932, II, do CPC, a competência para apreciação do pedido de tutela provisória em sede recursal, incluindo os efeitos no agravo, sempre competirá ao relator, portanto, contra a decisão que aprecia tal pedido caberá agravo interno, nos termos do art. 1.021 do CPC.

4.1.3. Modelo de agravo de instrumento

- **Caso para a peça:**

João, Empresário Individual, promoveu AÇÃO DE EXIBIÇÃO DE LIVROS em face da EMPRESA ALFA AVIAMENTOS LTDA. para obter provimento de urgência que obrigasse a Ré a fornecer os documentos de escrituração, incluindo notificações de autoridade previdenciária para demonstrar a urgência ao deixar os livros em ordem para a visita das autoridades, logicamente, em relação aos temas tratados na investigação. A inicial foi instruída com vasta documentação para demonstrar a relação existente entre as partes (contrato de sociedade firmado em 2010). Recebida a inicial, o magistrado denegou a tutela antecipada, em síntese, por entender que o autor deveria ter feito prova de que, além de ser sócio (parte legítima), a visita da autoridade previdenciária se daria com urgência. Elabore a peça processual cabível para a defesa dos interesses de João e a reforma da decisão (considere que não existem omissões a serem sanadas e que não têm cabimento os embargos de declaração).

Folha 1/4

EXCELENTÍSSIMO SENHOR DOUTOR DESEMBARGADOR PRESIDENTE DO TRIBUNAL DE JUSTIÇA DO ESTADO DE SÃO PAULO
[endereçar diretamente ao Tribunal - art. 1.016 do CPC]

JOÃO, qualificação completa..., inconformado com a decisão que denegou tutela antecipada, nos autos da AÇÃO DE EXIBIÇÃO DE LIVROS proposta em face de ALFA AVIAMENTOS LTDA., qualificação ..., em trâmite perante a 1ª Vara Cível de Piracicaba, autos n. ..., vem, tempestivamente, por seu advogado, interpor RECURSO DE AGRAVO DE INSTRUMENTO com pedido de TUTELA ANTECIPADA RECURSAL [ou efeito suspensivo, a depender do caso], com fundamento no art. 1.015, I, do Código de Processo Civil, pelo que expõe e requer a esse Egrégio Tribunal o seguinte.

I. DOS FATOS - BREVE SÍNTESE DO PROCESSO

O Agravante propôs ação em face do Agravado, distribuída à 1ª Vara Cível de Piracicaba, com o objetivo de obter a condenação da Ré à obrigação de apresentar judicialmente os livros empresariais e demais documentos de escrituração em face de ALFA AVIAMENTOS LTDA., representada por seu único administrador.

Em razão da urgência, o Agravante requereu na primeira instância a concessão da tutela antecipada.

Por sua vez, o magistrado proferiu decisão interlocutória de indeferimento, em síntese, por acolher o motivo dado pela parte contrária, por entender que não havia urgência objetivamente demonstrada nos autos.

No entanto, como será demonstrado a seguir, a decisão merece ser

Folha 2/4

reformada.

II. CABIMENTO

De plano, cumpre destacar que o recurso interposto tem pleno cabimento e merece ser conhecido.

A decisão recorrida tem natureza de interlocutória (art. 203, § 2º, do CPC), proferida em primeira instância, e, pela sua natureza e previsão expressa no art. 1.015, I, do mesmo Código, desafia a interposição do recurso de agravo de instrumento.

Além disso, estão presentes todos os demais pressupostos recursais genéricos, como a tempestividade (recurso interposto no prazo de 15 dias - art. 1.003, "caput" e § 5º, considerando que o advogado tomou ciência em ...). O preparo segue acostado [ou a parte é beneficiária da gratuidade], como estabelecem os arts. 1.007 e 1.017, § 1º, do CPC.

Dessa forma, o recurso merece ser conhecido.

III. DAS RAZÕES DE REFORMA

A decisão agravada merece ser reformada.

(Razões da reforma)

Infere-se, portanto, que a decisão merece ser reformada.

IV. DA ANTECIPAÇÃO DA TUTELA RECURSAL

O caso exige a concessão de uma tutela de urgência no recurso para evitar dano grave à parte.

O art. 1.019, I, do Código de Processo Civil autoriza o relator a conceder o efeito suspensivo ou a tutela antecipada recursal. Por sua vez, o art. 995, parágrafo único, afirma que o efeito poderá ser concedido

Folha 3/4

quando houver perigo de dano e probabilidade de provimento do recurso.

Como ficou demonstrado anteriormente, a autora tem direito à análise dos livros, em vista de ser sócia, pois existe a presunção de que os livros são de sua composição, conforme o inciso III do art. 397 do CPC.

Por outro lado, caso não seja concedida a liminar, o Agravante sofrerá dano grave, não tendo tempo hábil para aguardar o julgamento do mérito recursal.

Portanto, presentes os requisitos que autorizam a concessão da tutela antecipada recursal para o fim de deferir de imediato a tutela antecipada denegada na instância inferior.

V. DOS PEDIDOS E REQUERIMENTOS

Em face do exposto, é a presente para requerer:

a) a concessão do efeito suspensivo ou antecipação da tutela recursal para conceder desde logo a tutela antecipada que determine à Agravada o dever de fornecer o tratamento médico, nos termos do art. 1.019, I, do CPC, comunicando-se ao juiz sua decisão;

b) o conhecimento e provimento do recurso para o fim de reformar a decisão recorrida para reformar a decisão agravada, concedendo a tutela antecipada negada na instância inferior, confirmando-se a antecipação da tutela recursal ou efeito suspensivo;

c) em atenção ao art. 1.016, IV, do CPC, informa que estão constituídos nos autos os seguintes advogados: ..., com endereços profissionais em ...;

d) em cumprimento ao art. 1.017, I, do CPC, a petição de agravo de instrumento está sendo instruída obrigatoriamente, com cópias da petição inicial, da contestação, da petição que ensejou a decisão agravada, da própria decisão agravada, da certidão da respectiva intimação ou outro documento oficial que comprove a tempestividade e das procurações outorgadas aos advogados do agravante e do agravado;

OU

Folha 4/4

Em cumprimento ao art. 1.017, § 5º, do CPC, sendo eletrônicos os autos do processo, deixa de juntar as cópias obrigatórias do inciso I do art. 1.017 do CPC.

e) o agravante informar que providenciará a juntada aos autos do processo de cópia da petição do agravo de instrumento, do comprovante de sua interposição e da relação dos documentos que instruíram o recurso, podendo o Juízo a quo reformar sua decisão em decorrência do juízo de retratação, nos termos do art. 1.018, § 1º, do CPC;

f) a intimação do agravado para que responda no prazo de 15 (quinze) dias, nos termos do art. 1.019, II, do CPC;

g) a intimação do Ministério Público para que se manifeste no prazo de 15 (quinze) dias, conforme o art. 1.019, III, do CPC (se for o caso).

Termos em que
pede provimento.

..., ... de ... de ...

ADVOGADO(A)
OAB/... n. ...

Atenção

Todos os requisitos e itens da peça estão no CPC. Portanto, siga todos os artigos no momento da redação, que sua peça ficará completa.

- Modelo de petição de informação à primeira instância (petição simples):

EXCELENTÍSSIMO SENHOR DOUTOR JUIZ DE DIREITO DA 1ª VARA CÍVEL DE PIRACICABA/SP [endereçar ao juízo de 1ª instância - art. 1.018 do CPC]

Processo autuado sob o n. ...

JOÃO, já qualificado nos autos da AÇÃO DE EXIBIÇÃO DE LIVROS EMPRESARIAIS proposta em face de ALFA AVIAMENTOS LTDA., de número em epígrafe, vem, por seu advogado, tempestivamente, em cumprimento ao disposto no art. 1.018 do Código de Processo Civil, informar da INTERPOSIÇÃO DO RECURSO DE AGRAVO DE INSTRUMENTO no Tribunal de Justiça, contra a decisão que negou a tutela antecipada ao Autor, cuja cópia do recurso e relação das peças que instruíram o recurso seguem acostadas.

Por oportuno, requer a Vossa Excelência a retratação da decisão agravada, com a concessão da tutela antecipada ao Autor, sendo tal retratação comunicada ao tribunal nos termos do art. 1.018, § 1º, do Código de Processo Civil.

Termos em que
pede deferimento.

..., ... de ... de ...

ADVOGADO(A)
OAB/... n. ...

4.2. AGRAVO INTERNO

O agravo interno – já chamado anteriormente de agravo para o órgão colegiado – foi concebido pelo atual CPC como instrumento para atacar as interlocutórias comuns nos tribunais, ou seja, as decisões proferidas monocraticamente pelos relatores, objetivando uma revisão pelo próprio órgão colegiado ao qual ele pertence.

- **Cabimento e fundamento nas decisões interlocutórias nos tribunais:**
  - Decisões monocráticas do relator – art. 1.021 do CPC.
  - Decisão em juízo de admissibilidade de REsp ou RE com base nos incisos I e III do art. 1.030 do CPC (*vide* o § 2º do art. 1.030).

Prazo: 15 dias – art. 1.003 do CPC.

Atenção

Mesmo que o regimento interno do tribunal estabeleça outro prazo, deverá ser respeitado o prazo de 15 dias – art. 1.070 do CPC.

Órgão de interposição: endereçamento ao próprio relator – § 1º do art. 1.021 do CPC.

Órgão de julgamento: o processamento do agravo interno observará as regras do regimento interno do tribunal.

Como regra, o agravo será julgado pelo órgão colegiado ao qual pertence o magistrado que proferiu o ato monocraticamente.

Modelo da peça: peça única (direta) – não há necessidade de petição de interposição.

Contrarrazões: poderá seguir a mesma forma direta da petição de agravo, com o uso da expressão "vem apresentar resposta ao recurso de agravo de instrumento".

O fundamento das contrarrazões será o art. 1.021, § 2º, do CPC.

Pontos importantes:

- Na petição de agravo interno o recorrente deverá impugnar precisamente os pontos de inconformismo contra a decisão agravada – § 1º.
- Ao julgar, é vedado ao relator levar o processo em mesa, limitando-se à reprodução dos fundamentos da decisão agravada para lhe negar provimento – § 2º.

- Caso o agravo seja considerado, em votação unânime, manifestamente inadmissível ou improcedente, o órgão colegiado condenará o agravante ao pagamento de multa ao agravado no valor entre 1% e 5% do valor da causa atualizado. A interposição de qualquer outro recurso ficará condicionada ao depósito da multa.

Admissão de recurso:

Adesivo: não – art. 997 do CPC.

Cuidado

O agravo interno também terá cabimento, nos termos do § 2º do art. 1.030, quando houver trancamento de recurso especial e recurso extraordinário motivado pela:

a) negativa de seguimento do recurso extraordinário pela ausência de repercussão geral já reconhecida pelo STF, ou em extraordinário ou especial interposto contra acórdão que esteja em conformidade com entendimento do STF ou STJ, exarado em regime de julgamento de recursos repetitivos;

b) sobrestar o recurso que versar sobre controvérsia de recurso repetitivo ainda não decidida pelo Supremo Tribunal Federal ou pelo Superior Tribunal de Justiça, conforme se trate de matéria constitucional ou infraconstitucional.

No caso de não admissão dos recursos especial ou extraordinário, com base no inciso V do art. 1.030, o agravo será aquele previsto no art. 1.042 e não o interno.

4.2.1. Modelo de agravo interno

Caso para a peça:

Interposta apelação na primeira instância, o Recorrente deixou de recolher e juntar a guia de preparo oportunamente. Em contrarrazões, o Recorrido requereu o não conhecimento do recurso no Tribunal. Os autos foram distribuídos no Tribunal de Justiça do Estado do Rio de Janeiro e o relator, monocraticamente, aplicou a pena de deserção à apelação. A decisão foi disponibilizada no Diário Eletrônico há 7 dias úteis. O regimento interno do tribunal determina que eventuais agravos regimentais devem ser interpostos no prazo de 5 dias. Na qualidade de advogado do apelante, promova a medida cabível para a defesa dos seus interesses e obter o regular processamento da apelação.

Folha 1/3

EXCELENTÍSSIMO SENHOR DOUTOR RELATOR DESEMBARGADOR
DO TRIBUNAL DE JUSTIÇA DO ESTADO DO RIO DE JANEIRO

NOME DO RECORRENTE, já qualificado nos autos da AÇÃO ... que lhe move NOME DA PARTE CONTRÁRIA, em fase de juízo de admissibilidade de apelação, vem, tempestivamente, por seu advogado, interpor RECURSO DE AGRAVO INTERNO, com fundamento no art. 1.021 do Código de Processo Civil, pelo que expõe e requer a esse Egrégio Tribunal o seguinte.

I. DOS FATOS - BREVE SÍNTESE DO PROCESSO

[relato do caso]

II. CABIMENTO

Inicialmente, é importante consignar que o recurso interposto tem cabimento e merece ser conhecido pelo órgão colegiado, nos termos do Regimento Interno desse Tribunal.

A decisão recorrida tem natureza de interlocutória (art. 203, § 2º, do CPC), de natureza monocrática, proferida pelo relator na apelação, e, pela sua natureza e previsão expressa no art. 1.021 do mesmo Código, desafia a interposição do recurso de agravo interno.

Além disso, estão presentes todos os demais pressupostos recursais genéricos, como a tempestividade (recurso interposto no prazo de 15 dias - art. 1.003, "caput" e § 5º -, considerando que o advogado tomou ciência em ...). O prazo também está em conformidade com o disposto no art. 1.070 do Código de Processo Civil, uma vez que o prazo de 15

Folha 2/3

dias prevalece sobre qualquer outro previsto nos regimentos internos.

Dessa forma, o recurso merece ser conhecido.

III. DAS RAZÕES DE REFORMA

A decisão agravada merece ser reformada.

A ausência de preparo é vício que permite o saneamento a ponto de evitar o não conhecimento do recurso.

O art. 1.007, em seu § 4º, afirma que o recorrente que não comprovar o recolhimento do preparo, no ato de interposição do recurso, será intimado, na pessoa de seu advogado, para realizar o recolhimento em dobro, sob pena de deserção.

Além disso, o parágrafo único do art. 932 também afirma que o relator, antes de considerar inadmissível o recurso, deverá conceder o prazo de 5 (cinco) dias ao recorrente para que seja sanado o vício ou complementada a documentação exigível.

No presente caso, o Agravante tinha de ter recebido a oportunidade de correção do vício - de natureza sanável - antes da não admissão do recurso, sob pena de violação dos artigos mencionados.

Depreende-se, portanto, que o recurso merece ser provido, no sentido de conferir ao Agravante a oportunidade de regularização do vício antes do decreto da deserção.

IV. DO PEDIDO RECURSAL

Por todo o exposto, requer a Vossa Excelência o recebimento do presente recurso de agravo interno e, diante das razões, seja realizado o juízo de retratação, no sentido de conceder o prazo de 5 dias para o Agravante recolher o preparo em dobro ou, caso mantida a decisão - o que se espera apenas para argumentar -, requerer o processamento do agravo interno nos termos do regimento do tribunal, com seu conheci-

Folha 3/3

mento e provimento para a reforma da decisão agravada.

Por oportuno, requer a intimação da parte contrária para resposta ao recurso, no prazo de 15 dias, nos termos do art. 1.021, § 2º, do Código de Processo Civil.

Termos em que
pede provimento.

..., ... de ... de ...

ADVOGADO(A)
OAB/... n. ...

4.3. AGRAVO EM RECURSO ESPECIAL E EXTRAORDINÁRIO

Os recursos especial e extraordinário, como trataremos em item adiante, são interpostos perante o presidente do tribunal recorrido e, após juízo de admissibilidade positivo, são remetidos, respectivamente, ao Superior Tribunal de Justiça e Supremo Tribunal Federal.

Dessa forma, a decisão que faz o juízo de admissibilidade – pelo presidente do tribunal ou vice-presidente, em conformidade com o regimento interno do tribunal – tem natureza de decisão interlocutória e, consequentemente, desafia o recurso de agravo.

Neste ponto, temos de tomar muito cuidado, pois o juízo de admissibilidade feito com base no art. 1.030 do CPC ora permite a interposição de agravo interno (art. 1.021), ora a interposição do agravo em recurso especial ou extraordinário (art. 1.042).

Fundamento da não admissão do recurso:

- Inciso I do art. 1.030 – agravo interno – do art. 1.021 (modelo do item anterior).
- Inciso III do art. 1.030.
- Inciso V do art. 1.030 – agravo em recurso especial e extraordinário – art. 1.042.

4.3.1. Modelo de agravo em recurso especial e extraordinário

Atenção:

Como o agravo é interposto no tribunal recorrido e julgado pelo STJ ou pelo STF, deve ser elaborado com peça dupla, ou seja, petição de interposição e razões recursais.

- Folha 1/3 – interposição. A partir da folha 2, razões recursais. Veja o modelo:

EXCELENTÍSSIMO SENHOR DOUTOR DESEMBARGADOR PRESIDENTE DO ÉGREGIO TRIBUNAL DE JUSTIÇA DO ESTADO DE ...

Processo n. ...

RECORRENTE, já qualificado nos autos da AÇÃO DE ..., de número em epígrafe, que move em face de RECORRIDO, não se conformando com a decisão proferida pelo Presidente do Tribunal recorrido, que inadmitiu o recurso especial [ou extraordinário], vem, tempestivamente, por seu advogado, com fundamento no art. 1.042 do Código de Processo Civil, interpor o presente AGRAVO EM RECURSO ESPECIAL, conforme razões que seguem acostadas.

Requer a intimação do agravado para oferecer resposta no prazo de 15 (quinze) dias. Após o prazo de resposta, não havendo retratação, o agravo será remetido ao tribunal superior competente, nos termos do art. 1.042, § 4º, do Código de Processo Civil.

Termos em que
pede deferimento.

..., ... de ... de ...

ADVOGADO(A)
OAB/... n. ...

Folha 2/3

RAZÕES DE AGRAVO EM RECURSO ESPECIAL

Agravante: ...
Agravado: ...
Origem...

Egrégio Tribunal
Ilustres Ministros

I. BREVE SÍNTESE DO PROCESSO

[relato dos fatos]

II. DO CABIMENTO

Considerando que a decisão que inadmitiu o recurso especial foi proferida pelo presidente do tribunal recorrido nos termos do art. 1.030, V, do CPC, cabível o agravo em recurso especial nos termos dos arts. 1.042 e 1.030, § 1º, do CPC.

O referido recurso é tempestivo, uma vez que interposto no prazo de 15 dias, nos termos dos arts. 1.003, § 5º, e 1.070 do CPC.

Nos termos do art. 1.042, § 2º, do CPC, o referido recurso independe do pagamento de custas e despesas postais.

III. DAS RAZÕES DE REFORMA

[Abordar a necessidade de decisão, pois foram cumpridos todos os requisitos de admissibilidade do RE ou REsp, isto é, falar que demonstrou o prequestionamento, repercussão geral etc.]

Folha 3/3

IV. DOS PEDIDOS E REQUERIMENTOS

Em face do exposto, é a presente para requerer que o recurso seja conhecido e provido para o fim de reformar a decisão do presidente do tribunal recorrido, julgando-o conjuntamente com o recuso especial, uma vez que todos os requisitos de admissibilidade foram cumpridos, devendo, assim, ser provido o recurso especial para ...

Termos em que
pede provimento.

..., ... de ... de ...

ADVOGADO(A)
OAB/... n. ...

5

RECURSOS NO STJ E NO STF

A competência jurisdicional do Superior Tribunal de Justiça e do Supremo Tribunal Federal foi estabelecida pela Constituição da República para o conhecimento de causas originárias (ações que começam diretamente nestes tribunais) e atribuição recursal:

- Superior Tribunal de Justiça – Supremo Tribunal Federal.
- Recurso ordinário constitucional – art. 105, II, da CF.
- Recurso especial – art. 105, III, da CF.
- Recurso ordinário constitucional – art. 105, II, da CF.
- Recurso extraordinário – art. 105, III, da CF.

5.1. RECURSO ORDINÁRIO CONSTITUCIONAL

O ROC foi concebido para, em situações muito específicas, fazer as vezes (ser substituto) de um recurso de apelação, como típico meio de inconformismo contra o julgamento em instância inicial, cabendo a discussão de teses de fato e de direito.

O ROC poderá ser para o STJ ou para o STF, a depender da origem do ato recorrido.

Para o STJ – art. 105, II, da CF:

a) *os habeas corpus* decididos em única ou última instância pelos Tribunais Regionais Federais ou pelos tribunais dos Estados, do Distrito Federal e Territórios, quando a decisão for denegatória;

b) os mandados de segurança decididos em única instância pelos Tribunais Regionais Federais ou pelos tribunais dos Estados, do Distrito Federal e Territórios, quando denegatória a decisão;

c) as causas em que forem partes Estado estrangeiro ou organismo internacional, de um lado, e, do outro, Município ou pessoa residente ou domiciliada no País (caso de competência originária da Justiça Federal de 1ª instância – art. 109 da CF).

Para o STF – art. 102, II, da CF:

a) o *habeas corpus*, o mandado de segurança, o *habeas data* e o mandado de injunção decididos em única instância pelos Tribunais Superiores, se denegatória a decisão;

b) o crime político.

Atenção

Caso o MS tenha sido impetrado na primeira instância (em razão da regra regular de competência), nunca caberá o ROC.

O ROC apenas terá cabimento quando a ação mandamental tiver origem diretamente em um TJ, TRF ou tribunal superior.

Cabimento e fundamento – situações específicas:

a) para o STJ – art. 105, II, da CF;

b) para o STF – art. 102, II, da CF.

O CPC também reproduz as hipóteses de cabimento no art. 1.027.

Prazo: 15 dias – art. 1.003 do CPC.

Órgão de interposição: endereçamento à instância recorrida:

- Contra acórdão – petição dirigida ao presidente do tribunal recorrido (§ 2º do art. 1.028 do CPC).
- Contra sentença de juízo federal (caso específico) – petição dirigida ao juízo de 1ª instância, seguindo o processamento previsto para a apelação (art. 1.028 do CPC).

Órgão de julgamento:

- STF – quando o acórdão recorrido for originário de tribunal superior.
- STJ – quando o acórdão recorrido for de TJ ou TRF.

Modelo da peça: petição dupla: petição de interposição + razões recursais (modelo semelhante ao recurso de apelação).

Contrarrazões: mesmo modelo das contrarrazões de apelação.

Efeito suspensivo: aplicável a regra do art. 1.029, § 5º, do CPC (que prevê a competência para atribuição de efeito suspensivo no REsp e no RE).

Pontos importantes:

- Aplica-se ao ROC a regra prevista no art. 1013, § 3º – teoria da causa madura.
- O recurso é interposto na origem e remetido para o STJ ou STF independentemente de juízo de admissibilidade (§ 3º do art. 1.028 do CPC).

5.2. RECURSO ESPECIAL

Concebido pela Constituição como um apelo excepcional, destinado a levar ao STJ discussão acerca da violação de norma infraconstitucional comum.

O recurso especial não se presta para a discussão de fatos, mas apenas para a análise de teses jurídicas relacionadas à violação da lei federal.

Ao julgar os recursos especiais, o STJ exerce a função de uniformização da interpretação de lei federal (todos os órgãos do Poder Judiciário brasileiro têm o poder de interpretação da lei federal, mas a última palavra será sempre do STJ em matéria comum).

Cabimento e fundamento: acórdão ou decisão de última instância, proferido por Tribunal de Justiça ou Tribunal Regional Federal, quando:

a) contrariar tratado ou lei federal, ou negar-lhes vigência;
b) julgar válido ato de governo local contestado em face de lei federal;
c) der a lei federal interpretação divergente da que lhe haja atribuído outro tribunal.

Fundamento da peça – art. 105, III, da CF + a indicação precisa da alínea de cabimento.

Prazo: 15 dias – art. 1.003, § 5º, do CPC.

Requisitos específicos:

- Cabimento – indicação da hipótese de cabimento.
- Acórdão ou decisão de última instância – ou seja, com esgotamento das vias inferiores.
- Origem: TJ ou TRF.
- Prequestionamento (*vide* art. 1.025 do CPC).

Órgão de interposição: endereçamento ao presidente do tribunal recorrido – art. 1.029 do CPC.

Juízo de admissibilidade: realizado pelo presidente do tribunal recorrido. Em caso de negativa, caberá agravo em recurso especial (art. 1.042 do CPC) ou agravo interno (art. 1.021 do CPC). *Vide* §§ 1º e 2º do art. 1.030 do CPC.

Órgão de julgamento: STJ – quando o acórdão recorrido for de TJ ou TRF.

Modelo da peça: petição dupla: petição de interposição + razões recursais (modelo semelhante ao do recurso de apelação).

Atenção

O art. 1.029 contém clara estrutura da peça do recurso especial:

Petição de interposição ao presidente do tribunal recorrido.

Razões recursais:

I. Exposição do fato e do direito
(resumo da ação)

II. Cabimento do recurso
(demonstração dos requisitos)

III. Razões
(tese = demonstração da violação a lei federal)

IV. Pedido de reforma
(conhecimento e provimento para reforma do acórdão recorrido)

Contrarrazões: mesmo modelo das contrarrazões de apelação.

Fundamento: art. 1.030, *caput*, do CPC.

Efeito suspensivo: poderá ser concedido em caráter excepcional.

O pedido deverá ser formulado nos termos do § 5º do art. 1.029 do CPC (*vide* modelo de requerimento de efeito suspensivo na apelação).

Recurso adesivo: pode ser utilizado no recurso especial – art. 997 do CPC.

Juizado especial: não tem cabimento recurso especial contra decisão de órgão de 2º instância de juizado especial, uma vez que a CF exige que a origem seja TJ ou TRF. Esse entendimento está pacificado na Súmula 203 do STJ.

Folha 1/3

EXCELENTÍSSIMO SENHOR DOUTOR DESEMBARGADOR PRESIDENTE DO TRIBUNAL DE JUSTIÇA DO ESTADO .... - ......

Processo autuado sob n. .....

.............., já qualificada nos autos em epígrafe da AÇÃO .... que move em face de ...., por seu advogado, vem, à presença de Vossa Excelência, com fundamento no art. 1.029 do Código de Processo Civil e art. 105, III, da Constituição Federal, interpor RECURSO ESPECIAL em face do v. acórdão da e. 2ª Câmara .... do Tribunal de Justiça desse Estado, requerendo desde já sua admissão e remessa ao Colendo STJ.

O presente recurso é próprio, preparado, tempestivo, e as partes são legítimas e estão devidamente representadas.

Termos em que
pede provimento.

..., ... de ... de ...

ADVOGADO(A)
OAB/... n. ...
(folha seguinte)

Folha 2/3

RAZÕES DE RECURSO

COLENDO SUPERIOR TRIBUNAL DE JUSTIÇA

RECURSO ESPECIAL

AUTOS N. ....
RECORRENTE: ....
RECORRIDO: ....
.... CÂMARA CÍVEL - TJ....

RELATOR: ....

NOBRE MINISTRO PRESIDENTE DO SUPERIOR TRIBUNA DE JUSTIÇA,

PRELIMINARMENTE

PRESSUPOSTOS DE ADMISSIBILIDADE

A Colenda 2ª Câmara .... do Tribunal "a quo" .... (fazer referência ao que foi decidido).

Com efeito, entende o Recorrente que o v. acórdão, além de violar o disposto nos artigos .... da Lei n. ..../...., diverge das decisões de outros tribunais, preenchendo, portanto, os pressupostos das alíneas "a" e "c" do art. 105 da Constituição Federal.

SÍNTESE DO PROCESSO

(fazer síntese do transcorrer do processo)

DA VIOLAÇÃO DE LEI INFRACONSTITUCIONAL

(demonstrar violação de dispositivo legal)

Folha 3/3

Diante dessas considerações, entende o Recorrente que o Tribunal "a quo", ao decidir pela improcedência, violou o disposto nos dispositivos legais anteriormente citados.

DA DIVERGÊNCIA JURISPRUDENCIAL

(apontar violação jurisprudencial e apresentar acórdão paradigma, se for indicado no problema)

CONCLUSÃO

Diante destas considerações, requer o recebimento, admissão e provimento do presente recurso para declarar a violação do artigo .... da Lei n. ..../........ e a existência de divergência jurisprudencial, reformando o v. acórdão de origem para ...., por ser medida de inteira Justiça.

Termos em que
pede provimento.

..., ... de ... de ...

ADVOGADO(A)
OAB/... n. ...

5.3. RECURSO EXTRAORDINÁRIO

Foi concebido como meio de levar ao STF, em claro controle difuso de constitucionalidade, o conhecimento de violações ao texto da Constituição da República.

Cabimento e fundamento: acórdão ou decisão de última instância que:

a) contrariar dispositivo desta Constituição;

b) declarar a inconstitucionalidade de tratado ou lei federal;

c) julgar válida lei ou ato de governo local contestado em face desta Constituição;

d) julgar válida lei local contestada em face de lei federal.

Fundamento da peça – art. 102, III, da CF + a indicação precisa da alínea de cabimento.

Prazo: 15 dias – art. 1.003, § 5º, do CPC.

Requisitos específicos:

- Repercussão geral – § 3º do art. 102 da CF + art. 1.035, *caput* e parágrafos, do CPC (alegação preliminar).
- Cabimento – indicação da hipótese de cabimento.
- Acórdão ou decisão de última instância – ou seja, com esgotamento das vias inferiores.

- Prequestionamento (*vide* art. 1.025 do CPC).

Órgão de interposição: endereçamento ao presidente do tribunal recorrido – art. 1.029 do CPC.

Juízo de admissibilidade: realizado pelo presidente do tribunal recorrido. Em caso de negativa, caberá agravo em recurso extraordinário (art. 1.042 do CPC) ou agravo interno (art. 1.021). *Vide* §§ 1º e 2º do art. 1.030 do CPC.

Órgão de julgamento: Supremo Tribunal Federal.

Modelo da peça: petição dupla: petição de interposição + razões recursais (modelo semelhante ao do recurso de apelação).

Atenção:

O art. 1.029 contém clara estrutura da peça do recurso especial:

Petição de interposição ao presidente do tribunal recorrido.

Razões recursais:

I. Exposição do fato e do direito
(resumo da ação)

II. Repercussão geral e cabimento do recurso
(demonstração dos requisitos)

No capítulo do cabimento, alegar a repercussão geral em caráter preliminar.

III. Razões
(tese = demonstração da violação à Constituição)

IV. Pedido de reforma

(conhecimento e provimento para reforma do acórdão recorrido).

Contrarrazões: mesmo modelo das contrarrazões de apelação.

Fundamento: art. 1.030, *caput*, do CPC.

Efeito suspensivo: poderá ser concedido em caráter excepcional.

O pedido deverá ser formulado nos termos do § 5º do art. 1.029 do CPC (*vide* modelo de requerimento de efeito suspensivo na apelação).

Recurso adesivo: pode ser utilizado no recurso especial – art. 997 do CPC.

Juizado especial: não tem cabimento recurso extraordinário no juizado.

Esse entendimento está pacificado nas Súmulas 640 e 727 do STF.

Folha 1/4

EXCELENTÍSSIMO SENHOR DOUTOR DESEMBARGADOR PRESIDENTE DO TRIBUNAL DE JUSTIÇA DO ESTADO _____________ -

Processo autuado sob n. ....

.........................., já qualificada nos autos, por seu advogado, que a esta subscreve, nos autos do processo da AÇÃO DE .... em epígrafe, não se conformando com o conteúdo do venerando acórdão proferido em julgamento de Recurso de Apelação, vem à presença de Vossa Excelência interpor RECURSO EXTRAORDINÁRIO, com fundamento no art. 102, III, "a", da Constituição Federal e art. 1.029 do Código de Processo Civil, por ofensa ao disposto no art. ....., § ....., inciso ....., letras .... e ....., assim como seu § ....., da Constituição da República, requerendo o quanto segue:

1) a juntada aos autos das razões recursais em anexo;
2) o recebimento do presente recurso no seu efeito devolutivo.

Termos em que
pede provimento.

..., ... de ... de ...

ADVOGADO(A)
OAB/... n. ...
(página seguinte)

Folha 2/4

RAZÕES DE RECURSO EXTRAORDINÁRIO

RECURSO EXTRAORDINÁRIO

Apelação cível n. .....
Apelada/Ré ....

Apelante/Autora ......
TJ de ....
Origem: ...... Vara .... da Comarca de ......
Processo n. ....

Egrégia Suprema Corte de Justiça,
Colenda Turma,
Ínclitos Ministros.

DO V. ACÓRDÃO RECORRIDO

Merecem ser integralmente reformados os termos do v. acórdão de fls., por meio do qual o E. Tribunal de Justiça do Estado de .... reconheceu direito ao [....].

Contudo, o acórdão vulnerou direita e frontalmente as regras constitucionais contidas no art. ....., § ......, inciso ....., letras .... e ...., assim como seu § ...., da Constituição da República.

É de se esclarecer, ainda, que será interposto Recurso Especial, por ofensa ao art. .... da Lei n. ......, concomitante com o presente Recurso Extraordinário.

DO CABIMENTO DO RECURSO

O recurso preenche os requisitos de admissibilidade e se fundamenta no art. 102, inciso III, "a", da Constituição Federal.

Folha 3/4

Com efeito, o V. Acórdão contrariou dispositivo da Constituição Federal (art. 102, III, "a"), ao desatender os comandos emanados no art. ____, § ....., inciso ...., letras .... e ...., assim como seu § ....., da Constituição da República.

Referidos comandos encontram-se devidamente prequestionados nos autos, bem como no V. Acórdão recorrido, tendo havido manifestação expressa sobre os artigos constitucionais contrariados.

Portanto, o presente recurso merece ser admitido, em vista do demonstrado prequestionamento idôneo dos dispositivos que a .... entendeu violados, em cumprimento às Súmulas n. ____ e ____ do STF.

Posto isso, requer seja o presente recurso recebido, bem como determinada a sua remessa ao E. Superior Tribunal Justiça, para todos os fins e efeitos de direito.

DA REPERCUSSÃO GERAL

Outrossim, cumpre esclarecer que o presente recurso extraordinário encontra-se de acordo com o disposto no § 3º do art. 102 da Constituição Federal, inserido na Lei Maior por força da Emenda Constitucional n. 45/2005, com o seguinte teor:

1) É inadmissível o recurso extraordinário, quando não ventilada, na decisão recorrida, a questão federal suscitada.

2) O ponto omisso da decisão, sobre o qual não foram opostos embargos declaratórios, não pode ser objeto de recurso extraordinário, por faltar o requisito do prequestionamento.

3) No recurso extraordinário o recorrente deverá demonstrar a repercussão geral das questões constitucionais discutidas no caso, nos termos da lei, a fim de que o Tribunal examine a admissão do recurso, somente podendo recusá-lo pela manifestação de dois terços

Folha 4/4

de seus membros.

No presente feito, faz-se presente a exigida repercussão geral, pois ao decidir que [...].

DO MÉRITO

A recorrente pretende que seja [...].

DO PEDIDO

Isto posto e por tudo mais que dos autos consta, requer-se aos Ínclitos Ministros seja dado provimento ao presente recurso extraordinário, reconhecendo-se a prática pelo v. acórdão recorrido de ofensa ao disposto no art. ____, § ____, inciso ____, letras ____ e ____, assim como seu § ____, da Constituição da República, para os fins de julgar inteiramente improcedente o pedido da autora, como fundamento no art. 269, I, invertendo-se os ônus da sucumbência, como medida de INTEIRA JUSTIÇA.

Termos em que
pede provimento.

..., ... de ... de ...

ADVOGADO(A)
OAB/... n. ...

5.4. EMBARGOS DE DIVERGÊNCIA

Os embargos de divergência ocorrem após o julgamento dos recursos especial e/ou extraordinário, respectivamente no STJ e no STF, quando houver divergência entre órgãos internos dos próprios tribunais.

▼ Folha 1/3

EXCELENTÍSSIMO SENHOR DOUTOR MINISTRO PRESIDENTE DO EGRÉGIO SUPERIOR TRIBUNAL DE JUSTIÇA

Processo autuado sob n. ....
Acórdão n. ....

........................., já qualificada nos autos, por seu advogado, que a esta subscreve, nos autos de processamento do RECURSO ESPECIAL em epígrafe, não se conformando com o conteúdo do venerando acórdão proferido, vem, à presença de Vossa Excelência, nos termos dos art. 1.043 do Código de Processo Civil, interpor EMBARGOS DE DIVERGÊNCIA cujas razões seguem anexas.

O recurso é próprio e tempestivo, as partes são legítimas e estão devidamente representadas, e, portanto, preenchidos os pressupostos de admissibilidade.

Termos em que
pede provimento.

..., ... de ... de ...

ADVOGADO(A)

OAB/... n. ...

(folha seguinte)

Folha 2/3

RAZÕES DE RECURSO

COLENDO SUPERIOR TRIBUNAL DE JUSTIÇA

AUTOS N. ....

RECORRENTE: ......

RECORRIDO: ....

ORIGEM: ..... CÂMARA CÍVEL - TJ.....

RELATOR: ....

Nobres Ministros,

PRELIMINARMENTE

DOS PRESSUPOSTOS DE ADMISSIBILIDADE

O artigo 1.043 do Código de Processo Civil dispõe que é embargável o acórdão de órgão fracionário que:

> "I - em recurso extraordinário ou em recurso especial, divergir do julgamento de qualquer outro órgão do mesmo tribunal, sendo os acórdãos, embargado e paradigma, de mérito".

Com efeito, o recurso é próprio, tempestivo, as partes são legítimas e estão devidamente representadas.

Sendo assim, preenchidos os pressupostos de admissibilidade, merece regular processamento.

DO MÉRITO RECURSAL

(fazer síntese do processo até o julgamento do recurso especial)

Os pedidos iniciais foram julgados improcedentes, e, inconformada, a

Folha 3/3

Embargada interpôs recurso de apelação, que, por maioria de votos, não foi provido.

Mais uma vez inconformada com a decisão, a Embargada interpôs Recurso Especial que foi julgado pela .....ª turma, sendo provido reformando a decisão a quo. No entanto, tal decisão flagrantemente contraria o entendimento das ..... ª e ..... ª turmas do mesmo tribunal, como se vê: (indicar acórdão paradigma, se for dado do problema).

DA REFORMA DO ACÓRDÃO EMBARGADO

Como se observou dos acórdãos paradigmas transcritos e que ora se junta, por unanimidade as ... ª e ... ª turmas já tinham decidido anteriormente a mesma matéria, entendendo de forma divergente da atual decisão, razão pela qual merece ser reformada.

CONCLUSÃO

Diante dessas considerações, requer seja admitido e provido os presentes embargos para, na forma das decisões paradigmas, reformar o v. acórdão embargado mantendo a decisão de primeiro grau por seus próprios fundamentos. Fazendo isso, essa colenda Câmara estará renovando seus propósitos de distribuir a tão almejada Justiça.

Termos em que
pede provimento.

..., ... de ... de ...

ADVOGADO(A)
OAB/... n. ...

Encerramos, assim, a análise das espécies recursais, e, como observamos, trata-se do mesmo sistema recursal insculpido no Código de Processo Civil e Constituição Federal.

REFERÊNCIAS

ARAUJO JÚNIOR, Gediel Claudino. *Prática no processo civil.* 15. ed. São Paulo: Atlas, 2012.

ARMELIN, Donaldo. *Embargos de terceiro.* São Paulo: Saraiva, 2017.

AZEVEDO, Álvaro Villaça (Coord.). *Código Civil comentado.* São Paulo: Atlas, 2003. v. IX.

BARROSO, Darlan; ARAÚJO JÚNIOR, Marco Antônio. *Reta final OAB. Teoria unificada.* 8. ed. São Paulo: Saraiva, 2019.

BARROSO, Darlan; ARAÚJO JÚNIOR, Marco Antônio. *Míni vade mecum civil e empresarial.* 8. ed. São Paulo: Saraiva, 2019.

BARROSO, Darlan; ARAÚJO JÚNIOR, Marco Antônio. *Vade mecum OAB & concursos.* 12. ed. São Paulo: Saraiva, 2019.

BARROSO, Darlan; LETTIÈRE, Juliana Francisca. *Prática jurídica civil.* 6. ed. São Paulo: RT, 2014.

BORBA, José Edwaldo Tavares. *Direito societário.* 14. ed. São Paulo: Atlas, 2015.

BUENO, Cassio Scarpinella. *Novo Código de Processo Civil anotado.* São Paulo: Saraiva, 2015.

CASELLA, José Erasmo. *Manual de prática forense.* 7. ed. São Paulo: Saraiva, 2008.

CHACON, Luis Fernando Rabelo. *Manual de prática forense civil.* São Paulo: Saraiva, 2010.

CHAGAS, Edilson Enedino das. *Direito empresarial esquematizado.* 2. ed. São Paulo: Saraiva, 2015.

COELHO, Fábio Ulhoa. *Manual de direito comercial.* 27. ed. São Paulo: Saraiva, 2015.

COELHO, Fábio Ulhoa. *Curso de direito comercial:* direito de empresa. 17. ed. São Paulo: Saraiva, 2013. v. 1.

COELHO, Fábio Ulhoa. *Curso de direito comercial:* direito de empresa. 17. ed. São Paulo: Saraiva, 2013. v. 2.

COELHO, Fábio Ulhoa. *Curso de direito comercial:* direito de empresa. 14. ed. São Paulo: Saraiva, 2013. v. 3.

DONIZETTI, Elpídio. *Curso didático de direito processual civil*. 16. ed. São Paulo: Atlas, 2012.

FUX, Luiz. *O novo processo de execução:* o cumprimento da sentença e a execução extrajudicial. Rio de Janeiro: Forense, 2009.

GABRIEL, Sérgio. *Manual de direito empresarial.* São Paulo: Rideel, 2018.

GABRIEL, Sérgio. *Direito empresarial.* São Paulo: Atlas, 2010.

GABRIEL, Sérgio. *Manual de prática civil 4Ps da OAB 2ª fase.* 6. ed. São Paulo: Rideel, 2019.

LOYOLA, Kheyder. *Manual de prática:* civil e empresarial. São Paulo: Rideel, 2011.

MAMEDE, Gladston. *Manual de direito empresarial.* 6. ed. São Paulo: Atlas, 2012.

MARTINS, Fran. *Curso de direito comercial.* 39. ed. Rio de Janeiro: GEN/Forense, 2016.

MONTENEGRO FILHO, Misel. *Curso de direito processual civil.* 9. ed. São Paulo: Atlas, 2013.

NEGRÃO, Ricardo. *Aspectos objetivos da Lei de Recuperação de Empresas e de Falências.* 5. ed. São Paulo: Saraiva, 2014.

NEGRÃO, Ricardo. *Manual de direito comercial e de empresa:* teoria geral da empresa e direito societário. 9. ed. São Paulo: Saraiva, 2012.

NEGRÃO, Ricardo. *Manual de direito comercial e de empresa:* títulos de crédito e contratos empresariais. 3. ed. São Paulo: Saraiva, 2012.

NEGRÃO, Ricardo. *Manual de direito comercial e de empresa*: recuperação de empresas e falência. 7. ed. São Paulo: Saraiva, 2012.

NEGRÃO, Ricardo. *Manual de direito empresarial.* 7. ed. São Paulo: Saraiva, 2017.

PEDRO, Paulo Roberto Bastos; ROQUE, Nathaly Campitelli. *Prática empresarial.* 4. ed. São Paulo: Método, 2016.

TEIXEIRA, Tarcísio. *Direito empresarial sistematizado.* 5. ed. São Paulo: Saraiva, 2016.

EDITORA JusPODIVM
www.editorajuspodivm.com.br

JUS3656